共構文化中國，兩岸和平的解方

潛龍與禿鷹的文明對抗

黃光國——著

目錄

自序

國家講座教授　黃光國

本書題為《潛龍與禿鷹的文明對抗》，是我一系列書系的第三部。這「三部曲」的前兩部《中西文明的夾縫》和《台灣自我殖民的困境》，原先是要從「反殖民帝國主義」的立場，說明我為什麼要致力於建構華人本土社會科學。這兩本書於二〇一九年出版之後，第二年春節前後，卻爆發新冠肺炎的危機，使全世界的人類都面離了死亡的威脅。

一起面對死亡

海德格在他的名著《存在與時間》中指出：對於死亡的理解，是使人由「非本真的」存在，通向「本真」存在的唯一途徑。每個人都會死亡，而且在任何一個時刻都可能突然死亡。可是大多數人都不認為自己隨時會死，而寧可相信自己還有無數日子可以活。這樣的信念使個人致力於追求

「常人」的價值，並且變成一個終日操勞、庸庸碌碌的存在者。「死亡」的意義是個人永遠不再生存在這世界上。「面對死亡的存在」（being-towards-death）使所有現實的東西都喪失掉原有的價值。這時候，人才能夠定下心來，嚴肅思考存在的意義，而去追求「本真的」存在狀態。

海德格所說「面對死亡的存在」似乎是個人自己的事。然而，《聖經．啟示錄》中的「四騎士」告訴人們：死亡經常與戰爭、瘟疫和饑荒同在。在許多情況下，人類必須一起反思存在的意義。

十四世紀歐洲爆發黑死病，總共有七千五百萬人喪生，占當時歐洲人口一半。在死亡的威脅之下，義大利人本主義的詩人和作家薄伽丘（Giovanni Boccaccio, 1315-75），寫了一本著名的《十日談》（Decameron），書中描述十個年輕人為了逃避黑死病（black death），而躲到鄉下，聚在一起，十日之間講了一百個故事，控訴當時教會的貪婪、腐化和無能，成為日後「歐洲文藝復興運動的宣言書」。

定義我們的世代

歐洲啟蒙運動時期最偉大的科學家牛頓（Issac Newton, 1642-1727）也有類似的故事。牛頓十九歲中學畢業後，進入劍橋聖三一學院，充分感受到啟蒙運動時期新思想、新方法、新發現的衝擊，開始努力向學，並激發出雄心與創造熱情。一六六五年夏季他文科畢業時，發生倫敦大瘟疫

（一六六五—一六六五），劍橋停課，他回到林肯郡舊居躲避。此後一年多的這段期間，他日夜不休地專注於研究工作，日後他所有的重大發現，包括微積分、萬有引力定律、運動三定律、以及三稜鏡的折射和散射實驗，都在這段期間獲得突破性進展，對當時正在進行的啟蒙運動作出了重大的貢獻。

三月二十三日，美國新冠疫情受災最嚴重的紐約州長郭謨（Andrew Cuomo）公開表示：這場瘟疫結束之後，「將重新定義一整代人」。我完全贊同他的說法。然則，我們該如何界定我們下一代人呢？

在我看來，這場疫情的發生，基本上是大自然對於人類文明的考驗，迫使人類重新思考「道法自然」的意義。因此我決定調整寫作方向，撰寫這本《潛龍與禿鷹的文明對抗》。本書的主旨是：依照美國在西方文化中形成的「禿鷹」性格，在美、中「文明對抗」的過程中，美國必然是下「西洋棋」，一有機會，就步步進逼，利用「棋子」，替他打「代理人的戰爭」。在當前的歷史條件下，中國只能以「潛龍」自命，跟他下「圍棋」：綜觀全局，沉著應變，見招拆招，步步為營，謹慎出手。

潛龍勿用

由於本書的主要訴求是華文世界中的中國知識份子，幫助大家看清楚我們這個世代面對的「大局」，因此，本書內容共有九章，分為三大篇。第一篇「潛龍勿用」包含兩章，第一章〈西方文化中的禿鷹〉，以我所建構的一系列「含攝文化的理論」為基礎，說明什麼樣的文化及歷史條件，形塑出美國政治人物「禿鷹」性格。第二章〈大國政治中的潛龍〉，回到當前的現實，說明面對「禿鷹」的步步進逼，中國知識份子為什麼必須堅持「潛龍勿用」的心態。

第二篇「亢龍有悔」包含四章，第三章從鴉片戰爭後的「百年羞辱」，分析「五四意識形態」的形塑。第四、五章從國民政府撤守臺灣之後，殷海光、胡適、胡秋原，及其他知識份子在「後五四時期」的互動，討論〈科學與辯證〉及〈自由民主與自我殖民〉之間的關係。

第六章〈築高牆、廣積糧、不稱霸〉是二〇一九年十二月四日早上，在北京大學臺灣研究院舉辦的「中華文化論壇」閉幕式上，我所發表的主題演講。當時臺灣正在舉行總統競選，而香港的「反送中」運動也同步鬧得如火如荼。作為「亢龍」之「悔」，這篇文章反映出當時我對中共當局殷切期望。

庚子年是中國歷史上的大凶之年。一百二十年前的庚子年，發生了「八國聯軍」之禍。正當大家對港臺兩地的政情發展憂心忡忡之際，春節過後，新冠肺炎竟然在武漢爆發開來！

見龍在田

本書第三篇「見龍在田」包括五章，第七章〈「文明對抗」下的「戰疫」〉比較中國和西方對抗新冠肺炎的不同方式。然而，一場「戰疫」的勝負，並不足以決定「戰爭」的成敗。第八章〈新自由主義瘟疫〉指出：以美國為首的西方世界對疫情控制的治理無能，主要原因在於一九八〇年代英、美國家推動的「新自由主義」。第九章〈「超限戰」的交鋒〉則以二〇二〇年五月最後一週，中、美、臺、港之間所發生一系列事件，說明中共解放軍鷹派少將喬良所謂的「超限戰」，其實已經開打，涉及各方的勝負得失，也已經隱然可見。

第十章〈亞洲世紀的合縱連橫〉從歐盟及亞洲國家在「亞洲世紀」所展現出的外交智慧，說明所謂的「米洛斯對話」其實是西方文明的產品。在臺灣的中國知識份子其實可以用「一中兩憲」破除「自我殖民」的迷霧，其要訣則在於第六章所說的「共構文化中國，兩岸心靈融合」。

第十一章〈「普世價值」的反思〉則是分析非裔男子佛洛伊德被壓頸致死事件引發的美國「間歇性」暴動，說明「自由、民主、人權」等所謂「普世性價值」，其實具有一定的時空特性，希望可以幫助中國知識份子跳脫本書系第二冊所謂「自我殖民」困境。

本書第六章〈兩岸共構文化中國〉是我反思中國在經過鴉片戰爭後的「百年羞辱」，得出的一項結論：未來中國發展的方向，必然是「以中華文化作為主體，用市場經濟的手段，達到社會主義的目標」。這個方向跟本書第八章〈新自由主義瘟疫〉中所謂「市場至上」的「市場基本教義派」正好形成明顯的對比。以這樣的對比作為參照點，我們不僅可以了解本書第三篇「見龍在田」的相關論述，而且可以理解未來美、中「文明對抗」可能的發展方向。舉例言之，在本書停筆之後的七月初，我以〈美國社會中的「文化戰爭」〉為題，在《聯合報》「民意論壇」發表了一篇文章：

美國獨立紀念日前夕，川普刻意選在「總統石像國家紀念公園區」，有四大前總統頭像的拉什摩爾山下發表演說。他將要求移除「南方邦聯」人物銅像及紀念碑的群眾定義為「左派側翼暴徒」，認為他們的行為正在「抹殺歷史」，「汙衊我們的英雄」及「洗腦我們的孩子」。《紐約時報》批評他發表了一場「黑暗且具分裂性的演說」，企圖發動一場「全面性的文化戰爭」，將左派描繪成煽動仇恨的「稻草人」，然後對它窮追猛打。

在此之前，共和黨內高層策士歐唐納爾政治顧問公司建議川普：在年底選舉時，以「強烈攻擊中共」的手段，來應付新冠疫情的議題。現在美國的新冠肺炎確診人數在本書出版時已經超過五百萬，死亡人數也快要突破十七萬，雙雙高居世界第一位。要拿這個議題作文章，只能凸顯自己的「治理無能」，所以川普只好改弦易轍，拿最近發生的種族暴動，做為新的打擊對象。

川普選戰策略的轉向，確實有其現實基礎。美、英兩國從一九八〇年代開始推行的「新自由主義」，已經將美國打造成一個貧富極端懸殊的社會。在美國〇．一%的人擁有二〇%的財富，〇．九%的人分享另外的二〇%，其他九%再占四〇%。極端的貧富差距使矽谷選出的眾議員向媒體坦承：他的鉅富選民非常擔心美國會爆發革命。

在白人人口中，固然有四七%是所謂的「窮白人」或「垃圾白人」，可是占全美人口十三%的非裔，絕大多數都被壓在美國「階級金字塔」的底層。青年社會學者艾莉絲．高夫曼所著的《全員在逃》一書指出：目前美國有二百二十萬人受到監禁，四百八十萬人處在緩刑或假釋狀態，這些受刑人主要是來自非裔社區的男性，他們占了犯罪人口的五〇%。

有一位名叫歐文思的非裔評論員指出，即使是在這次事件中被捧為「烈士」的佛洛伊德，在他四十六年的生命中，就有五次進出監獄的紀錄，罪名包括吸毒、販毒、持槍搶劫。其中有一次是聚眾闖入民宅，用槍指著一位孕婦的肚子，將現金劫掠一空。這次則是持用二十美元的偽鈔，才鬧出命案。

遭到川普無預警解職的聯邦調查局前局長詹姆斯．柯米在他的自傳《向誰效忠》中指出：全美前六十大城市中，有四十幾個經常發生年輕黑人襲警，或警察槍擊非裔的案件。他向非裔總統歐巴馬報告這個問題，歐巴馬聽了，也是一籌莫展。有些社會學者認為：美國之所以沒有發生「革命」，是因為非裔當年是以「奴隸」的身分被販賣到各地，而不是集中居住於某一地區，所以黑白之間的「文化對抗」只能表現為「間歇性的暴動」。

蔡英文最重要的對外政策是抱緊川普政府的大腿。她經常用文青式的語言，說臺灣是跟美國有同樣「進步價值」的國家，叫「我們的孩子」聽得飄飄然。但是她卻從來不說清楚：號稱「民主自由」的美國，究竟是一個什麼樣的社會？幸好川普是個口無遮攔的政治人物。從他的言談中，大家倒是可以經常反思：美國究竟是不是蔡英文想像中的「民主天堂」？

這是從「社會結構」的角度，評估美國當前的「文化戰爭」。七月初，解放軍在西沙演習，美軍隨即派出兩個航空戰鬥群到南沙演習，在兩周內又進行第二次。隨後美國國務卿龐培歐發表「南海島嶼主權聲明」，中共外交部長王毅立刻發表了一篇措辭強硬的回應：「中國的兩百萬軍隊不是擺設，而是中國的鋼鐵長城；中國的東風導彈也不是用來打靶的，而是用來打野狗豺狼的；中國的核潛艇不是用來在海底旅遊的，而是用來打擊不速之客的；中國核武器不是用來嚇唬誰的，而是用來自衛的。有誰想嘗嘗滋味兒，想好了你告訴我。」

這種回應方式正是本書第六章所提到的：「人不犯我，我不犯人；人如犯我，我必犯人」。相形之下，蔡政府對這件事的反應卻是教人感到訝異不置。七月二十二日，我在《中國時報》上發表了一篇〈臺灣成圍堵中國的代理人〉：

本月十三日，美國國務卿龐培歐發表「南海聲明」，一反過去美國對南海爭議「不持立場」的態度，明確支持二〇一六年國際仲裁法庭裁定結果，認為九段線非法，且島嶼皆為岩礁，不得主張南海海域主權聲索。在美中「文明對抗」的格局下，任何人都可以看出：美國的這個動作是「劍指北京」。問題是：這個聲明不僅認定目前有我國駐軍的「太平島」是礁非島；而且否定了我國在一九四七年宣布「南海疆界」時所主張的「U型線」。嚴重損害我國主權，而蔡政府外交部竟然表示「歡迎」。

很多人對蔡政府的反應感到「不可理解」。其實蔡英文的對外政策有脈絡可尋。芝加哥大學教授米爾斯海默在他的名著《大國政治的悲劇》中，很清楚地指出：由於美、中兩國都已經擁有可以毀滅對方的核子武器，面對中國的崛起，對於美國最有利的策略，是採用「圍堵政策」，自己扮演「離岸平衡手」（offshore balancer）的角色，用「隔岸觀火」的計策，支助中國周邊的亞洲國家，替他打「代理戰爭」。

米氏說得非常清楚：中國周邊的亞洲國家，實力不足以對抗中國，而且每個國家都有自己的盤算，不會無條件地配合美國，所以圍堵中國並非長久之計。他大概想像不到：居然有人會不計代價的替美國打「代理戰爭」。

二〇一九年十月，蔡政府宣布編列二千五百億預算，採購六十六架F-16V型戰機，平均一架要價三十七．八億新臺幣，而洛克希德馬丁公司公布的第五代匿蹤式F-35A戰機，每架只要二十三．七億。給臺灣的舊型F-16V每架價格竟然貴了十四億！

蔡英文發表就職演說那一天，龐培歐宣布售臺十八枚MK-48重型魚雷，每枚一千萬美元，價格比三年前賣給海軍的同批魚雷，貴了將近一倍。外交部長吳釗燮同樣二話不說，非常大氣的表示「歡迎」！

美國國務卿龐培歐曾經幹過中央情報局長，有人說他是「把國務當特務幹」。他費盡心思要在亞洲找可以幫美國圍堵中國的「代理人」，沒想到臺灣竟然願意出人出錢，高價向美國軍火商購買「堪品」，甚至「廢品」，現在連領土主權都可以雙手奉上。

臺灣是美國「圍堵中國」的代理人嗎？蔡政府隨著龐培歐的「魔笛」起舞的時候，千萬不要忘記：二〇一四年，米爾斯海默重新出版其《大國政治的悲劇》，特別加了一篇附錄〈向臺灣說再見〉。「我本有心向明月，奈何明月照溝渠」，當臺灣付出一切代價，最後的結果卻是「真心換絕情」，那才是真正「大國政治的悲劇」！

二〇二〇年七月底，李登輝跟王曉波同一天過世，我在《中國時報》上又寫了一篇〈李登輝．王曉波．中庸之道〉：

七月三十一日清晨，王曉波逝世。當天晚上，李登輝也跟著走了。這兩個人代表了臺灣政治光譜上「統」、「獨」兩個極端，他們過世後，媒體的報導完全不成比例，但是對於臺灣前途和兩岸關係的未來，他們在我們心理力場上所產生的張力，卻應當等量齊觀。

我從大學時代，就認識王曉波。後來才知道：他的父親是國民黨的基層軍官，母親章曼麗卻參加共產黨，來到臺灣後，在白色恐怖時代，被國民黨槍斃。我經常聽他談起幼時生活困苦的情形，說他最大的願望是「當一個太平盛世的中國人」，因此在兩岸關係方面，他主張「和平統一」，而被人認為是臺灣「統派」的代表人物之一。

一九九四年，李登輝掌握國民黨內的實權，開始推動「教改」。這是臺灣從「四條小龍之首」跌落雲端的開始。翌年，我出版《民粹亡臺論》，批判他的「黑金政治」，臺灣內部的統獨對立從此浮上檯面，而日益尖銳。

在我看來，「統一」的最大障礙在於兩岸社會和文化的鉅大差異。二〇〇五年我出版《一中兩憲：兩岸和平的起點》，主張統一之前，雙方先面對「一個中國、兩個憲政體制」的客觀事實，「兩岸共構文化中國」。中共必須彌補「文化大革命」留下的傷痕；臺灣也不必刻意搞「去中國化」，造成下一代人的認同混淆。

二〇〇七年，我託朋友送了一本《一中兩憲》給李登輝，當時並不期望他會有所回應。不料翌年八月，竟然接到他辦公室的電話，邀我到他挹翠山莊的住處，和他單獨談了兩個小時。他最關心的問題是：「中共會接受這樣的建議嗎？」除此之外，他最在意的是他個人的歷史定位。會面時他送了我三本有關於他自己的中、英、日文著作，其中一本的題目是《細道之奧：誠實自然》，很明顯的是他希望以「誠實自然」走入自己的「細道之奧」（深處）。

當天令我印象最深刻的一件事是：他很感性地說，他最近很喜歡一首源自印弟安人的「千風之歌」。他並且用不太流利的中文將它的歌詞譯成中文：「不要在我墓前哭泣，我不在那裡，我沒有離去。我已化為千縷微風，守護著你，守護著這塊土地。」

事後，李登輝並沒有公開提倡「一中兩憲」。他生前最後一本著作《餘生》主張的是「兩國論」。蔡英文上臺前，動員青少年學生，發起「反課綱運動」，當時敢於挺身而出，「橫眉冷對千夫指」，抗拒這股民粹狂潮的人，唯有王曉波一人而已。

王曉波的堅持和勇氣，代表中國人民歷經滄桑後覺醒的民族主義。現在李登輝的「餘生」已經走完。大家可以看得很清楚：李登輝的情感其實只是想要激起一股「民粹主義」而已。在美中「文明對抗」的格局下，臺灣的最佳選擇，就是「一中兩憲」的中庸之道。蔡英文在臺灣已經執政這麼多年，應當不難看出這麼簡單的道理吧？

總而言之，我希望這本書能夠提供一種「史觀」，幫助中國知識份子看清楚未來大家該走的方向。

第一篇

潛龍勿用

第一章　西方文化中的禿鷹

「潛龍」一詞取自《易經》「乾」卦初九的「潛龍勿用」。所謂「潛龍」，具有兩層意義，一是指中、美「文明對抗」格局之下的中國知識菁英；其次是指中國知識菁英構成的群體應當持有的「勿用」心態。先談前者。

第一節　「內明」與「借光」

一九九一年余英時教授在夏威夷「文化反思討論會」上作了一場演講〈中國知識份子的邊緣化〉。其講稿的結尾部分感嘆：「這一百年來，中國知識份子一方面自動撤退到中國文化的邊緣，另一方面又始終徘徊在西方文化的邊緣，好像大海上迷失了的一葉孤舟，兩邊都靠不上岸。」

「雙重邊緣化」的困境

在這篇講稿中，余英時從歷史學者的角度檢視，清末民初以來，在激烈政治和社會變遷過程中，中國知識份子如何被「邊緣化」。他在結論一節中指出：

> 十八世紀歐洲的「啟蒙」是一種「內明」，他上承文藝復興對於古典的推陳出新和宗教改革對於基督教的改造，再加上十六、七世紀的科學革命。中國「五四」後期所歌頌的「啟蒙」則是向西方去「借光」。這好像柏拉圖在《共和國》中關於「洞穴」的設譬：洞中的人一直在黑暗中，從來看不清本相。現在其中有一位哲學家走出了洞外，在光天化日之下看清了一切事務的本來面貌。他仍然回到洞中，但卻永遠沒有辦法把他所見的真實告訴洞中的人。

我們可以用「自我」與「自性的心理動力模型」，來說明：中國知識份子這種「雙重邊緣化」的困境。在圖1「自我的曼陀羅模型」中（黃光國，二〇一一），「自我」（self）處於外方內圓圖形中兩個雙向箭頭之中心：橫向雙箭頭的一端指向「行動」（action）或「實踐」（praxis），另一端則指向「知識」（knowledge）或「智慧」（wisdom）；縱向雙箭頭向上的一端指向「人」（person），向下的一端指向「個體」（individual）。從文化心理學的角度來看，這五個概念都有特殊的涵義，都必須作進一步的分疏。

上述理論模型與本書之論述最有關連的兩個概念，是「知識」和「智慧」。今天在中國及世界上大多數高等院校中所傳授的「知識」，主要是西方文明的產品，是十七世紀歐洲啟蒙運動發生之

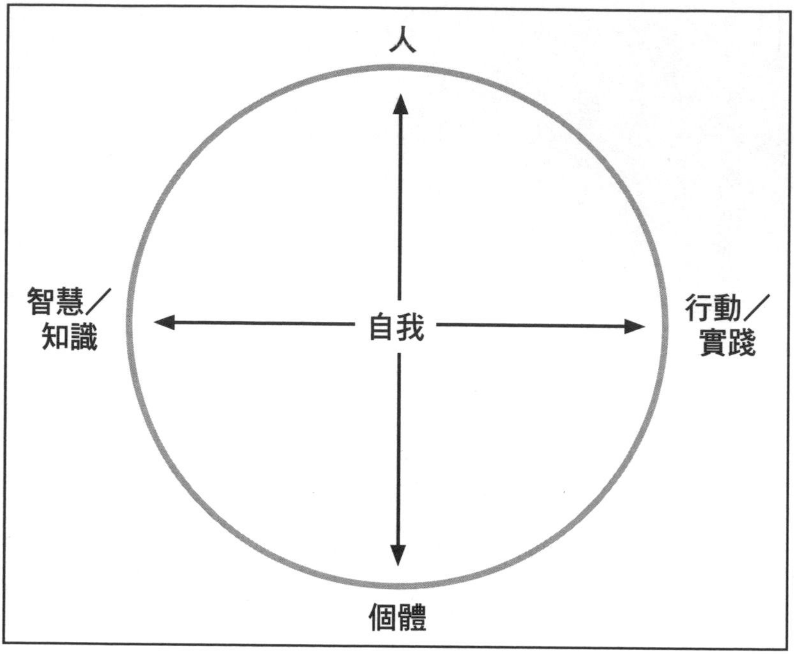

圖1　自我的曼陀羅模型

後，歐洲人以「二元對立」的「離根理性」（disengaged reason）建構出來的，所以余英時說：歐洲的「啟蒙」，是一種「內明」。

　從現代西方文明的角度來看，中華文明中「儒、釋、道」三教合一的文化傳統，本質上是一種「智慧」（wisdom），而不是西方意義中的「客觀知識」（object knowledge）。在五四時期的「新文化運動」中，中國知識份子放棄了自己的文化傳統，而去追求西方的「民主」與「科學」，但又不知道「德先生」和「賽先生」在西方文化中的演變過程，所以余教授說：中國「五四」後期所歌頌的「啟蒙」，其實只是向西方「借光」。

　正是因為「中國知識份子接觸西方文化的時間極為短促，而且是以急迫的功利心理去向西方尋找真理」，根本沒有進入西方文化的中心，所以才會陷入「兩邊都靠不上岸」的「雙重」困境。

由於五四以來的中國知識份子普遍陷在「雙重邊緣化」的困境裡，所以我們必須以「潛龍」自命，在涉及中美「文明對抗」的議題上，承認自己「底氣不足」，抱持戒慎恐懼的「勿用」心態，牢記「亢龍有悔」的教誨，把握「持其志勿暴其氣」的原則，認清對手的「禿鷹」性格，小心應付，絕對不可剛愎自用，做出任何誤判。

第二節　修昔底德陷阱

在中、美「文明對抗」的格局中，中國知識份子之所以「必須」扮演「潛龍」的角色，而且「只能」扮演「潛龍」的角色，是由中、西兩種不同的文化型態所決定的。美國的「禿鷹」的角色亦復如是。這裡我們必須先從文化的角度，說明美國為什麼會有「禿鷹」性格。

雅典與斯巴達之爭

當中國GDP在二〇一〇年超過日本，成為世界第二之後，許多西方學者即已指出：中美已經掉入所謂的「修昔底德陷阱」，雙方將無可避免地在各個領域展開鬥爭。

修昔底德（Thucydides）是古希臘歷史學家。他根據自己的經驗，描述並分析古雅典（Athens）和斯巴達（Sparta）之間在「伯羅奔尼撒」半島上的戰爭，認為一個新崛起的大國，必然要挑戰現存大國。現存大國基於恐懼和自身利益，必然要回應這種威脅，雙方無可避免要發生戰爭，最後是兩敗俱傷，玉石俱焚。

修昔底德

早在公元前四六〇年之後，雙方便開始爭鬥，期間並曾互訂停戰協議。到了公元前四三一年，雙方正式發生大規模的戰爭，可以說是當時的「世界大戰」。這場雅典及斯巴達兩集團之間的戰爭就是一場打群架，小城邦深知戰爭會帶來滅族之危，不得不在兩強中依附明主，以求自保。從歷史上看，這是一場雅典與斯巴達之爭，它卻涉及希臘島群的各個城邦。古希臘是有奴隸制的公民社會，城邦之間的戰爭非常殘忍，敗者男人被屠戮，婦孺成奴隸，所以戰時各盡全力，戰況非常激烈。

大國的恐懼與利益

當時的雅典與斯巴達各有許多大小城邦盟友。為了維持既有影響力及榮譽，雅典力圖維持其霸主地位，乃領導群英，組成「提洛同盟」（Delien League），斯巴達則組成「伯羅奔尼撒聯盟」（Peloponnesian League），以為對抗。公元前四六〇年，一個小邦米加臘退出斯巴達聯盟，加入雅典為首之聯盟。雙方開始發生軍事衝突，期間曾經停戰若干年後，才在公元前四三一年，爆發第二次大規模衝突，成為主要的決戰。

伯羅奔尼撒戰爭

一個新興強國為什麼不能與既存強國友好共存，非要挑戰，取得霸權不可？雙雄對立的典型範例，說明兩強必爭的原因有三個。

第一是恐懼，因為戰爭結束，即是清算的開始。「勝者全拿」的邏輯提醒強者一定要以戰爭來固本。

第二是利益。每一位強國領導人一定要爭取國家利益，才能得到全民的支持。

第三是榮耀。強國是霸主，在國際上是最高權力者，這是榮耀，也是使命。至於敗者，只有「認輸」，俯首為奴。

修昔底德在書上分析戰事有利於斯巴達的原因：當時的雅典主要敗在軍事力量的衰落。其自豪之海軍，經過多年爭戰，已經疲態已露，經濟也發生困難。雅典未能善待各盟友，但斯巴達則以解放者之姿，救助雅典各小城邦的人民。換句話說，斯巴達人更了解心戰之重要。

米洛斯對話

這場數十年的戰爭，留下許多動人的事蹟。其中以「米洛斯對話」（the Melosad Dialogue）最值得吾人深省。米洛斯為一小島城邦，在兩大集團之間，希望以中立姿態，求取生存。

它先是對斯巴達示好，並以金錢為禮，冀求平安。後來看到惡鬥開始，企圖另投明主，乃與雅典商討和平大計。修昔底德在書中記下了米洛斯領導人與雅典談判代表之對話，並作了深度之評論。

雅典為壯大自身的陣營，要求米洛斯合併。米洛斯反對，反而要求雅典予米洛斯以中立地位。雅典直截了當指出：米洛斯如無意被併，那就將族滅城亡。雙方展開攻防談話，成為著名的「米洛斯對話」。最後，雅典認為沒必再浪費時間，當場下了「最後通牒」，聲稱：「強者做他可以做的，弱者遭受他必須要接受的」（強者為所欲為，弱者俯首聽命），成為「米洛斯對話」的中心思想，也是西方國際政治的遊戲規則。

米洛斯領導人力陳：在眾神保護下，其他城邦看到雅典大欺小，強壓弱之惡劣行為，會同情米洛斯，起來協助米洛斯。

雅典代表堅稱：以強勝弱乃「自然法律」。雙方會談不歡而散，雅典迅即攻進米洛斯，男人被殺，婦孺淪為奴隸，米洛斯從此消失。

修昔底德分析：雅典之所以用武力解決問題，乃是因為任何讓步，等於是對米洛斯示弱。為了震懾其它城邦，以武力解決與米洛斯的爭端，實為唯一策略。

「自我」與「自性」

「修昔底德陷阱」源自於三千多年前的希臘神話。我們可以從我所建構的「自性的心理動力模型」來說明：為什麼三千多年前的一則希臘神話仍然會影響當今世界的「大國博奕」。

在〈自我曼陀羅模型〉（見圖1）中，「人」、「自我」和「個體」的區分，是Grace Harris

（一九八九）所提出來的。她在深入回顧人類學的文獻之後，指出：不論是在哪一個文化裡，人格都包含有「人／自我／個體」三重結構。不同的文化可能使用不同的名字稱呼這個結構體的不同組成，但其結構體卻是一致的。即使是心理分析學派的創始人佛洛伊德也認為：人格是由「超我（super ego）／自我（ego）／本我（id）」所組成（Freud, 1899），它跟「人／自我／個體」是同構的（isomorphic）。

「人／自我／個體」和「超我／自我／本我」雖然是同構的，其理論脈絡卻完全不同。前者可以幫助我們用「認知」或「行為」的語言，建構所謂的「科學」理論；後者則是適合於用「全人」的觀點，從事心理分析或文化心理學的研究工作。

在這兩個系統裡，self和ego兩個字翻譯成中文，都叫做「自我」。可是，如果我們要用英文討論「科學微世界」的建構，必須使用self；如果要用心理動力的模式（psychodynamic model），討論個人在「生活世界」中的「行動」，則必須使用ego。兩者各有不同的適用範疇，學者務必慎思明辨。

集體潛意識

佛洛伊德的分析理論只考量「個人潛意識」（personal unconscious），未考慮「集體潛意識」（collective unconscious），無法處理文化傳承的問題，這是他和榮格兩人理論分歧的關鍵所在。榮格晚年作品《基督教時代》[1]的最後一章，試圖用「四方位體」（quaternity）來描繪「自性」的結

1 C. G. Jung, Aion（1951）, trans. by RFC Hull（Princeton: Princeton UP, 1969）。

構。在他繪製的許多張圖中，有一張是由正反兩個金字塔構成的八面體（ogdoad）（圖2）。我在深入思考榮格心理學的思路之後，刻意以之作為基礎，跟我建構的〈自我的曼陀羅模型〉相互結合（黃光國，2011；Hwang, 2011），建構出「自性的心理動力模型」（黃光國，2019；Hwang, 2018）。

圖2的八面體由兩個對反的金字塔組成。下半部倒立的金字塔代表「集體潛意識」，兩個金字塔之間的「四方位體」，代表出生的那一剎那。圖3的八面體中上半部的金字塔代表出生之後的生命。懸在其間的〈自我的曼陀羅模型〉，代表個人生命中某一特定時刻「自我」所處的狀態。當「自我」以其「意識」回想他過去的生命經驗時，從出生到現在所有的生命經驗都儲存在他的「個人潛意識」裡。可是，即使運用個人所有的「生命智慧」，他的意識也很難進入「集體潛意識」之中。

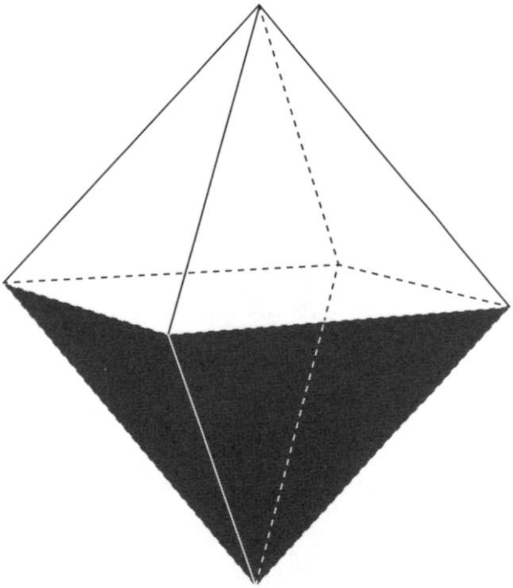

圖2　八面體：初生前的「自性」

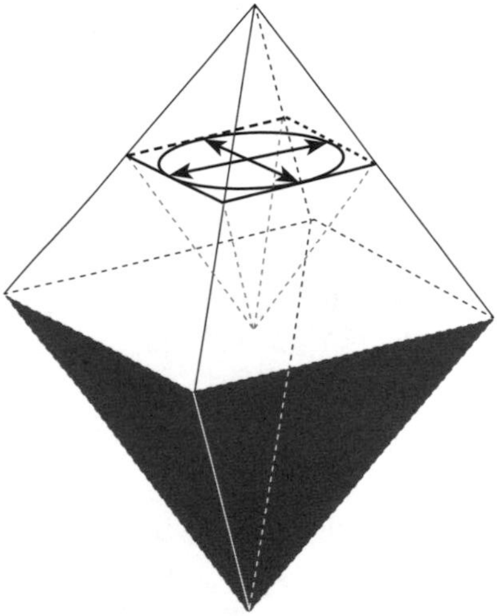

圖3　八面體：「自性」的形式結構

「種族記憶」的影響

用圖3的八面體來說，佛洛伊德心理分析探索的範圍僅及於正向金字塔底層的「個人潛意識」，榮格心理學則要深入探討存藏於倒立金字塔中的「集體潛意識」。從榮格的心理學來看，「集體潛意識」是指從原始時代以來，人類世世代代心理經驗的長期積累，沉澱在每一個人的潛意識深處；其內容不是個人的，而是集體的，是歷史在「種族記憶」中的投影，普遍存在每一個人身上。它影響著個體「意識」和「個體潛意識」的形成，使個體的思維方式與行為方式都隱含著民族的集體因素。個人潛意識一度曾經是意識，而集體潛意識卻從來不曾在意識中出現過，它是客觀的，跟宇宙一樣的寬廣，向整個世界開放（Jung, 1969）。

從這個角度來看，「修昔底德陷阱」是儲存在西方人集體潛意識中的一種「原型」。從「文明對抗」的角度來看，今天的美國像是當年的雅典，中國像是斯巴達，臺灣的處境，則像是米洛斯。從西方文化「二元對立」的角度來看，許多西方學者早就認為「中、美終須一戰」。然而，從東方「陰陽互濟」的文化傳統來看，卻未必盡然。這一點，我將留待本章最後一節，再作細論。這裡，我們必須再從歷史的視角，說明美國「禿鷹」性格的由來。

第三節　帝國主義的「永恆利益」

《中西文明的夾縫》一書開宗明義地指出：從第十五世紀，歐洲國家展開大航海時代以來，西方列強一向是秉持「大欺小，強壓弱」的原則，在發展殖民帝國主義。從西班牙、荷蘭，到所謂「日不落帝國」的「大不列顛」，幾乎無一例外。「伯羅奔尼撒」戰爭兩千多年後，中英「鴉片戰爭」開打之前，在英國的下議院中，就發生過類似的辯論。

「白色金子」

一八四〇年四月七日至九日，英國下議院針對鴉片貿易展開辯論。國會該不該撥款對中國發動戰爭？當時英國反對黨的議員格萊斯頓（William E. Gladston, 1809-1898）慷慨激昂地發言：「我不知道而且也沒讀過比這場戰爭更加不義的戰爭，或是比這場戰爭會使我們更永久蒙羞的戰爭！對面這位先生竟然說廣州上空迎風招展的英國國旗，是為了保護臭名昭彰的走私貿易！如果它從未在中國沿海升起過，現在卻升起來了，我們應當以厭惡的心情把它撤回來！」

格萊斯頓堅決反戰的發言，使下議院議員感到震撼。戰爭撥款案無法通過，戰爭無法發動。辯論持續了三天。最後，關鍵人物站出來了，當時鴉片被稱為「白色金子」，是十九世紀最值錢的商品。鴉片非法貿易使英國對中國的鉅額貿易赤字變成貿易盈餘，其數額足以支付英國從中國進口的茶葉、生產向印度出口的工業製成品，和英國統治印度殖民地的大部分行政費用。利益實在太大了。

永恆的利益

英國外相帕默斯頓（Henry J. Temple, 3rd Viscount Palmerston, 1784-1865）原本表示：「他絕不懷

疑中國政府有權利禁止鴉片輸入中國」，現在卻宣稱：此事涉及維多利亞女皇的尊嚴，同時講出他不朽的名言：「我們沒有永遠的盟友，也沒有永遠的敵人，只有永恆的利益！我們的職責就是追求利益！」帕默斯頓發言之後，下議院表決，結果以二七一票對二六二票，通過對華用兵軍費案。鴉片戰爭發生之後，反對黨議員格萊斯頓當了首相，他也由第一次鴉片戰爭的堅決反對者，變成第二次鴉片戰爭的狂熱鼓吹者，而促使他改變態度的理由仍然是「國家利益」！

用「自我」與「自性」的心理動力模型來看，所有儲存在西方人集體潛意識中的「原型」都可能成為儲存在他們「社會知識庫」中的「知識」，並成為在現實生活裡指引其「行動」的「智慧」（見圖2）。

用〈自我的曼陀羅模型〉來看，西方文化中的「正義」也可能是個人「做人」（person）的一種理想。這一點，從鴉片戰爭開打之前，格萊斯頓在英國下議院慷慨激昂的發言就可以看出來。然而，當他們考量到「國家利益」的時候他們的態度便可能發生改變，這可以說是西方版的「義利之爭」。

第四節　美國的「擴張主義」

甲子戰爭之後，中國開始步入「羞辱的世紀」（century of humiliation），對於西方帝國主義的侵略，幾乎沒有還手之力，種下了清朝覆亡的遠因，同時也醞釀出對中國近代歷史影響深遠的

「五四意識形態」。這是後話，我們將留待本書第二部分再作細論。這裡要談的是：與英國同屬英格魯薩克遜民族的美國，如何「以其人之道還治其人之深」，用同樣的手法，取代英國十九世紀「日不落帝國」的霸權地位。

擴張主義

美國原本是英國殖民地，從一七七五年發動獨立戰爭成功之後，便採取「擴張主義」（Expansionism）的政策，從原本的北美十三州，逐步往西擴張，在美墨戰爭中，打敗墨西哥，使其承認德克薩斯為美國領土，並割讓加利福尼亞。南北戰爭後，從沙俄購買阿拉斯加（一八六七），開始往太平洋發展。

一八五三年，美國東印度艦隊司令培里（Mathew Perry）率領所謂「黑船」的「密西西比號」等三艘軍艦，繞過好望角東來。七月八日，出現在日本伊豆半島口的下田港，隔年即強迫當時執政的幕府開港，放棄鎖國政策。

隨後，他在前往香港途中，佔領小笠原群島，並和琉球國王締結條約，取得建立加煤站的權利。他路經臺灣的時候，發現臺灣非常適合作為美國向東方發展的根據地。臺灣島上豐富的煤礦，可以供應商務輪船與海軍船艦補給燃煤。由於中國海上海盜出沒頻繁，培里更建議在臺灣建立美國的海軍基地，企圖將太平洋納入自己的勢力範圍，有意或無意地使美國成為後來日本侵略中國的「影武者」。

日本侵華的影武者

十九世紀的大英帝國是世界的霸主。當時採取「擴張主義」政策的美國，正忙著擴大自己的地盤，並不想獨立與中國為敵，而是跟在列強之後，用「蠶食鯨吞」的手法，獲取最大的利益。在鴉片戰爭後，美國援《南京條約》之例，與清廷訂立《天津條約》，要求清廷開放五口通商。當時美國駐廈門領事，是獨立戰爭中曾建立軍功的李仙得（C. W. Le Gendre）。本書系第二部《台灣自我殖民的困境》第一章〈被出賣的台灣〉曾經仔細說明：李仙得如何誘使明治維新後的日本，先挑起牡丹社事件，接著又派兵併吞琉球，順理成章地將琉球轉化成為「沖繩縣」。

牡丹社事件發生四年後，李仙得同時在紐約及橫濱出版《進步的日本》。他在自序中承認寫書的動機，一部分是為了美國的利益。因為日本明治維新以後，全盤接受歐美文化，是亞洲國家的「模範」；在地理上，日本又是比較鄰近美國的東方國家，他認為：兩國應當建立密切的關係，共存共榮，互惠互利。

亞洲近代化的「模範」

什麼叫做亞洲國家的「模範」呢？在日本明治維新初期，日本知識界的主流思想是「和魂洋才」。等到日本開始發展軍國主義，主張「脫亞入歐」的福澤諭吉一躍成為「日本近代化之父」，他主張日本應當全盤學習西方，包括歐洲的殖民帝國主義。在甲午戰爭開打之前，他便在日本媒體

《時事新報》上發表言論，為這場戰爭「定性」並「定位」：

> 這次戰爭雖說國之爭，但實際上卻是一場文明與野蠻，光明與黑暗之間的戰鬥，其勝敗如何，關係到文明日新的前途。

在他看來，已經「近代化」的日本，無疑是代表「文明」與「光明」的一方，而當時的中國，則是代表了「野蠻」與「落後」。「落後就該挨打」，作為老牌殖民帝國主義的美國，當然十分欣賞這位「後起之秀」，認為日本是亞洲近代化的「模範」。

為戰爭加柴添火

一八八四年底，中法戰爭爆發，日本駐朝鮮公使趁機策動開化黨人金玉均引日軍攻入王宮，挾持國王，並組織親日政權。事變後，清廷應朝鮮請求，派袁世凱率兵擊敗日軍和開化黨，救回朝鮮國王。當時日本的力量還不能與清軍抗衡，因此派伊藤博文為全權大使，跟清廷代表李鴻章談判，簽訂《天津條約》，雙方約定同時從朝鮮撤兵，將來朝鮮國若發生重大變亂，清、日要派兵，必須先行文知照。

在牡丹社事件後的第二年，日本藉口軍艦「路過」朝鮮江華島時，被朝鮮士兵砲擊，而爆發連續三天的武裝衝突。「江華島事件」後，日本強迫朝鮮簽訂《江華條約》，允許日本在釜山通商，派駐使臣；日本並承認朝鮮為獨立國家，以分化清朝廷與朝鮮的朝貢關係。此後，日本對朝鮮的政治及經濟影響力不斷增強，朝鮮的統治階層也開始出現親日的「開化黨」。

一八九四年一月，朝鮮發生東學黨之亂。六月一日，朝鮮向清廷求援，清廷決定出兵，內閣總理李鴻章依約知會日本。日本也派兵到朝鮮，但亂事平定後，日本卻不撤兵。七月九日，美國受朝鮮之託，請協助勸清、日雙方撤兵。當日本拒絕時，美國僅在形式上表示遺憾，實際上美國軍火商卻大賣武器彈藥給日本，為其軍事行動加柴添火。七月二十五日，中日甲午戰爭終於正式爆發。

在甲午戰爭的過程中，我們已經可以看到：美國政客的「禿鷹」性格。用一個比喻來說，在中美「文明對抗」的過程中，美國人下的是西洋棋，他們最擅長的本事是拿大陸邊緣地區的國家或政府當「棋子」，向中國進攻，自己則是像「禿鷹」般地在旁邊「觀戰」，等到時機成熟，再伺機下手，謀取最大利益。

以散地易要地

甲午戰爭爆發後，隨著威海衛、劉公島相繼陷落，二月十三日，清廷任命北洋大臣李鴻章為全權大臣，前往日本商定和約。出發前，李鴻章知道，慈禧太后堅持不可割地。當他拜會各國公使，商請各國出面制止日本割取清朝領土的野心，美國公使田貝（Charles Denby）反倒力勸各國公使，不要過問此事。

當李鴻章與田貝談到全權大臣應否同意割地時，田貝明白表示：「日本已宣布可以接受『答應割地與賠款的全權大臣』，其他人都不會受到日本接待。假如清朝堅持不割地，不必多此一行。」他更直截了當地告訴李鴻章：「不必再向歐洲各國求助，只要專心向日本求情，盡力避免割讓大陸土地。至於大陸以外的島嶼，應是無可避免。」

三月二日，李鴻章以「割地」為交戰時常有之事，只有「暫時委屈」的理由，向清廷請示。朝廷大臣害怕日本侵入北京，紛紛上奏慈禧太后：「以當前情勢來看，只能顧及北京，至於邊遠的土地就不用考慮太多。」此時，清廷對於在不得已的情況下割棄「邊地」總算有了共識。

三月四日，清廷授予李鴻章決定和約條款、署名畫押之全權，當天下午，他與田貝長談，田貝建議，割地的原則是「以散地易要地」，也就是，割讓臺灣各島，盡力保全全中國大陸。李鴻章對於田貝的建議，只有點頭稱是，隔天田貝即向美國國務院報告密談的內容。

裝成朋友的敵人

從東、西文明交會的歷史經驗來看，日本這個美國人心目中「文明開化」的「模範」，是在美國「先輩」的「循循善誘」之下，才學會如何實踐殖民帝國主義。更值得注意的是，當時菲律賓原本是西班牙的殖民地，在美國公使田貝教李鴻章「以散地為要地」，而簽定「馬關條約」之後的第三年，也就是一八九八年，美西戰爭爆發，美國開始扶持菲律賓境內的反西班牙游擊隊。西班牙戰敗後，美國立即改變態度，以武力強制將菲律賓納為殖民地，菲律賓才發現美國原來是「裝成朋友的敵人」！

夏威夷原本是一個獨立王國。其後美國和日本的殖民和商業不斷進入。南北戰爭後，美國逐漸加強對夏威夷的控制，夏威夷王室準備與日本合作，抗衡美國，兩國展開爭奪。一八九三年，美軍登陸夏威夷，發動政變，廢黜女王，建立了「夏威夷共和國」。一八九八年，美國戰勝西班牙之後，順勢將夏威夷吞併，實施「軍事佔領」，成為美國的一州，「以身作則」，教導日本人怎麼搞殖民帝國主義。

第五節　美國的「禿鷹」性格

從以往的歷史經驗來看，美國自立國以來，一直是奉行「強凌弱，大欺小」的原則，對於比他弱小的國家，會肆無忌憚地發動戰爭。但是對於他有所顧忌的對手，就會展現出「禿鷹」性格，唆使別人替他打「代理人戰爭」，自己則在旁邊「隔岸觀火」，看情勢的發展，再伺機下手，從中獲取最大利益。這種「禿鷹」性格在兩次世界大戰中可以看得最為明顯。

英、德大戰

從十八世紀工業革命發生之後，歐洲列強為了爭奪海外市場與原物料來源，不斷在外交上合縱連橫，努力擴大殖民地和勢力範圍，並進行軍備競賽。到了第一次世界大戰前夕，歐洲已經是戰雲密佈，大戰一觸即發。到了一九一四年，新興的德國和奧匈帝國組成同盟國，挑戰當時作為世界霸權的英國；後者則和俄國、義大利、日本組成協約國，兩者間爆發了第一次世界大戰。歐洲列強在戰場上展開廝殺，美國則是利用其「中立」的地位，隔著大西洋，開動生產機器，不斷生產軍需用品，主要賣給協約國，同時兼售同盟國，兩邊得利，大發戰爭財。

英、法兩國為戰爭需要，不得不向美國銀行團借錢。以摩根財團為主的銀行團掌握的戰債愈來愈多，美國在國際關係事務的處理上，便開始偏向協約國。

開戰前，英、德兩國都從美洲進口物資。開戰後，英國海軍把德國的航線完全切斷，糧食、藥品，以及任何補給品都不許運入，德國國內陷入饑荒。德國海軍無法與英國對抗，只好用潛艇襲擊。剛開始，德國潛艇遇到開往英國的商船都是先發出警告，讓商船上的人棄船上救生艇，然後再擊毀空船。英國人立刻派出武裝商船，等德國潛艇浮上水面警告時，開炮射擊。德國只好搞無限制潛艇戰，不事先警告，就把船炸沉。

禿鷹得利

美國第二十八任總統威爾遜警告德國：不得傷及美國利益。一九一七年，協約國中的沙皇俄國內部發生革命，退出戰爭；羅馬尼亞也宣告投降，義大利更是敗象畢露。威爾遜擔心戰局對協約國不利，損及美國的利益，因此在一九一七年四月六日向德國宣戰。理由是因為英國客輪「盧西塔尼亞」號被德國潛艇擊沉，導致一千多名旅客喪生，其中有一百多名美國人。其實這艘船早在兩年前的一九一五年五月七日，就已經被擊沉了，事後的調查顯示，這艘船上確實有五千箱運給英軍的彈藥，並不是純粹的民用商船；而且德國在此事之後，為了怕激怒美國，早就停止攻擊客輪了。但威爾遜領導下的美國，其實只是需要一個宣戰的藉口而已。世界八大列強中最龐大的一個國家，加入第一次世界大戰。短短幾個月之間，美軍參戰人數從四十萬增加到四百萬，一船船的美國大兵跨越過大西洋，踏上歐洲的土地，整個戰局立刻改觀。

一九一八年十一月，德國國內爆發革命，威廉皇帝被推翻，德軍宣布無條件投降。美國適時扮演了「救援打手」的角色，在一九一九年一月舉行的巴黎和會上，威爾遜總統提出的「民族自決」原則，影響到英國「日不落帝國」的地位；對德國訂下苛刻的賠償條約，種下納粹在德國崛起的原因；同時決定將德國在山東半島的權益轉讓給日本，則在中國激起了「五四運動」，中國代表最後也沒有在合約上簽字。難怪法國元帥福煦事後評論說：「這不是和平，這是二十年休戰。」

「救援打手」

我們可以用〈人情與面子〉（圖5）的理論模型來說明：美國政治人物為什麼會偏好在別人

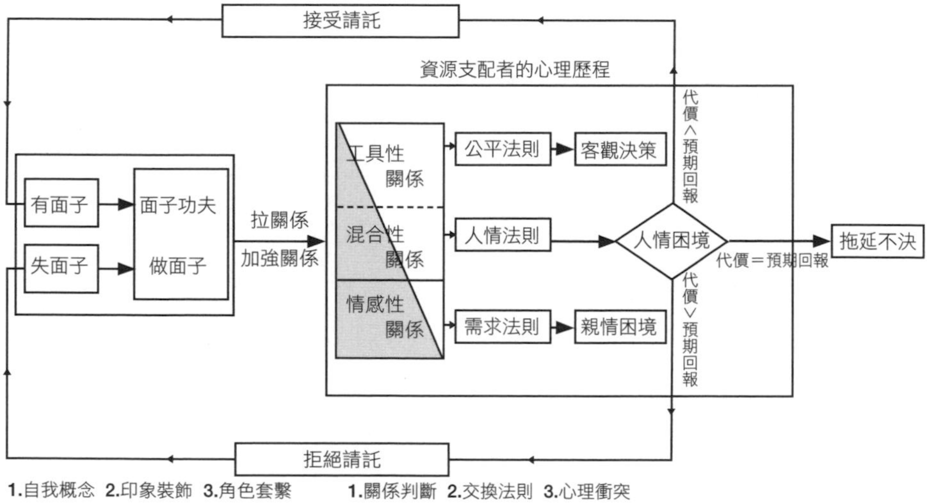

圖5〈人情與面子〉的理論模型

生死存亡的關鍵時刻，扮演「禿鷹」的角色。〈人情與面子〉的理論模型將人際關係分為「情感性關係」、「混和性關係」、和「工具性關係」三大類，個人分別傾向於以「需求法則」、「人情法則」和「公平法則」和他人進行互動（Hwang, 1987；黃光國，二〇〇九）。

我曾經一再強調：〈人情與面子〉理論模型的副標題雖然是「中國人的權利遊戲」，其實它是普世性的社會互動機制（Hwang, 2010, 2019）。第一次世界大戰開戰之初，對於「協約國」和「同盟國」雙方，美國都是最重要的「資源支配者」，可以將軍需用品賣給雙方，影響雙方的戰力。等到雙方打得精疲力盡的時候，它再挺身而出，對其中一方扮演「救援打手」，並對另一方扮演「禿鷹」，以追求美國「永恆的利益」。

全球在第一次世界大戰死亡人數約四千萬人，美軍陣亡人數為十一萬六千五百餘人。這是美國在「關鍵時刻」扮演「救援打手」所付出的代價。由於扮演「救援打手」可以讓美國以最少的代價，獲取最大的利益，到了第二次世界大戰，美國又故技重施，在戰爭初起時，堅持「冷眼旁觀」的「中立」立場，耐心等候「出手」時機的到來。

「易卜生主義」

一九三一年「九一八」事變發生，戰爭威脅迫在眉睫，對日寇是戰是和中國政府和人必須解決的迫切問題。當時，有人主戰，有人主和，也有和稀泥者，各派吵吵鬧鬧，莫衷一是。北京大學文學院院長胡適公開表示中國的軍事力量不能與日本抗衡，中國應當想方法「忍痛求和」，與日本公開交涉，解決兩國之間的懸案，以謀求十年的和平。同時警告政府當局「與其戰敗而求和，不如於大戰發生前為之」。依照胡適的構想，在這十年中，中國應全力發展現代軍事工業，阻止日本以武力征服中國的企圖。

當時胡適在學術文化界及青年人心目中聲望崇高，而有「青年導師」之稱，他的主張也分外引人注意。隨著日本軍閥步步緊逼，華北告急，抗日救國呼聲一天比一天高漲，胡適仍堅持他青年時代主張的「易卜生主義」，號召青年學生，愈是在國家危難之時愈應冷靜，把握時機，努力追求知識，一如易卜生所說：「你的最大責任，就是把你這塊材料鑄造成器。」作為將來救國的憑藉。胡適因而受到包括北大學生在內的一片咒罵。

一九三六年七月，胡適應邀參加在美國舉行的太平洋國際學會第六屆年會，當選為副會長。它在國際學術界的聲望更為提升。一九三七年盧溝橋事變發生，胡適認為：國民黨政府在軍事上雖然尚未準備充分，但事到如此，大戰已不可避免，但是在戰之前，還是要做最後的和平努力，當局「外交路線不可斷」。

「情義相挺」

淞盧抗戰爆發後，中國守軍以血肉之軀，奮起抵抗，戰事持續一個多月，仍呈膠著狀態，全國軍民士氣有增無減。面對悲壯慘烈的戰爭場面，又看到中國軍隊寧死不屈的精神，胡適大受感動，同時態度也為之改觀，認為在國家存亡的緊急關頭，中國守軍還是能以民族大義為重，奮起作戰；

而日本軍隊也不是永遠打不垮的「鐵軍」，經過一番思考斟酌，胡適決定公開明確支持蔣介石的抗戰政策，並提出「和比戰難百倍」的新論點。

鑒於胡適在美國知識文化界的聲望，蔣介石想請胡適以非正式外交使節的身分，到美國疏通國際關係，爭取美國朝野對中國抗戰的支持。但胡適認為：在這個關鍵時刻貿然出國，會招致自己貪生怕死的非議，而且也不知道出去後「能做些什麼」，所以直截了當地謝絕，並說：「目前戰爭已經很急，我不能離開南京，我要與南京共存亡。」

在蔣介石親自出面勸說無效的情形下，只好請傅斯年出面，敦促胡適出洋為國效力。傅斯年苦勸良久，胡適仍不為所動。最後，傅斯年流淚說：「我要是有先生的名望和地位，我就要去了，這是為了抗日呀……」聽到這裡，胡適也流下了熱淚，終於說：「現在國家是戰時，戰時政府對我的徵調，我不敢推辭。」答應赴美。

下一章將會提到，胡適二十七歲在哥倫比亞大學學業告一段落，回國任教於北京大學時，曾經受到學生的質疑，當時身為學生領袖的傅斯年聽了他幾堂課之後，出面相挺，胡適終於化險為夷，兩人從此成為莫逆之交。

從理論分析的角度來說，我曾經多次指出：〈人情與面子〉的理論模型雖然是普世性的社會互動機制，但其中「資源支配者的心理歷程」跟先秦儒家所主張的「仁、義、禮」倫理體系（圖6）卻是互相對應的。更清楚的說，傅斯年曾經有恩於胡適，現在他扮演「請託者」的角色，請胡適在國家艱難的時刻，以他極為稀有的資源「國際聲望」，為國效勞，胡適只好答應「情義相挺」。

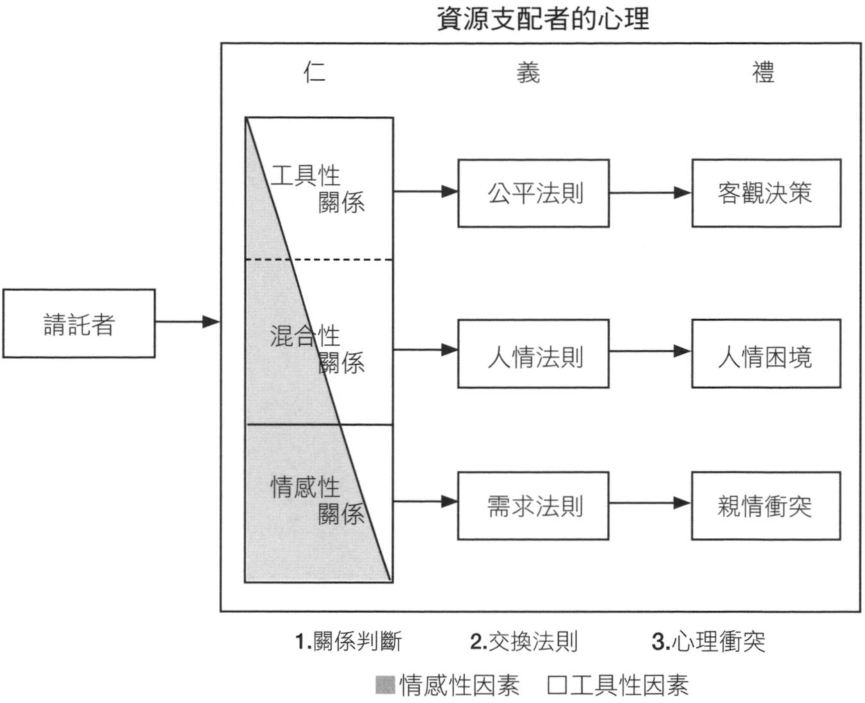

圖6　儒家的「仁—義—禮」倫理體系

美國堅守「中立政策」

一九三七年九月二十三日，胡適輾轉抵達檀香山，二十六日抵達舊金山，開始擔任非正式外交使節，為國效勞，他自嘲為：「做了過河卒子，只有拚命向前。」

當胡適到達華盛頓，由駐美大使王正廷陪同去拜訪羅斯福總統。羅斯福很關切中國戰局，並問他：「中國軍隊能否支持過冬天？」胡適聽到這個問題，心中為之一震：「想不到美國佬如此輕視中國！」他有些激動地予以肯定答覆，並且說道：「中國需要美國的支持，我想總統會以明快的眼光，很快判斷是非！」透過胡適的解說，羅斯福進一步了解了中國的軍事情形，同時也理解中國人民需要美國政府幫助的迫切心情。可是當時美國政府奉行「中立主義」政策——不管你們中國、日本或是其他國家如何開打，打到什麼程度，美國都是袖手旁觀、一律置之不理。這個政策使身居總統高位的羅斯福也無法對胡適做出任何承諾。臨別時，羅斯福緊緊握住胡適的手，態度誠懇地說了些安慰的話，令胡適深為感動。

用〈人情與面子〉的理論模式來看，羅斯福見面時的「輕視」，使胡適覺得「失面子」，他和胡適時的「安慰」，其實只是西方人對於「朋友」關係的「表面工夫」（見圖6）。在中國戰場方面，從一九三一的七七事變，中國展開全面抗戰以來，美國始終袖手旁觀。在歐洲戰場方面，一九三四年，希特勒逐步突破《凡爾賽條約》；一九三五年，墨索里尼入侵衣索比亞；一九三六年，希勒勒、墨索里尼協助西班牙法西斯首領佛朗哥打贏內戰；一九三八年，希特勒併吞奧地利、捷克；墨索里尼併吞阿爾巴尼亞，美國也是不動聲色。羅斯福總統怎麼可能因為跟胡適的一席話，就改變美國的「中立政策」？

資源輸往日本

一九三八年九月，國民政府召回在美國四處碰壁的大使王正廷，並於十七日發表胡適出任駐美大使。一九三八年十月二十一日，廣州落入日軍之手。二十四日，蔣介石正式下達放棄武漢的命令。二十五日，武漢淪陷，日軍沿長江一線開始向西南大舉進攻。這時候，原集中在武漢三鎮及周邊進行防禦的一二九個師，總共一一〇萬國軍，已經被打得七零八落，中國國土精華盡失，徹底陷入內無糧草、外無援兵的絕境。國民政府的抗戰武裝力量，已經沒有一個完整的師可以繼續作戰。外援方面，除了向蘇聯購買的一點有限軍援之外，英美和其他所謂民主國家皆袖手旁觀，幾無片甲之助。駐美大使胡適與奉命前往美國借貸的金融家陳光甫，正在拜訪美國財政部長亨利．摩根索（Henry Morgenthau,Jr），懇求美國當局盡快借款，為即將崩潰的中國政府「打一劑救命針」。這時候，美國的鋼鐵、石油及其他戰略物資，仍然源源不斷地輸往日本。

一九三九年七月，希特勒進攻波蘭，二戰在歐洲爆發，納粹勢力席捲歐洲，羅斯福總統感受到法西斯主義的威脅後，美國才在一九四一年三月通過《租借法案》，支援它的盟友。一九四一年十二月七日，日本「不宣而戰」，以六艘航空母艦裝載四百餘架飛機，配合其他各型船艦，組成龐大艦隊，在南雲忠一中將的指揮下，偷襲珍珠港，炸沉、炸傷美國各型船艦四十餘艘，炸毀、炸壞飛機四百五十架，造成美軍四千五百餘名傷亡，美國太平洋艦隊幾乎全軍覆沒！

日本不宣而戰

翌日，羅斯福總統要求美國國會對日宣戰，同一天，中國政府對德、意、日三國宣戰！美國、加拿大、澳大利亞、荷蘭、紐西蘭、自由法國、波蘭等二十多個國家，也相繼對德、意、日宣戰。第二次世界大戰才宣告全面爆發。

在美國總統羅斯福建議下，十二月二十二日，蔣介石電令國民黨第五軍、第六軍、第六十六軍編組成中國遠征軍，以羅卓英、杜聿明為正副司令官，進入緬甸，配合英軍對日作戰。這是中國軍隊首次反守為攻，走出國門，與同盟軍隊一起夾擊日軍。

第二天，蔣介石在重慶官邸召集中、美、英等國軍事代表，對太平洋戰局發表演說：「日、美開戰之初，日本不宣而戰，偷襲檀島，使美國遭受重大損失……我國抗戰，以後如能自強不息，則危險已過大半。往者美國限制日本，不許其南進北進，獨不反對其西進。而今則日本權力侵華之危機，已不復存在矣！」

蔣委員長這一席話，聽得中方人員百感交集！當時最有實力制衡日本的美國，不但隔岸觀火，而且暗示日軍把戰火燒向積弱的中國，以保存他們在東南亞的利益。在日寇步步進逼之下，中國軍民已經孤軍苦戰長達四年半矣！

結論

第二次世界大戰全球死亡人數高達七千五百萬人，其中美軍戰亡人數則為三十八萬人。二次大戰之後，歐亞大陸上的大多數國家幾乎淪為廢墟，美國本土根本沒有受到戰火的波及，因此一躍成為獨霸西半球的巨強，並在東、西冷戰時期，扮演「自由世界」領導者的角色。到了一九八〇年代，美國在政治上反共，在經濟上開始和英國一起推行「新自由主義」，而開始播下「新自由主義瘟疫」的種子。這一點，本書第七章將會作仔細析論。

從一九七二年尼克森聽從季辛吉的建議，跟中國建交之後，美國人便信心滿滿，認為自己的價值觀和生活方式，最後一定可以「轉化」共產主義。不僅美國人有此自信，甚至「自由世界」中許多非西方國家的知識份子也對此深信不疑，這一點，在本書第四章〈科學與辯證〉和第五章〈自由民主與自我殖民〉將分別仔細討論。

一九九〇年代，東歐共產國家崩解，有些西方國家的知識菁英以為東、西「二元對立」的冷戰，已經走到「歷史的終結」，從此之後，全世界都會採取美國式的民主政制。不料「改革開放」後的中國，在「八九天安門事件」之後，卻一路保持經濟和社會的穩定成長。到了二十一世紀之後，甚至可以開始跟美國「叫板」！美國的知識菁英開始擔心：美、中兩國的關係是否會掉入「修昔底德陷阱」，並形成「大國政治的悲劇」？這是本書第二章所要討論的主題。

第二章 大國政治中的潛龍

本書第一章以一系列「含攝文化的理論」作為基礎，逐步分析：西方的文化與歷史如何形塑出美國政治人物的「禿鷹」性格。二次大戰後，美國一躍成為獨霸西半球的巨強。一九九〇年代，東、西對峙的冷戰結束，美國更成為獨霸世界的超級強權，這樣的歷史經驗，更增強了美國政治人物的「禿鷹」性格。

用「自我」與「自性」的心理動力模型來看（見本書第一章，圖3），希臘文化的傳統，儲藏在西方人的「集體潛意識」裡；他們自身和父祖輩的歷史經驗，儲存在其「個人潛意識」裡，有些知識菁英能夠用自己的「意識」將其整理成為「論述理路」，企圖論斷未來可能發生的事情。有些知識菁英甚至明言：在中美「文明對抗」的過程中，在「美、中、臺」的三角關係裡，美國必須繼續扮演這種「禿鷹」的角色，使其成為政治人物的「實作理路」。

第一節　大國政治的悲劇

芝加哥大學政治學教授米爾斯海默（John Mearsheimer）在他的名著《大國政治的悲劇》（*The Tragedy of Great Power Politics*）中，很坦率地說出了這樣的必然性。在該書第十章〈中國是否能和平崛起？〉裡，米爾斯海默直截了當地說出了他的主要論點：「只要中國的經濟持續增長，他一定會仿效美國統治西半球的模式，圖謀統治亞洲。美國則要全力以赴，阻止中國成為地區霸主。中國的鄰國如印度、日本、新加坡、韓國和俄羅斯，大都會幫美國遏制中國。於是雙方安全競爭會愈來愈激烈，戰爭也很難避免。」

西進擴張的楷模

什麼叫做「美國統治西半球的模式」呢？在〈美國通往霸權之路〉一節中，米氏先回顧美國的歷史：

一八七三年美脫離英國贏得獨立時還很弱小，領土範圍只有東部大西洋沿岸一點地方。不僅為英國和西班牙帝國勢力包圍，還有印地安人控制著密西西比河和阿帕拉契山脈間的廣闊地區。周遭環境相當險惡。

在後續的七十年裡，美國為了克服此危勢，一路向西邊的太平洋推進，終於成就了富國強兵之業。美國人為了實現其自詡的「天定使命」（Manifest Destiny），不僅殺害無數印地安人，掠奪他們的土地，一八〇三年又向法國買來今天的美國中部，一八一九年從西班牙手裡買下佛羅里達。一八四五年合併德州，隔年隨即進攻墨西哥，搶來今天的美國西南部。同年又與英國達成協議，取得美國西海岸和洛磯山脈之間的太平洋西北地區。最後，一八五三年的加茲登購地（Gadsden Purchase）又讓美國買下一部分的墨西哥。

加茲登是當時美國駐墨西哥公使，他奉美國政府之命，使用種種手段，從墨西哥低價大量購地。米氏同時指出：在整個十九世紀期間，美國始終念念不忘征服加拿大，甚至在一八一二年還真入侵加國。當年美國沒有吞併加勒比海上的許多小島，是因為當時奴隸太多，「若被併入美國會導致蓄奴州（slaveholding states）增加，不為北方各州所樂見」。米氏很冷靜地指出：所謂愛好和平的美國在十九世紀創下的領土擴張紀錄，「絕對足以彪炳史冊，令古往今來的帝國黯然蒙塵」。甚至連希特勒都多次引用美國的西進擴張，作為德國在一九四一年入侵蘇聯的楷模。

唯一的超級巨強

一八二三年美國總統宣示「門羅主義」，核心目標就是將歐洲大國驅離，永遠擋在西半球之外。到了十九世紀末，美國已經成為一方霸主，開始以「禿鷹」之姿，阻撓其他地方出現新霸權。

一九一七年四月，眼看威廉德國就要打敗協約國，征服歐洲，結果美國出兵歐陸，扭轉權力平衡，戰局急轉直下，德意志帝國（Kaiserreich）於十一月伏首稱臣。一九四〇年代之初，羅斯福總統使出渾身解數，讓美國參加二戰，是為了防止日本和德國統治亞歐。一九四一年十二月美國參戰，對打敗德日貢獻頗大。一九四五年戰後，美國則費盡心機，設法壓制德日兩國的軍事力量。在後來的冷戰中，美國更不遺餘力，阻止蘇聯稱霸歐亞大陸，經過一九八九到一九九一年的大動盪，終於把蘇聯掃進歷史的灰燼。

冷戰結束不久，老布希（George H. W. Bush）政府於一九九二年擬定了《防衛計畫指導》（Defense Guidance），明白宣示：美國已是唯一的超級大國，美國的外交政策不允許任何可能挑戰美國的競爭者出現。二〇〇二年九月，小布希（George W. Bush）政府也發表了一份知名的文件，叫做《國家安全戰略》（National Security Strategy），提出「先發制人戰爭」（preemptive war）的概念，體現出相同的精神，主張美國要遏制新興國家，在全球權力平衡中獨攬大權。

圍堵中國的「抗衡聯盟」

以古鑑今，米歇爾海默回顧美國稱霸世界的歷史之後，便提出了他的大哉問：當中國愈來愈強大後，它將會如何作為？美國和中國的各個鄰國，又該怎樣面對羽翼漸豐的中國？

在思考這些問題的時候，他很武斷地預言：中國一定會「走山姆大叔經過的路」，他以此作為標題，回顧中國在南海、東海、第一與第二島鏈等地區與鄰國之間的領土糾紛。他的結論是：中國無法如鄧小平所說的「韜光養晦」，因為他的鄰國都知道：中國會「變為超級大國」，而且「變得不懷好意」。在這種態勢下，米氏認為：面對中國崛起，美國的最佳策略是用圍堵策略，防止中國開疆拓土，或是擴大在亞洲的勢力。所以美國決策者應該聯合中國各鄰國，共組「抗衡聯盟」。最終目標是仿照北約圍堵蘇聯的經驗，建立「抗中聯盟」。美國還要牢牢控制世界各大洋，不讓中國兵力達到波斯灣等地，特別是不能讓中國染指西半球。

米氏說得很清楚：圍堵政策本質上是防禦政策，因為它不求發動戰爭，但是也不排除戰爭的可能性。而且雖然圍堵，美國也可能和中國建立實質的經濟聯繫。像第一次世界大戰前的二十年裡，英國、法國和俄國雖然建立反德的三國協約，他們和威廉德國仍然有緊密的經濟互動。但是為了國家安全，對貿易項目卻有所限制。總而言之，即使圍堵中國，中美兩國仍然可以在許多領域裡緊密合作，不過兩國關係本質上仍然是競爭性的。

米氏認為：美國最好只當「離岸平衡手」（offshore balancer），就是扮演本書所說的「禿鷹」角色，盡量只做幕後功夫，多派中國的鄰國替它衝鋒陷陣。美國應該推卸責任，讓害怕中國的亞洲國家替自己遏制中國。但這個策略行不通。為什麼呢？因為中國的鄰國力量不強，管不住中國。而且願意入盟對抗中國的亞洲國家不多，他們相距又很遙遠，印度、日本和越南都有同樣問題。所以美國不得不自己披掛上戰，勞心費力，對抗中國。

代理人的戰爭

除了圍堵之外，美國還有三個選項。第一，打預防性戰爭（preventive war）。在中國羽翼豐滿之前，先發制人，打掉中國的潛力。第二，是想方設法，阻礙中國的經濟增長。但這兩種策略美國都用不了。預防性戰爭不能打，因為中國有核子武器，可以用核子武器反擊美國或美國的盟友，所以「很難想像有哪一位美國總統敢對中國發動預防性戰爭」。

破壞中國經濟似乎比較可行，但卻一樣做不到。因為美國如果真的從中國撤資，並減少對中貿易，許多國家大概會反其道而行，乘機加強與中國的經濟聯繫，填補美國留下的空白，支持中國經濟增長。「破壞中國經濟就等於破壞美國經濟」。

美國可以用的第三種策略叫做「挖牆腳」（rollback），動手顛覆親中政權，甚至製造中國內亂。比如巴基斯坦將來要是堅定支持中國，美國就可以在伊斯蘭馬巴德採取動作，讓巴基斯坦換個親美的領導人。還可以在中國國內支持新疆、西藏的復國主義團體（irredentist group），令其發動暴亂。美國領導人雖然熱衷此道，不遺餘力，但其效果十分有限。

徹底分析各種可能之後，米氏認為：中美兩國最可能的策略是「贊助盟友打代理人戰爭」（proxy war）。

> 兩國會千方百計，在全世界到處推翻支持對方的政權。主要是秘密顛覆，有時也要公開作亂。雙方還要設計誘捕另一方，使其捲入得不償失的長期消耗戰（bait and bleed）。如果對方自動陷入戰爭的泥潭，不打仗的一邊就要想盡方法，阻止對手脫身，坐觀血腥廝殺，儘量擴大其損失（bloodletting）。

米爾斯海默認為：他的理論採取的立場是「結構現實主義」（structural realism）或「攻勢現實主義」（offensive realism）。這是在西方歷史及文化條件下建構出來的理論，是西方人以「二元對立」思維作推論，所得出的結果。依照這樣的理論，臺灣的命運幾乎已經確定。因此，他在該書二〇一四年版中，添加了一篇附錄，題為〈向臺灣說再見〉。

他很清楚地指出：儘管美國有充分理由將臺灣納入制衡中國聯盟，長遠來看，美國可能在下一個十年中的某個時點，不再有把握幫助臺灣打敗中國的進攻。因為臺灣離中國大陸太近而離美國太遠。如果中美之間要在「向臺灣投射軍力」上競爭，中國可以贏得毫不費力。

米氏認為：在與捍衛臺灣相關的戰爭中，美國政策制定者肯定不願意對中國大陸發動大規模攻擊，因為他們深怕中國會動用核武；而且美國也不會將其核保護傘延伸到臺灣，「因為在臺灣會被中國擊敗的情況下，美國不會將制衡中國升級為核對抗」。在他看來，關於臺灣的利害權衡，並不足以讓美國甘冒核戰風險。畢竟臺灣並非日本，甚至也不是韓國。

美國最終會放棄臺灣的另一個原因，在於中國的民族主義。這是一股強大的破壞力，「它夾雜著過往積弱時，美國等和其他列強如何蹂躪中國，如何巧取豪奪香港、臺灣等中國領土的悲憤情感」。由於中國在某一時點必將擁有足夠征服臺灣的軍事實力，在未來的數十年間，美國對臺灣的態度可能反覆無常。一方面，他有強烈的動機將臺灣納入圍堵（containing）中國的聯盟，隨著時間推移，他也可能感受到與臺灣保持親密關係必須付出巨大代價，因而在戰略上作出放棄臺灣的結論。

第二節　川普的國安團隊

米歇爾海默是西方文化中非常傑出的社會科學家。他所著的《大國政治的悲劇》，可以說是「修昔底德陷阱」的現代版，也是西方人「集體潛意識」裡國際關係的「原型」。此說一出，立刻獲得西方知識界的共鳴。

米氏「攻擊現實主義」的忠實信徒之一，是川普的「國師」納瓦羅（Peter Navarro, 1949）。一九八六年，他在哈佛大學獲得經濟學博士；從一九八八年起，開始在加州大學爾灣分校講授企業管理，曾經出版過十餘本專書。

《致命中國》的風波

二〇〇六年，他先出版《中國戰爭即將到來》（*The Coming China War*）；二〇一一年，他又和安一鳴（Greg Autry）合寫《致命中國》（*Death by China*），詳細披露，中共如何使用八項「摧毀美國就業機會的武器」，實踐其「經濟帝國主義」，包括：非法的貿易出口補貼網絡；巧妙操縱嚴重低估的貨幣；公然仿冒、盜版和徹底盜竊美國的智慧財產權；大規模破壞環境；極其寬鬆的工人健康和安全標準；非法進口關稅和配額等等。

該書出版後，引起了美國社會的廣泛關注。一位鋼鐵大王捐贈了一百萬美元，資助納瓦羅將該書內容拍成紀錄片。該片在全美公映後，造成極大的轟動，同時也惹出不少風波。該書第一章標題為〈如果本書所言都是真的，那就不是在抨擊中國〉。到了二〇一九年下旬，有一位澳洲國立大學學者舉報，在這本《致命中國》和他的許多篇投書中，納瓦羅長期使用一個哈佛學者的強硬發言，並為其中美貿易戰的觀點背書。這個名為「羅恩・瓦拉」（Ron Vara）的人其實是虛構的，在現實中並不存在。事件曝光後，輿論譁然，該書出版社培生集團（Pearson）緊急表示：將大幅修改後續印刷版本和庫存書的內容，並加註警語，「提醒讀者，該書含有一位虛構人物」，以強調「我們非常嚴肅對待任何違反誠信的行為」。

二〇一九年十月二十二日，中國外交部發言人華春瑩在例行外交記者會上表示，該事件反映美國「有一群人對於中國的發展已經恐懼到匪夷所思的地步，抹黑手段也到了無底線」。

《美、中開戰的起點》

但納瓦羅卻因為此書，而和川普交上朋友。二〇一五年川普宣布參選美國總統後不久，就任命納瓦羅作為他的經濟顧問團成員。川普上臺後，又整合原有美國國家安全會議（NSC）、國家經濟會議（NEC）及國內政策會議（Domestic Policy Council），由他擔任新設立白宮「國家貿易委員會」（National Trade Council）主任。

他在進入白宮前的最後一本著作，是《美、中開戰的起點》。其英文題目為「伏虎：中國黷武主義對世界的意義」（*Crouching Tiger... What China Militarism Means for the World*），語出「六韜」兵法：「鷙鳥將擊，卑飛斂翼；猛獸將搏，弭耳俯伏；聖人將動，必有愚色。」書中第一章便提到米爾斯海默的「攻擊現實主義」。他也認為：中國跟美國一樣擁有可以「保證毀滅對方」的核子武力，是一頭不可輕惹的「伏虎」。雙方要想開戰，最好先推代理人上陣，其中之一，就是臺灣。所以這本書的繁體中文譯名叫《美、中開戰的起點》。

然而，這本書的題目雖然和「六韜」兵法若合符節，納瓦羅卻不懂中國文化，他的背景和寫作風格和米爾斯海默也有很大的不同。米氏是芝加哥大學政治系的教授，他的論述簡明、直接、而且客觀，嚴格遵守西方的學科規範。納瓦羅的背景是企業管理，他在這本書中列出四十五個問題，每個問題又列出幾項可能的答案選項，再由他提供材料，告訴讀者「標準答案」。由於題目內容跨度極大，讀者很難判斷他的「誘導氏答案」是否正確，反映出他個人的「現實主義」。

川普政策的規劃師

納瓦羅這本書的基本論點是：「中國雖然加入WTO，享盡各國開放市場的好處，中國本身卻沒有開放市場，拒絕遵守加入WTO的義務。」中國更透過國家大規模補助企業的做法，使得美國與其他盟國無法與中國企業公平競爭。換句話說，將中國視為「商業夥伴」，不但沒有為中美之間帶來和平，美國反受其害。

川普上臺後跟中國展開「貿易戰爭」，納瓦羅可說是最重要的「戰略顧問」。然而，納瓦羅關注的問題，並不僅此而已。他在書中同時指出：中國的經濟發展，不會為中國帶來「民主」，只會更加鞏固共產黨對中國的專制統治。他指出：通常因為經濟發展而形成的中產階級，是國家民主化的重要推手，但在中國，中產階級似乎與政府達成了無聲的默契：「要政府幫忙賺錢，就閉上嘴巴。」這樣的見解，正與一般人對中國的認知：「不妄議中央」、「拚經濟優先」不謀而合。

納瓦羅認為習近平上臺後，利用歐巴馬時代的妥協、合作政策，趁隙在國內剷除異己，並且緊縮國民在各方面的權利與自由，所以川普的共和黨政府必須徹底改變，不能重蹈民主黨主政時代的覆轍。

川普政策的執行者

納瓦羅可以說是川普政策的規劃師，美國國務卿龐培歐則是川普政策最重要的執行者。兩人一在檯後，擬計獻策，成為川普國安團隊的靈魂人物；一在檯前，配合川普表演。龐培歐（Mike Pempool, 1963）出生於南加州，高中畢業後進入西點軍校，一九八六年以第一名成績畢業。冷戰結束後退役，進入哈佛大學法學院，一九九四年取得博士學位，並成為執業律師。一九九七與西點軍校的三個好友，成立賽耶航空公司（Thayer Aerospace），因而結識美國保守派大金主科克兄弟（Charles & David Koch），獲得鉅額競選協助，而在二〇一一年當選眾議員。

二〇一六年三月五日，龐培歐為了支持佛羅里達州參議員馬克．盧比奧（Marco Antonio Rubio）擔任總統候選人，曾經尖銳批評川普。然而，當川普接受共和黨全國代表大會提名時，龐培歐立刻改變態度，開始為川普的團隊效勞。川普當選總統後的二〇一六年十一月，他受命出任中央情報局長，此後即唯川普之命是聽，從來沒有公開頂撞過川普。

他在哥倫比亞廣播公司（CBS）「今晨」節目（This Morning）受訪時回應外界批評，公開表示，「我為依憲法選出的總統工作，我的責任是與他分享最佳資訊。如果我們意見不同，我的職責是與他分享歧見。當他作出合法決定，我的任務就是盡力執行。」因此，有人說他是「川普身邊最擅長奉迎的馬屁精」，「川普屁股後的熱追蹤導彈」。

二〇一八年四月，龐培歐轉任國務卿。作為美國首席外交官，他廢棄了美國傳統的大國外交，也蔑視外交家們謹慎斯文的交往方式。他作風蠻橫、粗暴，跟他打交道的人都感覺到：面對的是什麼狠招都敢使的中情局局長。有人比喻，他就像腰裡別著一把槍，去參加雞尾酒會。

把國務當特務幹

二〇一九年四月十二至十四日，龐培歐到智利、巴拉圭、祕魯和哥倫比亞四國進行訪問。四月十三日，他在接受美國之音專訪時，指責中國對委內瑞拉總統馬杜羅的資金支持是造成該國爆發危機的原因之一，並警告中國貸款是「掠奪性」的「惡意行為」。其實，造成委內瑞拉危機的原因，是美國策動副總統瓜伊多發動政變未成，又找藉口想要出兵委內瑞拉，用武力扶持傀儡瓜伊多，而遭到拉丁美洲各國的反對。

四月十四日，龐培歐又對祕魯《貿易報》說，如果拉美國家使用中國技術，他們的信息「就會掌握在習近平和解放軍手中」。中國外交部發言人陸慷因此抨擊龐培歐：「揣著同一個唱本，全世界到處誣衊中國」；中國駐智利大使徐步則對智利主流媒體說，龐培歐國務卿「已經失去理智」。

四月十五日，龐培歐到德州農工大學（A&M University）演講，公開宣稱「我當過中央情報局長。我們撒謊，我們欺騙，我們偷竊。我們還有一門課程，專門來教這些！」有人因此說他根本是「把國務當特務幹」。

「圍棋」對「西洋棋」

四月二十九日，美國國務院政策規劃主任凱潤．斯金納（Kiron Skinner）在美國智庫「新美國」（New America）舉辦的論壇中表示，他的單位正在研擬一項類似冷戰時期「圍堵蘇聯」的「X計畫」（Letter X），來圍堵「中國」。美國「自由、民主、人權」的論述最後令蘇聯崩潰，但這一套對中國不一定有效，因為美國與中國是「全然不同的文明和不同意識形態的對抗」，美國以前從未面臨過這種對抗，過去蘇聯與美國的對抗仍是白種人內部的競爭，「這將是美國首次面對一個非白種人的強權競爭對手」。

斯金納與「X計畫」

斯金納擁有哈佛大學政治學博士學位，是第一位出任這個要職的非裔女性。龐培歐之所以任命她主掌國務院的內部智庫，並擬訂「X計畫」（Letter X），顯然極有針對性，中．美「文明對抗」

的格局從此正式浮上檯面。

不論是從米歇爾海默的《大國政治的悲劇》，或是從納瓦羅的《美、中開戰的起點》來看，在可預見的未來，甚至是現在進行式，中美之間的「大國博弈」，川普政府下的必然是「西洋棋」，一有機會，就找「棋子」替他打「代理人的戰爭」，步步進逼，絕不相讓。用米歇爾海默本人對於「代理人戰爭」（proxy war）的闡述來說：

即使不打仗，兩國政府也要相互敵視，譴責對方是不共戴天的仇敵。不管公開文獻還是秘密檔案，只要涉及到軍事戰略，都強調對手窮凶極惡，必須加以遏制。中美雙方智庫在研究安全問題時，一方面會鉅細靡遺地檢視對方，一方面要把對方塑造成強大而可怕的威脅。雖然兩國總會有些人反對對抗，並要求攜手合作，甚至在某些問題上也真可能讓步。但長期來看，我們可以預期主和派的發言權與政治影響力只會日漸萎縮。

我必須再次強調：這是西方人典型的「二元對立」的觀點。從中國文化傳統「陰陽氣化宇宙論」的觀點來看，當美國想利用中國人替他打「代理人戰爭」的時候，任何中國知識菁英都只能跟他下「圍棋」，綜觀全局，見招拆招，穩紮穩打，不急不躁，雙方比「氣長」。之所以必須如此，是因為中國知識份子的「底氣不足」。

第三節　中國知識份子的「底氣」

西方人其實非常了解，整體而言，在中、美「文明對抗」的格局中，中國知識份子普遍的「底氣不足」，所以米爾斯海默預言，雙方一旦開始發生衝突：

「……那時候往來於中美之間將頗不容易，因為冷戰時，美蘇交通也受嚴格限制。美國會禁止中國留學生來美國學習與軍火或高科技有關的學科，以免顛覆兩國之間的權力平衡。而既然從前美國為了防止蘇聯進口西方高科技時，曾專門成立了巴黎統籌委員會（coordinating Coomittee for Export Control，簡寫為CoCom）管制整個西方陣營對蘇貿易，未來中美商品服務貿易，也要服從國家安全的需要。」

禁止留學生學高科技

美國總統川普曾經多次公開指中國留學生「充斥著間諜」，「透過竊取美國來發展建中國製造業」，他要求對中國留學生進行新的背景調查和限制，國務院也透露將「減少向攻讀航空學、機器人學與先進製造領域」的中國學生簽證。

二〇一九年五月，美國麻省理工學院（Massachustets Institute of Technology，簡稱MIT）公布今年早期申請（Early Action，簡稱EA）的錄取名單，七百〇七名學生名單中，有香港、臺灣學生獲錄取，但被稱為「考試專家」的中國大陸學生，卻沒人獲得錄取，所有申請者全軍覆沒。另一間美國頂級大學史丹福大學（Stanford University）公布，今年會在全球五十多個地區進行面試計劃，香港、臺灣都在計劃之中，但卻沒有在中國大陸設立面試點。

另外，加州大學柏克萊分校（UC Berkeley）今年亦修改留學生的定義，即使中國學生擁有美國綠卡，甚至已經入籍，但只要他們的高中不在美國完成，申請入學時也會劃歸留學生的申請類別。哈佛大學、康乃爾大學亦稱，將會依申請者的高中所在地，決定他是否屬於留學生。

從這些訊息不難看出：本書所謂中國知識份子「底氣不足」到底是指什麼。自從西元一九〇五年清廷廢止科舉，並採行西式教育體制以來，中國知識份子便已經跟他們自己的文化傳統斷了根。今天中國海內外各級學校所傳授的知識，大部分都來自於西方。根據中國教育部的統計，改革開放後，海外留學生的人數年年增加。到二〇一八年，已經多達超過六十六萬人，其中有四十一萬六千人是到美國留學，佔美國所有外籍留學生的三十三%。川普主政後，中國留美學生人數雖有減少，如此龐大的留學生群體，已經足以說明中國知識份子的「底氣不足」。

「雙重邊緣化」的危機

中國之所以開始決心派遣留學生去學習西方文化，始自於清末列強勢力的入侵中國。鴉片戰爭（一八三九—一八四二）失敗之後，清廷的一班士大夫在感時憂國的情緒下，形成了自強運動。當時魏源主張「師夷之長技以制夷」，馮桂芬主張「鑒諸國」，王韜主張「用夏變夷」，鄭觀應主張「中學為內，西學為外」、「中學為本，西學為末」；最後則形成張之洞「中學為體，西學為用」

的理論，為接受西方科技作了鋪路工作（張朋園，一九七七）。

這股「海外留學」的風潮在「文化大革命」期間完全中斷。改革開放後，又逐漸復甦。時至今日，甚至已經隱約成為中國高級知識份子「養成教育」的必經之途。在中、美「文明對抗」的格局下，成為美國箝制中國咽喉的武器。中國知識份子經過了一百多年的「鑒諸國」，時至今日，為什麼做不到「中學為體，西學為用」，或「用夏變夷」，反倒普遍面臨「雙重邊緣化」的危機？

我從一九八〇年代初期投入華人社會科學本土化運動，開始思考這個問題。在最近完成的《中西會通：文化系統的理論建構與主體辯證》一書中，我很清楚地指出：中國文化的根源是由河圖洛書發展而成的《易經》，西方文化的根源是《聖經》和希臘神話。到了春秋戰國時期，儒家解釋《易經》，發展出中國的倫理與道德；道家解釋《易經》，發展出中國的科學。西方第一世紀，佛教傳入中國，和中華文化傳統結合，成為「儒、釋、道」三教合一的東亞文明，在世界上維持了一千年的優勢。

「一元」與「二氣」

到了西元十一世紀，基督教徒發動十字軍東征，兩百年之間，打了八次戰爭，將介於東歐和西亞之間的希臘文明帶回基督教世界，兩者結合，到十四世紀，歐洲開始發生文藝復興運動。十五世紀，歐洲人進入大航海時代，開始對外發展殖民帝國主義；十七世紀，歐洲啟蒙運動發生，科學快速發展，十八世紀，工業革命在英國發生，列強開始在世界各地掠奪資源和市場，中國也淪為列強欺凌的對象。

從鴉片戰爭之後的歷史經驗來看，華人社會只要能夠維持政治的穩定，中國人便能夠以儒家傳統「好學、力行、知恥」的精神，吸納西方文明之科技，並且以之作為基礎，快速發展經濟。然而，從道家的「陰陽氣化宇宙論」卻無法產生出近代西方式的科學和技術。中國知識份子要以中華文化作為基礎，吸納西方文明的菁華，在心理上卻必須先作根本性的調整。

更清楚地說，西方文明的特色是「二元對立」。「二元對立」的思維方式在西方有極為長久的歷史。歐洲啟蒙運動發生之後，理性主義興起，「二元對立」的思維也隨著科技發展而盛極一時。「二元對立」中的每一元都必須先作具體的定義。「二元之間」彼此互斥，非此即彼，彼此之間不能相容。「二元對立」和中國文化「陰陽氣化宇宙論」中的「陰／陽」二氣有本質上的差異。「陰／陽」二氣的關係是兩極「互為其根，陽中有陰，陰中有陽」，陽去陰來，陰盡陽至，彼此並不互斥，所以說「萬物負陰而抱陽，沖氣以為和」。

「同化」與「順化」

正是因為中、西文化系統有其根本性的差異，中國留學生到西方國家學習，其實很難學到西方文明的精髓。我們可以用瑞士近代知名發展心理學家暨哲學家皮亞傑（Jean Piaget, 1896-1980）的心理學，來說明這種困難的癥結所在。

皮亞傑一九七一年提出的發生認識論（Epigenetic Epistemology），引進了生物學的重要概念，他認為：智力就是認識主體經由與客體的互動，而獲得對外界的適應能力。在生命與思維之間存在著一種連續性（continuity），包括人在內的任何生命有機體，都會經由與外界的互動而適應環境，不論在生物領域或認識領域都是一樣。

皮亞傑認為：任何生物體都必須不斷地「適應」變化的環境；人類的智能也是生物體在其演化過程中所採取的一種「適應」形式。生物有機體適應環境的方式，是用物質材料在宇宙建造，使其環境結構化；智力則是用精神材料進行新的創造，使世界結構化，目的都是在適應環境。

由兒童到成人，某些智力結構是不斷地在形成和變化，但組織（organization）與適應（adaptation）這兩個最基本的生物功能，卻是穩定而很少發生變化的。所謂「適應」，是業已結構化的有機體不斷地與其周圍環境協調，將其環境因素整合進有機體之中，轉化成為自身的一部分，達到有機體與環境之間的平衡，而有利於有機體的自我保存。

有機體適應環境的方法有兩種，第一種是生物體自己本身不變，把環境因素整合到生物機體的結構之中，叫作「同化」（assimilation）；第二種是生物機體以改變自己來應付環境，隨著環境的變化，有機體自身也發生了變化，叫作「順化」（accommodation）。

個別的主體

智力活動亦復如是。一方面，智力活動不斷地將外部現實結構化，並將其歸併到認識主體的智力結構或圖式（scheme）中去，這是主體對環境的一種同化。另一方面，智力又會不斷地改變和更換這些結構與圖式，以使它們適應新環境，這是一種順化。只有在同化與順化達到平衡，智力圖式的結構變成一個穩固的系統時，這個適應過程才告完成。

皮亞傑於一九六八年將主體區分為「知識論的主體」和「個別的主體」。所謂「知識論的主體」是指：同一時代認識水平所公認的知識內容，也是同一時代所有主體共同認知的核心，它可以用有系統的著作來加以論述，並不會因為個別主體認知的差異而成立或不成立。

由於中、西兩種文化系統有其本質上的差異，在中華文化中成長的華人知識份子到西方留學的時候，大多不能以自己既有的認知系統去「同化」源自西方文化的知識體系，而必須努力改變既有的認知系統，去「順化」或「容受」西方的知識系統。華人留學生在西方國家經過一段時間的調整和適應之後，可能對他專攻的知識有一定程度的掌握，但這只能成就他的「個別主體」，幫助他適應留學國的環境，如果他回國服務，也很難形成皮亞傑所謂的「知識論的主體」。

知識論的主體

「知識論主體」的概念，源自於皮亞傑的「結構主義」。在《結構主義》一書中，皮亞傑指出：結構主義的理想是希望使知識具有內在可理解性。人們在任何一門學科所獲致的成就，都可以用一種結構的方式呈現出來。結構本身是自足的，理解一個結構，不需要藉助於與其自身無關的任何因素。這樣的結構包含三項特性：整體性（wholeness）、轉換性（transformation）和自體調整性（self-regulation）。

在西方文化裡，哲學是一切學術的根本，科學哲學可以說是西方文明的精華。以「結構主義」的概念來看西方科學哲學的發展，在它不同的發展階段，每種科學哲學的典範都構成一種自足的子結構，由這個子結構，可能辯證性地發展出另一種典範，這就是所謂的「轉換」（transformation）。後者能以子結構的名義加入一個更大的結構之中，使其更為豐富。但子結構仍然會保存其原有的規律，所以它跟其他子結構之間，構成聯盟關係，而不是歸併關係，這就是所謂的「自體調節」。

西方的科學哲學，就是西方文化的核心。科學哲學發展至今，它本身已經構成了一個「整體」。它經歷了長久的歷史，匯聚了無數菁英的智慧，才發展出當代西方學術社群的「知識論主體」。西方國家的一流大學，通常會把「知識論」（epistemology）和「專業倫理」（professional ethics）列為通識教育（general education）的必修課程。

在西方文化中成長的學者，對於西方哲學中的許多概念，若不是耳熟能詳，起碼也會有一定程度的理解，科學哲學也因而成為西方學者所有主體共同認知的核心。

「望文生義」的理解

然而，對於在非西方國家教育體系中成長的學者而言，西方哲學中的許多概念，卻是一種異質文化的產品。他們在受教育的過程中，對於這些概念如果沒有系統性的認識，他們在閱讀西文書籍的時候，看到諸如此類的相關字眼，也可能會去查閱字典。遺憾的是：大多數人對這些概念通常也僅止於「字典式的理解」或「望文生義式的理解」，也就是皮亞傑所謂的「個別主體」的理解。

儘管對科學的哲學只有「個別主體的理解」，大多數留學生只要跟從指導教授的研究典範，「依樣畫葫蘆」地刻意模仿，也能夠完成學位論文。可是，這種只講究「方法」而不注意「方法論」的研究方式，卻很可能使他們的研究工作喪失掉原創性，他們據此而寫成的論文，也很可能因此而呈現出「後續增補」（follow up）的性格，陷入「典範移植」的困境。

在我看來，這是非西方國家科學落後的根本原因，也是社會科學本土化運動難以落實的理由所在。在像臺灣這樣的非西方國家，要想建立自主的學術傳統，我們的學術社群不僅要對西方科學哲學的發展獲致一種相應的理解，而且要能夠了解這種發展跟自身文化傳統之間的關聯，能夠以之作為個人從事學術研究工作的背景視域，進而以之作為評估他人學術研究成果的判準，這樣才能逐步形塑出自主學術的「知識論主體」。

「自我殖民」的困境

我們要問的問題是：不論是在臺灣或是在中國大陸，華人學術社群是否已經建立起這樣的「知識論主體」？在我看來，這個問題的答案，基本上是否定的。從歐洲啟蒙運動發生之後，西方強勢文化開始主導整個世界的發展。中國自從在中英鴉片戰爭失利之後，持續不斷的內憂外患再加上一連串對外戰爭的挫敗，導致知識份子對自己的文化傳統完全喪失掉自信心，自甘淪為西方文化的殖民地，並在學術界產生出「自我殖民」的心態。

非西方國家學術社群「自我殖民」的特徵之一，就是學者在西方學術中心找到自己的「宗主典範」，然後盲目移植到自身社會。只要「宗主典範」在西方學術中心站得住腳，自己在學術殖民地中便站得住腳，可以完全不理會自身社會其他人的批評。結果非西方國家的學術社群在心理上主要是依賴西方的「宗主典範」單向供給資源，其成員之間缺乏橫向的溝通，當然很難構成所謂的「知識論主體」。

本書之所以一再強調：中國知識份子「底氣不足」，最主要的理由，就是因為中國知識界並沒有形成強而有力的「知識論主體」，所以本書主張：在中、美「文明對抗」的過程中，中國知識份子應當以「潛龍」自命，時時刻刻以《易經》乾卦中的「潛龍勿用」自勉，發揮儒家「好學、力行、知恥」的三達德，學習西方文明的菁華；並且以「亢龍有悔」為誡。尤其是有話語權的知識份子，更要小心謹慎，千萬不要學到西方的一點皮毛，「見龍在田」就虛驕自滿，以為可以「飛龍在天」，妄作主張，結果是自誤誤人，陷入「自我殖民」的困境，而後悔莫及。

本書第二部分，我將用「五四」新文化運動發生以來，中國一個世代知識份子的悲劇性命運，來說明這個論點。

第二篇

亢龍有悔

第三章 「五四意識型態」的形塑

《中庸》第二十六章說：「君子尊德行而道問學，致廣大而盡精微，極高明而道中庸。」這是傳統儒家知識份子（士）的最高理想。然而，從一九〇五年清廷廢止科舉之後，中國知識分子「學問」的主要來源，變成源自西方文化的「知識」，儒家所推崇的「德性」，反倒為人逐漸淡忘，結果中國知識份子普遍面臨「雙重邊緣化」的危機，華人學術社群也很難形成「知識論的主體」。究其問題的根源，可以追溯自「五四意識形態」的三個主要成分：「社會達爾文主義」、「科學主義」和「反傳統主義」。

「五四意識形態」主要是由胡適、陳獨秀和蔡元培三個人形塑出來的。胡適本人的生命經歷，反映出那個時代盛行於中國知識界的社會達爾文主義；陳獨秀代表了當時的「科學主義」和「反傳統主義」；北大校長蔡元培則透過陳獨秀所辦的《新青年》，將他們兩人和當時中國的知識菁英連結在一起，影響了中國的歷史走向。因此，本章將用心理史學的方法（見本書第一章，圖3），說明他們三個人和當時學術菁英的互動，如何形塑出對後世影響深遠的「五四意識型態」。

第一節　《新青年》與北大的交會

胡適（一八九一—一九六二）是安徽績溪人，學名洪騂，後改名胡適，字適之。三歲時曾隨其父胡傳到臺灣任所。一八九五年，甲午戰爭爆發，又隨母親離開臺灣，回祖籍安徽績溪上庄，進家塾讀書。一九〇六年考取中國公學，一九一〇年留學美國，入康乃爾大學選讀農科。後轉入哥倫比亞大學哲學系，師從於約翰．杜威。胡適深受赫胥黎與杜威的影響，自稱「赫胥黎教他怎樣懷疑，杜威先生教他怎樣思想」。二十七歲時（一九一七年）回國擔任北大教授，開始宣揚自由主義，提倡懷疑主義，並以《新青年》月刊為陣地，宣傳民主、科學。畢生倡言「大膽的假設，小心的求證」、「言必有徵」的治學方法，成為中國自由主義的先驅。

適者生存

甲午戰爭之後，一八九五年，嚴復在《天津報》上連續發表四篇文章，反覆說明「物競天擇」、「弱肉強食」、「優勝劣敗」、「適者生存」的原理，引起知識界的強大震撼。他接著譯成赫胥黎（T. H. Huxley）的《天演論》和斯賓塞（H. Spencer）的《群學肄言》二書，造成廣大的影響。他在翻譯亞當．史密斯（A. Smith）的《原富》和穆勒（J. S. Mill）的《自由論》時，甚至也將社會達爾文主義的文辭滲入他所改寫的譯文之中（Schwartz, 1964），使社會達爾文主義的概念廣為國人所知（Pusey, 1983）。

胡適（一九六六：四九—五〇）在他的《四十自述》中，曾經追憶當時的情況：《天演論》出版之後，不上幾年便風行到全國。「讀這書的人，很少人能了解赫胥黎在科學史和思想史上的貢獻，他們能了解的只是那『優勝劣敗』的公式在國際政治上的意義。」「在中國屢次戰敗之後，在庚子辛丑大恥辱之後，這個『優勝劣敗，適者生存』的公式確是一種當頭棒喝，給了無數人一種絕大的刺激。幾年之中，這種思想像野火一樣，延燒著許多少年人的心和血。『天演』、『物競』、『淘汰』、『天擇』等等術語都成為報紙文章的熟語。」

當時有許多人愛用這樣名詞做自己或兒女的名字，甚至胡適自己的名字也是這種風氣下的紀念品。胡適原名叫「胡洪騂」，有一天，他請二哥代取一個表字，二哥一面洗臉，一面問：「就用『物競天擇，適者生存』的『適』字，好不好？」此後，「適之」便成為胡適的表字。

文學革命論

胡適到美國留學時期，已經產生提倡白話文、發動「文學革命」的想法。他最先向青年時期的好友梅光迪提出他的構想。梅光迪（一八九〇—一九四五）是安徽宣城人，出生書香世家。宣統三年（一九一一）考取第三屆庚子賠款留美生考試，赴美留學。一九一五年九月，梅光迪從西北大學畢業，正準到哈佛大學師從人文主義哲學家白璧德（Irving Babbit, 一八六五—一九三三），攻讀博士。胡適寫了一首〈送梅生入哈佛大學〉：

「梅生梅生毋自鄙　神州文學久枯餒

百年未有健者起　新潮之來不可止
文學革命其時矣　吾輩勢不容坐視
且復號召二三子　革命軍前杖馬捶」

胡適在這首詩中第一次提出「文學革命」的想法。他寫這首詩的原意是希望梅光迪能夠號召同志，「革命軍前杖馬捶」。但是梅光迪並不贊同他的觀點。在往後的一年中，他們和幾個朋友書信往還，辯論相關議題。胡適在哥倫比亞大學撰寫博士論文期間，仍然念念不忘他主張的白話文運動，但他殫於國內學術界的保守作風，不敢談「文學革命」，而寫成一篇〈文學改良芻議〉，並找到剛創辦《新青年》的陳獨秀。

《新青年》

陳獨秀（一八七九—一九四二）是安徽安慶人，幼時學習《四書》、《五經》，十七歲通過院試，成為秀才。一九〇一年，自費留學日本，先後進入成城學校陸軍科、早稻田大學學校，學習西方文化。一九〇四年辦《安徽俗話報》，希望讓安徽人「通達時事，長點見識」。

一九一五年，陳獨秀在上海創辦《青年》雜誌，翌年更名為《新青年》，自任總編輯。他收到胡適的來稿後，大為高興，決定刊登在一九一七年初的創刊號上，同時發表他自己所寫的〈敬告青年〉，說明辦刊六大原則：自主的而非奴隸的、進步的而非保守的、進取的而非退隱的、世界的而非鎖國的、實利的而非虛文的、科學的而非虛幻的。

過了一個月，陳獨秀又在該刊上發表〈文學革命論〉，聲援胡適的「白話文運動」，主張文學革命的三大主義：「推倒雕琢的、阿諛的貴族文學，建設平易的、抒情的國民文學」；「推倒陳腐的、鋪張的古典文學，建設新鮮的、立誠的寫實文學」；「推倒迂晦的、艱澀的山林文學，建設明了的、通俗的社會文學」，開始掀起「新文化運動」的風潮，也受到北大校長蔡元培的重視。

「兼容並包」的北大

蔡元培（一八六八—一九四〇）是浙江紹興人，父親為錢莊經理，六歲入私塾，十一歲喪父，由六叔指導學習，十七歲考取秀才後，博覽群書。一八九二年，考中進士，受翰林院編修。《馬關條約》簽訂後，受到極大震撼，開始涉獵西學。戊戌變法失敗後，深感清廷政治改革「無可希望」，斷然離開翰林院，組建愛國學會。一九〇三一九年，前往日本留學。一九〇五年加入同盟會，受孫中山之命，出任上海分會負責人。一九〇七年五月，在駐德公使協助下，到德國留學三年，在萊比錫大學研究美學、哲學、心理學和民族學。

一九一一年辛亥革命成功後，蔡元培取道西伯利亞回國。翌年一月，出任南京臨時政府教育部長。後因不滿袁世凱的專制統治而辭職，於一九一三年旅居德、法，從事教育與哲學研究。一九一六年十二月回國，一九一七年一月受命出任北京大學校長，看到《新青年》創刊號後，決定聘陳獨秀為北大文科學長，教授文學。同時訂下「囊括大典，網羅眾家，思想自由，兼容並包」的治校方針，不拘一格招聘眾家，開創出北大的自由學風。

胡適「截斷眾流」

一九一七年九月，二十七歲的胡適由哥倫比亞大學學成回國，受蔡元培之邀，出任北京大學教授，主講西洋哲學史、英國文學、和中國哲學史。胡適留洋七年，又是哲學大師杜威的高足，講授西洋學問，沒人敢說什麼，但是他教中國哲學情況就不一樣了。

胡適回國後，用了一年的工夫，將他的博士論文《先秦名學史》，改寫成《中國哲學史》上卷，但是這本書的下卷，卻是終其一生，未見完成。

以這樣的背景視域講中國哲學，當然會引起北大學生的非議。在他之前，北大講授中國哲學史的教師是陳漢章。他有「兩足書櫃」之稱，上課時通常是引經據典，從伏羲、黃帝、神農、堯、舜、禹，一路講到商朝的《洪範》。胡適在講他的《中國哲學史》（卷上）的時候，卻採用「截斷眾流」的方法，將遠古時期「一半神話，一半正史」的紀載，一律摒棄不談。在開篇〈中國哲學結胎的時代〉中，以《詩經》作為說明材料，從西周覆滅前的周宣王講起。

傅斯年仗義相助

如此一來，號稱有五千年的中國史就給截掉了一半。消息傳出後，許多師生斥之為「胡說」，有些態度激烈的學生甚至鼓動鬧事，準備把這位「胡說」的年輕教授趕走。當時傅斯年在北大學生中頗有領袖威望，有人邀請他一起前往聽課，傅斯年在課堂上幾次向胡適發問，而認可了胡適的回答，風潮才逐漸平息。後來胡適回憶這段經過：

「那時北大中國哲學系的學生都感覺一個新的留學生叫做胡適之的，居然大膽的想絞斷中國的哲學史。原來講哲學史的先生們，講了兩年才講到商朝，而胡適之一來就把商朝以前的歷史割斷，從西周晚年東周說起。這一班學生們都說這是思想造反，這樣的人怎麼配來講授呢？那時候，孟真在學校中已經是一個力量，那些學生們就請他去聽聽我的課，看看是不是應該趕走。他聽了幾天以後，就告訴同學們說：『這個人書雖然讀得不多，但他走的這一條路是對的。你們不能鬧。』我這個二十幾歲的留學生，在北京大學教書，面對著一般思想成熟的學生，沒有引起風波；過了十幾年以後，才曉得是孟真暗地裡做了我的保護人。」（《胡適作品集》，第二十五卷，臺北：遠流出版社一九八六年出版）

傅斯年（一八九六—一九五〇）是山東聊城人，幼年喪父，由祖父及母親撫育成人。一九〇九年就讀天津府立中學堂；一九一一年，與聊城鄉紳丁理臣長女丁馥翠結婚；一九一三年考入北京大學預科，四年考試三次全班第一；一九一六年進入北京大學。傅氏身材魁梧，性格豪放，有領袖氣質，這件事過後，與胡適成為莫逆之交。

第二節　形塑「五四意識形態」

一九一八年，陳獨秀在〈答佩劍青年〉一文中，開始將中西文化對立起來，而徹底否定清末以來的「中體西用」論：「歐洲輸入之文化與吾華固有之文化，其根本性質極端相反」，「吾人倘以新輸入之歐化為是，則不得不以舊有之孔教為非；倘以舊有之禮教為非，則不得不以新輸入之歐化為是，新舊之間絕無調和兩存之餘地。」

「德先生」與「賽先生」

陳獨秀激越的言論受到保守人士的批評，他在〈本誌罪案之答辯書〉中，開始旗幟鮮明地提倡號稱「德先生」（Democracy）和「賽先生」（Science）的「民主」與「科學」；「要擁護那德先生，便不得不反對孔教、禮法、貞節、舊倫理、舊政治；要擁護那賽先生，便不得不反對舊藝術、舊宗教；要擁護德先生又要擁護賽先生，便不得不反對國粹和舊文學」，「我們現在認定：只有這兩位先生，可以救中國政治上、道德上、學術上、思想上一切的黑暗。」他非常堅定地表示：「若因為擁護這兩位先生，一切政府的壓迫，社會的政策，就是斷頭流血，都不推辭。」（陳獨秀，一九一九）

這段出名的宣言，變成「新文化運動」的主題。那一年，歐戰結束。中、日雖然同為第一次世界大戰的戰勝國，但在巴黎和會中，列強卻將德國在山東的權益轉讓給日本！消息傳來，輿論大講，當年五月四日，北京大學等十三所院校三千餘名學生會集天安門，舉行了聲勢浩大的示威活動，要求「內除國賊，外抗強權」，傅斯年擔任總指揮，扛著大旗走在遊行隊伍最前面，因此成為著名學生領袖。

杜威訪華助勢

在那個「八方風雨會中洲」的時代，同時發生了一件影響重大的盛事，即美國哲學家杜威訪華。杜威（John Dewey, 1859-1952）是哥倫比亞大學教授，胡適博士論文的指導教授。一九一九年二月，他到日本訪問時，原先計畫到中國旅遊並演講六個星期。四月三十日抵達上海，不料三天後，震驚世界的「五四運動」在北京爆發。

五月二十九日，杜威夫婦抵達北京，目睹風起雲湧的學生運動，認為自己正在目擊「一個國家的誕生」。結果他在中國待了兩年多的時間，並在哥倫比亞校友胡適、陶行知、蔣夢麟等人的安排下，在中國十一個省份，作過二百場以上的巡迴演講，直到一九二一年七月二十一日，才啟程返美。他的「實用主義」哲學，也因為胡適的在場宣講、積極推廣、再加上《新青年》等媒體的傳播，而風靡中國。

杜威返美國當天，胡適在《晨報》也發表了一篇文章〈杜威先生在中國〉，總結他這次訪華的成果：「我們可以說，自從中國與西洋文化接觸以來，沒有一個外國學者在中國的思想界的影響有杜威先生這樣大的。」

「反人文主義」的危機

這話說的不錯。可是，胡適說這話的時候，可能並沒有意識到：杜威的哲學是「實用主義」，胡適在中國推廣的「科學」，其實是杜威教給他的「實驗主義」。嚴格說來，這只是當時西方學術界流行的一種「實證主義」（postivism）而已，並不足以代表科學哲學之全貌。尤其是用它來研究人文社會科學，更可能陷入「科學主義」（scientism）的陷阱，造成「反人文主義」的危機。

在「新文化運動」萌芽之初，胡適青年時期的好朋友梅光迪已經注意到這個危機。胡適回國與陳獨秀聯手推動「新文化運動」那一年，梅光迪亦回國「號召二三子」，與吳宓、柳詒徵等人，在南京東南大學組成「學衡派」，主張：「論究學術，闡求真理，昌明國粹，融化新知」，並於一九二二年創辦《學衡》雜誌，以儒家學說為立足點，和激進派的「打倒孔家店」公開對立。

但《學衡》的勢力幾乎沒有發生作用。當時胡適倡導的「文學革命」早已勝利，五四意識形態在中國思想界已經牢不可破。一九三三年七月，學衡派的精神導師白璧德在美國過世，《學衡》即在當月停刊。吳宓參與創辦《學衡》時所擔心的「國粹喪失，則異世之後，不能復還。文字破滅，則全國之人，不能喻意。甚此以往，國將不國」，也逐步成為事實。

第三節 「五四意識型態」的內容

了解「五四意識形態」形成的歷史和社會背景之後，我們便可以從當時知識份子所發表的言論，具體分析「五四意識型態」的內容。我們說過，「五四意識型態」是由社會達爾文主義、科學主義、和反傳統主義三者所構成。

（一）社會達爾文主義

社會達爾文主義的涵意是：社會變遷是循著可辨認的階段，不可避免地往前進，同時演化的後期一定比前期複雜而且優越（郭正昭，一九八二）。五四時期的知識菁英大多存有這樣的觀念。譬如，後來掀起「科玄論戰」的地質學家丁文江，出身富紳之家，十五歲便出國留學，一九〇二年留學日本時讀到吳稚暉的文章，鼓吹蘇格蘭念書環境好，費用又便宜，丁文江和朋友因此決定轉赴英國研究動物學和地質學，於一九一一年畢業於格拉斯哥大學。回國後，在上海南洋工學任教。一九一三年任工商部礦政司地質科科長，赴山西、雲南等地進行地質礦藏調查。一九二一年起任北票煤礦公司總經理，發起中國地質學會，任副會長；主編《中國古生物志》。

一九二三年，丁文江發表《玄學與科學》論文，與張君勱開展了科學與玄學的論戰。他在闡述〈天演論〉的概念時，說道：「綜觀動物生活之景象以及天演施行之方法，而知所謂優劣成敗者，不關於個體而關於全種，不關於一時而關於萬世。然個體一時之利害，往往與全種萬世之利害相衝突，故天演之結果，凡各動物皆有為全種萬世而犧牲個體一時之天性，蓋不如是，不足以生存也。」（丁文江，一九二三：三八）。

在他看來，〈天演〉的概念可以用來說明社會生活的每一個層面，甚至包括宗教的演化：「當上古智識初開之時，有宗教心者，有無宗教心者；有者為優，無者為劣，故無者滅而有者存。迭世聚積，而成今日宗教之大觀。然宗教者亦天演之產物也，所謂神道設教者非也。」

「努力科學」的理由

吳稚暉早年曾在南菁書院從學於黃以周門下。光緒十七年（一八九一年）中式舉人。一八九八年到南洋公學任教，一九〇一年時曾出任南洋公學附屬小學堂堂長。接觸西方文化，一九〇三年在《蘇報》撰文抨擊清廷，痛罵當時執政的慈禧太后，案發後經香港去倫敦。一九〇五年東，加入同盟會，參與孫文主導的國民革命。一九〇六年在巴黎參與組織世界社，一九〇七年刊行《新世紀》周刊及《世界畫刊》，鼓吹無政府主義。

一九一一年後，從事文化運動。一九一三年任教育部讀音統一會議長，提倡國語注音語國語運動。當年六月參與創辦《公論》日刊，並參與孫文反袁世凱的二次革命八月失敗後，於九月再赴歐洲，創辦里昂中法大學，並發起勤工儉學運動。呼籲中國青年到海外以半工半讀方式留學。

在科玄論戰期間，吳稚暉也以新派人物的姿態，發表他的觀點：「科學本身，原止是永久有益人類的一種動力」，「世界的進步，只隨品物而進步。科學便是備物最有力的新法。什麼叫做世界的進步，只隨品物而進步呢？若信人是上帝造的，……我便可以一言不發。倘由微生物而進化，……這就是我們人類值得努力科學的理由。」

在吳稚暉看來，歐美各國興盛的原動力便是科學。人類既然是由微生物演化而來，而且必將不斷往前進化，中國社會要想進步，唯一的出路便是「努力科學」。

批評共產主義

當時許多知識菁英都普遍接受社會達爾文主義的預設，並以之作為互相論辯的基礎。舉例言之，在陳獨秀轉向共產主義，並和胡適分道揚鑣之後，胡適（一九三六）曾經寫文章一面說明他自己的思想，一面批評共產主義：

「達爾文的生物演化論給我們一個大教訓：就是教我們明瞭生物進化，無論是自然的演變，或是人物的選擇，都是由於一點一滴的變異，所以是一種很複雜的現象，絕沒有一個簡單的目的地可以一步跳到，更不會有一步跳到之後可以一成不變。」

「辯證法的哲學本來也是生物學發達以前的一種進化理論：依他本身的理論，這個一正一反相毀相成的階段應該永遠不斷的呈現。但狹義的共產主義者卻似乎忘了這個原則，所以武斷的靈懸一個共產共有的理想境界，以為可以用鬥爭的方法一蹴即到。」

「這樣的化複雜為簡單，這樣的根本否定演變的繼續便是十足的達爾文以前的武斷思想。」

「實驗主義是從達爾文主義出發，故只能承認一點一滴不斷的改進是真實可靠的進化。」

胡適在這段引文中的論述是否正確，並非本文所要討論的範疇。然而，從這段引文中我們可以看出：他在這段引文中的所有論斷，都是以社會達爾文主義作為基礎。

（二）科學主義

社會達爾文主義中極富價值色彩的演化觀，助長了近代中國盲目的「科學主義」和「反傳統主義」。「科學主義」（scientism）可以說是一種信仰或意識型態，這種信仰認為：只有自然科學家所使用的科學方法，才是獲得可靠知識的唯一手段；極端的「科學主義」者甚至將科學當做是全知全能的人類救世主，而盲目地加以崇拜（Wellmuth, 1944）。

民國初年的社會達爾文主義直接或間接地助長了當時知識界「科學主義」的信念（Kwok, 1965/1987）。胡適（一九二三）曾經描述當時中國社會對於科學的崇拜：「這三十年來，有一個名詞在國內幾乎做到了無上尊嚴的地位；無論懂與不懂的，無論守舊和維新的人，都不敢公然對他表示輕視或戲侮的態度。那個名詞就是『科學』。這樣幾乎舉國一致的崇信，究竟有無價值，那是另一個問題。我們至少可以說，自從中國講變法維新以來，沒有一個自命為新人物的人敢公開毀謗『科學』的。」

「拿證據來」

由於時代的限制，當時知識菁英心目中所謂的「科學」，其實是當時西方流行的「實證主義」。胡適一再申明：所謂的「科學方法」，便是「尊重事實和證據」。他說他自己「考證《紅樓夢》」，「替《水滸傳》作五萬字的考證」，「替廬山一個塔作四千字的考證」，主要目的就是

「要讀者學得一點科學精神，一點科學態度，一點科學方法」。「科學精神在於尋求事實，尋求真理。科學態度在於撇開成見，擱起感情，只認得事實，只跟著證據走。科學方法只是『大膽的假設，小心的求證』十個字。」由於胡適個人的影響力，他所提出的口號「拿證據來」，「大膽假設，小心求證」，也成為家喻戶曉的名言。

這種口號假定世界中存有一種自然秩序，人類可以用「科學方法」來探討客觀的實在。丁文江（一九三四：一〇）對於「科學方法」的說明更清楚地反映出他心目中的這種科學觀：「所謂科學方法是用論理的方法把一種現象，或是事實來做有系統的分類，然後了解它們相互的關係，求得它們普遍的原則，預料它們未來的結果。所以我們說一種知識是真的，就等於說這是科學的。做一件事有系統、合理，就等於說這是科學化的。

「科學萬能」

更值得注意的是：當時的知識菁英普遍相信：這種以客觀主義為基礎的科學方法是「萬能」的。譬如丁文江（一九三四：一〇）宣稱：「我相信不用科學方法所得的結論都不是知識；在知識界內科學方法萬能。科學是沒有界限的；凡有現象都是科學的材料。凡用科學方法研究的結果，不論材料性質如何，都是科學。」

胡適（一九二六）也樂觀地認為：「近代西洋文明的精神方面的第一特色是科學。」「我們也許不輕易信仰上帝的萬能了，我們卻信仰科學的方法是萬能的，人的將來是不可限量的。」

陳獨秀（一九一七）便主張用這種萬能的科學來代替宗教，以「開拓吾人真實之信仰」：「余之信仰人類將來之信解行證，必以科學為正軌。一切宗教，皆在廢棄之列。」「蓋宇宙間之法則有二：一曰自然法，一約人為法。自然法者，普遍的永久的必然的也，科學屬之。人為法者，部分的一時的當然的也，宗教道德法律皆屬之。」「人類將來之進化，應隨今日方始萌芽之科學，日漸發達，改正一切人為法則，使與自然法則有同等之效力，然後宇宙人生，真正契合。此非吾人最大最終之目的乎？」

從這段引文中，我們不難看出陳獨秀思想中的社會達爾文主義和科學主義。換言之，陳獨秀雖然了解：現代科學的成就尚不足以取代宗教，但他並不認為科學永遠不可能取代宗教。相反的，他認為：只要科學不斷發展，人類持續進化下去，總有一天，科學可以取代宗教，「宇宙人生，真正契合」，這才是「吾人最終的目的」。

（三）反傳統主義

在社會達爾文主義和「科學主義」的前提之下，許多五四菁英為了掃除政治和社會上的弊病，而企圖用「西方文化」來打擊儒家倫理，譬如陳獨秀當年倡言：「要擁護那賽先生，便不得不反對孔教、禮法、貞節、舊政治；要擁護那賽先生，便不得不反對舊藝術、舊宗教；要擁護那德先生，要擁護那賽先生，便不得不反對國粹和舊文學。」

而其批判的焦點則在於儒家倫理的「三綱」之說：「儒者三綱之說，為一切道德政治之大原。

君為臣綱，則民於君為附屬品，而無獨立自主之人格矣；父為子綱，而子於父為附屬品，而無獨立自主之人格矣；夫為妻綱，則妻於夫為附屬品，而無獨立自主之人格矣。率天下之男女，為臣，為子，為妻，而不見有一獨立自主之人格，三綱之說為之也。緣此金科玉律之道德名詞，曰忠、曰孝、曰節，皆非推己及人之主人道德，而為以己屬人之奴隸道德也。」因此，他號召全國青年男女，「各其奮鬥以脫離此附屬品之地位，以恢復獨立自主之人格」。

吃人的禮教

胡適（一九一九）也立刻寫文章回應，認為舉揚「科學先生」（以及「民主先生」）的意義，是要「重估一切價值」。「我們現在認定：只有這兩位先生，可以救中國政治上、道德上、學術上、思想上一切的黑暗。」他非常堅定地表示：「若因為擁護這兩位先生，一切政府的壓迫，社會的政策，就是斷頭流血，都不推辭。」這段出名的宣言，變成「新文化運動」的主題。

魯迅（一九一八）在《狂人日記》中，則假借狂人之口，直斥儒家道德「吃人」：「我翻開歷史一看，這歷史沒有年代，歪歪斜斜的每頁上都寫著『仁義道德』幾個字。我橫豎睡不著，仔細看了半夜，才從字縫裡看出字來，滿本都寫著兩個字，是『吃人』」。

後來被胡適稱讚為「隻手打孔家店的老英雄」吳虞（一九一九）接著寫了一篇〈吃人與禮教〉，抨擊儒家的封建禮教：「孔二先生的禮教講到極點，就非殺人吃人不成功，真是殘酷極了！一部歷史裡面，講道德、說仁義的人，時機一到，他就直接間接的都會吃起人肉來了。」「我們中國人，最妙是一面會吃人，一面又能夠講禮教。吃人與禮教，本來是極相矛盾的事，然而他們在當時歷史上，卻認為並行不悖的，這真正是奇怪了！」「我們如今應該明白了！吃人的就是講禮教的！講禮教的就是吃人的呀！」「什麼『文節公』呀，『忠烈公』呀，都是那些吃人的人設的圈套，來誑騙我們的！」

「腐毒思想之巢窟」

「傳統」和「現代」既然不能兩立，許多人認為：為了要引入科學來救中國，一定要先拋棄「傳統的包袱」。譬如北大音韻學者錢玄同（一九一八）為了呼應吳稚暉「中國文字，遲早必廢」之說，寫了一封公開信給陳獨秀，認為：「中國文字，論其字形，則非拼音而為象形文字之末流，不便于識，不便于寫；論其字義，則意義含糊，文法極不精密；論其在今日學問上之應用，則千分之九百九十九為記載孔門學說及道教妖言之記號。此種文字，斷斷不能適用于二十世紀之新時代。」

因此，他主張廢掉漢文，而代之以「文法簡賅，發音整齊，語根精良」的人為文字Esperanto。在漢字尚未消滅，Esperanto尚在提倡之時，他主張：「用某一種外國文字為國文之補助」，「國文則限制字數，多則三千，少則二千，以白話文為主，而『多多夾入稍稍通行的文雅字眼』」。「凡講尋常之事物，則用此新體國文；若言及較深之新理，則全用外國文字教授；從中學起，除『國文』及『本國史地』外，其餘科目，悉讀西文原書。如此，則舊文字之勢力，既用種種方法力求減殺，而其毒燄或可大減」，「新學問之輸入，又因直用西文原書之故，而其觀念當可正確矣。」（錢玄同，一九一八）。

陳獨秀給他的回函是：「吳（稚暉）先生『中國文字，遲早必廢』之說，淺人聞之，雖必駭怪，而循之進化公例，恐終無可逃」，「各國反對廢國文者，皆以破滅累世文學為最大理由。然中國文字，既難傳載新事新理，且為腐毒思想之巢窟，廢之誠不足惜」。「至於用西文原書教授科學，本屬至順；蓋學術為人類之公有物，既無國界之可言，焉有獨立之必要？」

廢止中文

陳獨秀的觀點很能夠代表當時知識份子對於「科學」的想法。他們把「科學」當做是普遍客觀的「真理」，而不是人類用語言建構出來的創造物。這樣的「科學」，是屬於「人類之公有物」，所以也應當是沒有國界的。文字是文化的載體，中國文字「既難傳載新事新理」，又在今日學問上之應用，主要是「記載孔門學說及道教妖言」，可能妨礙「科學」的輸入，它斷斷不能適用於二十世紀之新時代，廢之有何足惜？

第四節　科學的人生觀

五四時期的新派人物不僅相信「科學無國界」、科學可以「救國」，甚至認為科學可以解決人生一切的問題。這種「科學主義」的觀念，在「新文化運動」後期的「科玄論戰」中表現得最為淋漓盡致。

「科學破產」

第一次世界大戰結束後，一九一八年底，梁啟超和張君勱、蔣百里等人赴歐考察觀察巴黎和會之進行，順道拜訪柏格森（H. Bergson）、倭鑑（H. Eucken）、蒲陀羅（E. Boutroux）等哲學家。梁氏一面目睹歐戰後滿目瘡痍之慘狀，一面又受蒲陀羅等人悲觀論調之影響，一九二〇年三月回國後，在上海、天津報上連續發表《歐遊心影錄》，宣稱：西方文明已破產，科學萬能之夢已破滅。他的論點是：「宗教和舊哲學既已被科學打得個旗靡幟亂」，「所以那些什麼樂利主義強權主義愈發得勢。死後既沒有天堂，只有盡這幾十年盡情地快活。善惡既沒有責任，何妨盡我的手段來充滿我個人欲望。然而享用的物質增加速率，總不能和欲望的升騰同一比例，而且沒有法子令他均衡。怎麼好呢？只有憑自己的力量自由競爭起來，質而言之，就是弱肉強食。近年來什麼軍閥，什麼財閥，都是從這條路產生出來，這回大戰爭，便是一個報應。」

「當時謳歌科學萬能的人，滿望著科學成功，黃金世界便指日出現。如今功總算成了，一百年物質的進步，比從前三千年所得還加幾倍。我們人類不惟沒有得著幸福，倒反帶來許多災難。」因此，他宣稱：「歐洲人做了一場科學萬能的大夢，到如今卻叫起科學破產來。」他甚至幻想以中國文化為基礎，整理出一套新文化去「超拔」歐洲：「可愛的青年啊，立正，開步走！大海對岸那邊有好幾萬萬人，愁著物質文明破產，哀哀欲絕喊救命，等著你來超拔他哩。」

「打玄學鬼」

不久之後，主張國家社會主義的張君勱在清華大學以「人生觀」為題發表演講，他說：「天下古今最不統一者，莫如人生觀。」「科學無論如何發達，而人生觀問題之解決，絕非科學所能為力，惟賴諸人類之自身而已。而所謂古今大思想家，即對此人生觀問題，有所貢獻者也。」「自孔孟以至宋元明之理學家，側重內心生活之修養，其結果為精神文明。二百年來之歐洲，側重以人力支配自然界，故其結果為物質文明。」

「一國偏重工商，是否為正常之人生觀？是否為正常之文化？在歐洲人觀之，已成大疑問矣。歐戰終後，有結算二、三百年之總帳者，對於物質文明，不勝務外逐物之感……」

「人生觀」的演講稿發表之後，地質學家丁文江（一九二三）針對他的觀點提出反駁，聲稱要打附在張君勱身上的「玄學鬼」。他說：「人生觀現在沒有統一是一件事，永久不能統一又是一件事。除非你能提出事實理由來證明他是永遠不能統一的，我們總有求他統一的義務。」「科學的目的是要屏除個人主觀的成見——人生觀最大的障礙——求人人所能共認的真理，科學的方法是辨別事實的真偽」，「所以科學的萬能，科學家先存了一個成見，說科學方法不適用於人生觀；世界上的玄學家一天沒有死完，自然一天人生觀不能統一。」

「人欲橫流」的人生觀

「科學論戰」一打開之後，當時許多學術界的菁英紛紛加入論戰，吳稚暉（一九二三）因此宣布他自己「漆黑一團」的宇宙觀和「人欲橫流」的人生觀。他說：「那種駭得煞人的顯赫的名詞，上帝呀，神呀，還是取消了好。」「我以為動植物本無感覺，皆止有其質力交推，有其輻射反應，如是而已。譬之於人，其質構而為如是之神經系，即其力生如是之反應。所謂情感，思想，意志等等，就種種反應而強為之名，美其名曰心理，神其事曰靈魂，質直言之曰感覺，其實統不過質力之相應。」

吳稚暉的人生觀很得到胡適的讚賞。這次論戰持續六個月，各方發表的言論多達二十五萬言，胡適（一九二三）在總結這次論戰的言論時，很遺憾地表示：這一次為了科學作戰的人，除了吳稚暉之外，都有一個共同的錯誤，都不曾具體地說明「科學的人生觀」是什麼。因此他慎重其事地提出了十條「科學的人生觀」，希望「拿今日科學家平心靜氣地、破除成見地，公同承認」的「科學的人生觀」，做為人類人生觀「最低限度的一致」。這十條人生觀的其中三條包括：

四、根據於生物的科學的知識，叫人知道生物界的生存競爭的浪費與殘酷；因此，叫人更可以明白那「有好生之德」的假設是不能成立的。

五、根據於生物學、生理學、心理學的知識，叫人知道人不過是動物的一種，他和別種動物只有程度的差異，並無種類的不同。

六、根據生物的科學及人類學，人種學，社會學的知識，叫人知道生物及人類社會演進的歷史和演進的原因。

我們從這幾條所謂「科學的人生觀」已經是很清楚可以看出胡適思想中的「科學主義」和「社會達爾文主義」。事實上，當時不論是主張科學主義的西方派，或者是在文化上抗拒科學主義的保守派，對近代西方科學的本質其實只有浮泛的了解。他們很少有人從中華文化特有的性格去思考：如何去吸納「科學」和「民主」這種異質的西方文化產品，反倒將「科學／玄學」、「西方文化／中華文化」、「物質文明／精神文明」看做是互不相容的對立體，簡簡單單地對立起來，雙方各據一辭，展開論戰。

第五節　全盤反傳統主義

不僅如此，在儒家傳統一元論主知主義的思想模式影響之下，五四知識份子普遍存有一種「藉思想文化以解決問題」的思考習慣，認為要解決社會政治問題，必須先注重思想與文化的改造（Lin, 1979）。在當時內憂外患交加的情況下，即使是像梁漱溟那樣的文化保守主義者，在論及現實問題時，也不免主張對西方文化「全盤承受而根本改造」。這樣的時代風潮結果造成了日後的「全盤性反傳統思想」（totalistic iconoclastic thought）或「全盤性反傳統主義」（totalistic anti-traditionalism）（Lin, 1972/1983）。

科學主義的異化

從今天的角度來看，這種「科學」的想法不僅是完全錯誤，而且是害多利少。用康德的概念來說，科學的作用是要擴展人對於經驗世界的認知，是獲致「理論理性」的一種途徑；但它卻不能作為「實踐理性」，不能引導人在日常生活中的行動。用韋伯的概念來說，科學代表了一種「工具理性」（instrumental rationality），它不能作為「價值理性」（value rationality），不能解決人們有關價值或信仰的問題（Brubarker, 1984）。

在清朝末年，主張洋務自強運動的士大夫尚且認為：科學只具有「用」的功能，應當受到作為「體」之中學的支配。然而，到了五四時期，主張新文化運動的知識份子為了打倒「舊傳統」，卻不惜將「科學」與「民主」等量齊觀，而將科學「形而上化」，並賦予科學以高度的價值（楊國榮，一九九〇）。他們甚至將科學引入「人生觀」的範疇，企圖以之作為「人生」的指引，這等於是要以「工具理性」取代「價值理性」；以「理論理性」當做「實踐理性」，結果難免造成「人」的異化。任何一個文化傳統中的人文主義精神，都可能因此而喪失無遺。

「史學研究」的標準

我們可以舉一個實際的例子，來說明這個論點。在「五四運動」爆發後，一九二〇年，傅斯年便去歐洲，在倫敦大學學院研習三年半後，轉赴柏林大學遊學。在六年半的時間中，他大部分時間都在研讀包括實驗心理學在內的自然科學。在柏林大學後期才開始閱讀比較語言學並學習東方語言。

一九二六年十月，傅斯年得知北伐成功而回國，並接受中山大學之聘。於一九二七年任該校文科學長（文學院院長），並兼中國文學和史學兩系之主任。一九二八年，他積極籌畫並負責創建了著名的中央研究院歷史語言研究所。史語所成立之初，傅斯年舊以該所籌備處的名義撰寫了《歷史語言研究所工作之旨趣》，明確指出：「歷史學不是著史；著史每多多少少帶點古世中世的意味，且每取倫理家的手段，做文章家的本事。近代的歷史學只是史料學，利用自然科學供給我們的一切工具，整理一切可逢著的史料，所以近代史學所達到的範疇，自地質學以致目下新聞紙，而史學外的達爾文論證是歷史方法之大成。」依此而提出了歷史學與語言學研究的三個標準。

一、凡能直接研究材料，便進步；凡間接的研究前人所研究或前人所創造之系統，而不繁豐細密的參照所包含的事實，便退步。

二、一種學問能擴張他所研究的材料便進步，不能的便退步。

三、凡一種學問能擴充他做研究時應用工具的，則進步，不能的，則退步。實驗學家之相競如鬥寶一般，不得其器，不成其事，語言學和歷史學亦復如此。

「仁義禮智」的機制

在三條標準中，傅氏特別強調：「一分材料出一分貨，十分材料出十分貨，沒有材料便不出貨」。「我們不是讀書的人，我們只是上窮碧落下黃泉，動手動腳找東西！」

最後，傅斯年振臂高呼：

一、把些傳統的或自造的「仁義禮智」和其它主觀、同歷史學和語言學混在一起的人，絕對不是我們的同志！

二、要把歷史學語言學建設得和生物學地質學等同樣，乃是我們的同志！

三、我們要科學的東方學之正統在中國！

從傅氏鎖定的三個標準以及他所強調的「上窮碧落下黃泉，動手動腳找東西」，已經可以看出：傅氏是個極端的「實證主義者」。歷史學和語言學是否可能「建設得和生物學地質學等同樣」，是最值得嚴肅探究的問題。

這裡我要特別指出的是，在《內聖與外王：儒家思想的完成與開展》一書中（黃光國，二〇一八），我以非常細緻的論述指出：孟子的「仁義禮智」或「五常」，是儒家社會中人際互動最重要的「機制」（見本書第一章圖5）。如果歷史學和語言學硬要將之排除在外，中央研究院史語所怎麼可能建立「科學的東方學之正統」？

第四章　科學與辯證

本書第三章討論形成「五四意識型態」的歷史和社會背景、「五四意識型態」的具體內容，以及「科玄論戰」雙方所持的立場。由於本書的基本主張是：未來一個世代，華人知識份子最重要的使命是：秉持「潛龍勿用」的心態，吸納做做為西方文明之精華的「科學哲學」，建構本土社會科學。本書第二部分，將以此一立場為基礎，討論「後五四時期」「民主」與「科學」在臺灣的發展。

「新儒家」的侷限

一九四九年，蔣介石帶了將近二百萬人馬撤守臺灣。當時隨他來臺的人，除了六十萬大軍之外，還包括許多來自全國各省的文化菁英。這是中國歷史上繼晉室東渡、北宋南遷之後的第三次「士族大遷徙」，對中華文化的發展具有十分重要的意涵。當時對「中、西會通」用心致力最深的人物，是牟宗三。

牟宗三（一九〇九—一九九五）是山東棲霞人，青年時期在北京大學「新文化運動」的文化氛圍下，牟宗三形成了他的終極關懷。國民政府撤退到臺灣之後，全力投入學術研究工作，他著作等身，獨樹一幟，以捍衛「儒家人文主義」的道統作為終生志業，成為港臺「新儒家」的一代宗師。

一九四九年之後，「新儒家」是臺灣在國際學術界擁有一席之地唯一的一個學派。然而，由於他的著作具有這樣或那樣的問題，「新儒家」對華人學術的影響主要是在人文學界，而未能及於社會科學界。我一向認為：對一位學者的研究成果做最嚴的批判，就是對他最大的尊敬，因此，我將另外撰寫《實在與超越：牟宗三的科學觀》，討論他所留下來的問題。本書第三章〈科學與辯證〉將從科學哲學的觀點，評論國民政府撤守臺灣後，對社會科學研究影響最大的兩位五四人物，一位是號稱「自由主義大師」的殷海光；另一位是對一般社會大眾科學觀念影響最深的胡適。

第一節　殷海光的「科學主義」

殷海光（一九一九—一九六九）本名「殷福生」，湖北黃岡人，出生於回龍山鎮的一個傳教士家庭。十三歲入武昌中學念書。初中時代的殷海光桀驁不馴，讀書非常任性，有幾科功課不合格。父親認為他「不堪造就」，強迫他在二年級時輟學，送他到食品店當學徒。他苦挨八個月後逃回家，得到伯父和父親的允許，又復學讀書。

高中時期殷海光開始對邏輯發生興趣，十六歲便在《東方雜誌》上發表文章，受到當時哲學教師金岳霖的鼓勵。一九三八年，追隨金岳霖，入讀西南聯合大學哲學系。畢業後，考入清華大學哲學研究所。一九四六年，殷海光獲聘為《中央日報》主筆，並擔任金陵大學講師，講授「哲學與邏輯」課程。一九四九年，殷海光來臺，任教於臺灣大學，同時兼任《自由中國》雜誌編輯委員。

此後十年，殷海光為《自由中國》和香港《祖國》週刊撰寫了大量政論文章，他堅持以科學方法、個人主義、民主精神為準繩，批判國民的黨化教育以及反攻大陸等政策，成為當時臺灣自由主義的主要領導人。

一九六〇年，在中國民主黨組黨運動中，他提供理論分析，認為組黨乃時勢所趨，發表〈大江東流擋不住〉，引起當權者的不滿。後來雷震入獄，《自由中國》被查禁，殷海光被《中國季刊》圍勦。一九六四年，政府停止發給他國家長期發展科學委員會每月六十美元的補助金，又查禁他交由文星書店出版的著作《中國文化的展望》。一九六六年臺大由於受到政治壓力，不再續聘他，殷海光轉任教育部委員。一九六九年罹患胃癌，兩年後病逝，享年五十歲。

「邏輯」的介紹

殷海光早期的代表作是《邏輯新引》一書。除此之外，他還出版一系列論文，包括〈邏輯經驗論導釋〉（殷海光，一九五七／一九六四a）以及〈邏輯經驗論底再認識〉（殷海光，一九六〇／一九六四b），仔細地介紹〈運作論〉（殷海光，一九五七／一九六四c），並在〈經驗科學整合底基礎〉（殷海光，一九五七／一九六四d）一文中介紹「覆蓋律模型」，他也知道邏輯實證論後來已經發展成為邏輯經驗論。

然而，仔細檢驗殷海光的著作，我們可以發現：他並未注意到Popper（1934, 1963）的「進化認識論」對邏輯實證論的衝擊，也未察覺到Hempel（1966）後來所提倡的「邏輯經驗論」和早期維也納學圈竭力鼓吹的邏輯實證論，有什麼不同，而是專注於「邏輯」的介紹。這種治學方式會受到什麼樣的限制，我將留待本章的結論部分再作析論，這裡先談他對「邏輯」的介紹。

思想的節律

《邏輯新引》是用「對話體」寫成的一本著作，作者藉由兩位學生周文璞和王蘊理向吳教授請教的方式，由吳教授逐一說明關於邏輯的十九個基本概念，包括：選取推論、條件推論、二難式、三段式、思想三律、詭論等等。談完這些概念後，在該書的第二十次「餘話」中，老教授先簡略介紹幾本外文的邏輯著作，再語重心長地告訴這兩位學生：

你們知道，一切科學雖不止是語言，但卻離不開語言。語言有語法，有語意。語法和語意弄清楚了，科學問題底一面就解決到了相當的程度。製定普遍的語法結構，及其推論程序，和真假之規定，是邏輯底任務。……談到這裡，我覺得耶魯大學費琦教授Professor Fitch說的話很中肯。他說：「二十世紀五十餘年來，邏輯特別發達。人類首次得到一個有力的工具。這種有利的工具足以幫助我們推論種種關係以及一切種類底性質。符號邏輯已經應用到生物學，神經生理學，工程，心理學和哲學。

將來有一天符號邏輯家能夠像物理學家之久已能夠研究『毫無顏色的』物理學觀念一樣，清楚而有效地思考社會，道德，和美學概念。邏輯這一新科學之充分的功用尚未被大家所感覺到。這一部分是由於邏輯之理論的發展尚未完成，一部分是由於許多人有能力很便利地應用符號邏輯，但是他們還不知道有符號邏輯存在。當著符號邏輯底功用被大家感覺到時，則一個比較豐富的，比較合於人類需要的，和比較理知的哲學，可以漸漸建立起來。現在，如果我們對於數學沒有堅實的基礎，那末我們便不能攻習物理學。同樣的，將來總有一天，我們如果沒有符號邏輯的徹底訓練，我們便不能研究倫理學與政治學。……」

對於思想有節律的人而言，這段話再真實沒有了。固然，正如懷德海所指出的，我們不能全靠符號之助來思想。但是我們必須先將思維運算規範於邏輯運算之中，然後再談其他。符號邏輯中的推論方式是人類積長期努力而得到的運算方式。這種方式，雖非完全夠用的方式，但為比較可靠的方式。如果我們捨此方式而不顧，思意如天馬行空，如楊花亂舞，固可得詩情畫意，但思想底效準又在何處安頓呢？

「這樣，再擴大一點看，邏輯是人生必不可少的學問了。」周文璞說。

「……就我的經驗來說，確乎如此，並不是賣瓜的說瓜甜呀！哈哈！」（頁一八二——一八三）

殷教授的「教學責任」

為了說明「邏輯是人生必要的學問」，「老教授」又對學生翻譯了一段「Tarski 底書」，反複強調：「這個世界上，到處充滿著似是而非的道理」、「邏輯可以使我們的思想工具日趨完備和鋒利」、也可以使我們「不易被一切似是而非的推理所迷誤」，希望學生相信：物理學觀念是「毫無顏色的」，將來有一天社會科學家也能夠像物理學家一樣，「清楚而有效地思考社會、道德、和美學觀念」。

問題是，在現實生活中，殷海光學生之間的互動，並不像他在《邏輯新引》一書中所描述的那位「老教授」那樣，拿「外國教授」的譯書，對學生「循循善誘」。後來成為臺大社會系教授的葉啟政，在他的回憶錄裡，曾經描述殷海光上課的光景：

一九六一年我們的邏輯課被安排在文學院靠舊總圖書館的水池邊的教室。殷先生總是會早到，坐在池子的水泥邊上，一腿跨搭在另一腿上，然後把一隻手的手肘安在腿上，並屈捲著手掌撐著下巴，兩眼直瞪著池水久久不動，做沉思狀。上課鈴聲一響，殷先生立即起身，緩緩走進教室，慢慢踏上講臺。他總是以緩慢的動作，有節奏地左右轉動著頭瞪視著坐在底下的學生，然後，開口就唐突地冒出類似這樣的一句話：「像香港錢穆、唐君毅和牟宗三之流」。隨即，就滔滔不絕地以西方自由民主理念與實證科學精神批判起這些專治中國哲學與歷史的所謂「新儒」學者。

由於殷先生整個動作連貫起來甚為戲劇化，使得講臺彷彿是舞臺，節奏感十足，高潮迭起。對我們這批剛進大學的小毛頭來說，這套相當戲劇性的動作有著莫大的吸引力，以時下年輕人的慣用語來說：真的是「酷斃了」。

在每次三小時的課程裡，殷先生經常以犀利、且近乎刻薄的語言批判著「新儒」學者、中國傳統文化與國民黨政權。儘管他的批判不免有所重複，但是，我還是聽得津津有味，他精闢而犀利的分析折服了我們這批小毛頭，至少對我是如此。只不過，實際對課程內容的講授，兩學期下來，殷先生所指定那本不到三百頁的教本——他自己撰寫的《邏輯新引》，竟然教不到一半。對哲學系本科學生來說，要唸好現代哲學，邏輯可以說是最重要的基本功夫，但我當年學到的幾乎是「零」。直到今天，我仍然認為，就一個教授邏輯的哲學教授而言，殷先生沒有盡到應有的教學責任，縱然他擔當了啟蒙導師，為我們打開了認識自由民主理念的大門。（葉啟政，二〇一三：五十—五一）

沒有顏色的思想

從葉教授的這段回憶錄裡，我們可以看出：殷海光治學的目的，其實不是要傳授他認為「人生必不可少的學問」，而是要拿「邏輯」做為工具，批判「新儒家」以及當時的國民黨政權。殷海光（一九六四）曾經將他在一九五五至一九六三年間發表在國內雜誌上的文章收集成一本書，題為《思想與方法》。從這本書結構和內容，我們可以更清楚地看出殷氏治學的旨趣。在這本書的「引介」中，殷氏說：本書分為兩大部分，「專論部」裡的文章是「導論部」之理論基礎；「導論部」裡的文章是「專論部」裡的文章之應用。

事實上，這兩部分的區分並不是那麼嚴謹，在「導論部」裡，我們也可以看到：「殷氏思想」的「理論基礎」。在〈正確思想的評準〉中，殷海光（一九六四）區分「有顏色」和「沒有顏色」的思想，他認為：「宗教教條、文化傳統、祖宗遺訓，和這樣那樣的主義」，都是「有顏色的東西，與我們的原始性如此接近，所以極易對我們發生巨大的支配力」。「嚴格的知識是沒有顏色的

（colorless）。它沒有情緒、意欲、個人成分、地域特點……參雜其間。因此，它有普遍的效準，它是素淨的」（頁三十）。

然則，吾人該如何接近這種「嚴謹的正確思想」呢？殷氏的回答是：「經驗與邏輯」，在這篇文章中，他以加大字體，兩次標出這個答案。他說：

> 有而且只有把握著經驗與邏輯的技術，我們才能在繁複中把握著簡單。我們能有這樣的把握，才能從事正確的思想。有而且只有正確的思想家才可能是沒有任何顏色的思想家。沒有顏色的思想，是澄清這個混亂時代所真正需要的思想。

殷海光是個旗幟鮮明的「邏輯實證論」者。對於他而言，「邏輯實證論」和「邏輯經驗論」是同義語；而「邏輯與經驗」就是他所謂的科學。在《思想與方法》的「引介」中，他理直氣壯的宣稱：「除了科學以外，一切論說我一概不信」（頁二）。儘管他在其著作中不斷地反「這個或那個主義」，他本人卻是一個「科學主義」（scientism）者，在臺灣繼承了五四時期的「科學精神」。

反形上學

正因為他是個主張「邏輯實證論」的「科學主義」者，在「實證主義」反形上學的傳統下，他對傳統哲學所討論的議題，基本上抱持著「不屑一顧」的態度。在〈語言世界和經驗世界〉一文中，他很直率地說：

我對於我所知的一切傳統哲學名詞都無絲毫敬意。什麼「內在」，「外在」，「心靈」，「物質」，「本體」，「存在」，「理性」，等等種種，都是代代相傳的糊塗人造出來迷泥糊塗人的糊塗名詞。拿這些名詞來互相撥弄的人，除了十足表示無知以外，就是作語言的奴隸時得到一些快感。作奴隸時常是快樂的。

我沒有理由相信現代人不犯大錯；同樣，我也沒有理由相信古代人的一切皆足為後世法。就我所得而論，當著上列傳統哲學名詞有何認知意義（cognitive meaning）的時候，無一不可翻譯為科學名詞；當著那些名詞不能翻譯成科學名詞時，便毫無認知意義可言。（頁八四—八五）

在〈邏輯經驗論底再認識中〉，他更清楚地敘說他反形上學的立場：

形上學裡有許許多多說詞沒有認知意義。例如，關於「本體」、「共相」、「絕對」、「超越的存在」、「理性底發展」、「歷史底必然」、「人底命運」等等種種，都屬此類。這類說詞，因為由來已久，「傳統深厚」，被印在精裝的書籍裡，被若干形上學教授一本正經地講授著，被喜好追逐那些謎語似的神秘字眼的學生捧讀著，被宗教家援引來解釋經典，被各種各色的「主義」製造家用來作他們底「主義」之「哲學基礎」，於是，多少年來，有些人以為「其中必有些道理」。其實，那些玄學教授們年復一年，翻來覆去，究竟講些什麼，包括他們自己在內，沒有任何人明白。這些似乎「有道理」而其實毫無認知意義的話，永遠不會弄明白的。

如果我們要「窮究宇宙底本體」，那麼為什麼不下點功夫讀點原子物理學的書？如果說物理學家藉這麼多實驗，觀察，精密演算得來的知識不算數，而憑一個赤裸裸的頭腦抓著幾個空虛字眼在腦中胡思亂想得來的狂想曲才算數，那麼真是「予欲無言」了。在往古的時代，沒有實驗儀器，缺乏觀察的設備，數學不發達，憑著直感說聲「水哉萬物之母也」，這是情有可原的。但是，到了二十世紀六〇年代，如果還是用這套老辨法來致知，那末真可以與義和團持紅櫻槍可打勝洋槍洋炮媲美！（頁二三二）

殷海光「反形上學」的立場十分鮮明。問題是，他並沒有注意到西方哲學對於「宗教形上學」和「科學形上學」的區分；也不了解當科學哲學由「實證主義」轉變到「後實證主義」之後，「科學形上學」的概念是理論建構不可或缺之物。這一點，在Hempel（1966）的「邏輯經驗論」中，已經有清楚的認識。殷海光如此旗幟鮮明的「反形上學」，不僅只是「把嬰兒跟洗澡水一起倒掉」，而且使他把東方文化和西方文化混為一談，無法分清楚兩個文化系統的重大差異。這樣的迷思使他陷入「邏輯實證論」者的「科學統一論」而難以自拔。

科學統一論

邏輯實證論者把科學語言分為「綜合命題」和「分析命題」兩大類，「綜合命題」可用實驗或其他的科學方法來加以檢驗；「分析命題」則是像邏輯或數學之類的形式語言。在他們看來，「自然科學」與「社會科學」所用的方法並沒有什麼不同。在〈論科際整合〉一文中，殷氏在討論「自然科學」與「社會科學」的差異時，說道：

這二種所用方法能否相同，那要看在基本上二者是否在同一的邏輯之中。作為有效推演的形式科學來看，至少在這個地球上，有而且只有一個邏輯；雖然它的系統建構的符號約定可以不止一個。這一邏輯的應用級距和範圍可以隨不同的題材而不同，但是它的形式結構並不隨不同的題材而變。無論用於社會科學的邏輯，還是用於自然科學的邏輯，完全是一個邏輯。如果不然，那末這個地球上一切嚴格的知識都將宣告總崩潰，而知識上的安那琪主義一定流行（頁三三五——三三六）。

這種說法很清楚反映出邏輯實證論者希望以「邏輯」「統一科學」（unification of science）的論點。以此作為基礎，他進一步引述巴柏爾（B. Barber）的觀點：

社會科學不僅僅可能成為科學，並且在基本上與自然科學是相同的。我們所已經研究過的經驗事實，關於社會組織以及科學的社會關係種種事實，都很可作科學的研究。這類事實之大可作科學的研究，正像任何種類的經驗現象之大可作科學的研究一樣。無論科學所研究的經驗題材是些什麼，科學總是統一的。所以，在原則上，自然科學與社會科學是一起的東西（頁三三六）。

第二節　兩位「科學主義」者的遭逢

以這樣的「哲學」做基礎，殷海光不但提出了自己的「社會科學觀」，而且對跟他同一時代的另一位提倡「科學」的「大師」胡適提出了批判。殷氏的「社會科學觀」我將留待下一章〈「民主自由」與「自我殖民」〉再做討論，這裡我們要先談他跟胡適兩人的遭逢。

科學方法「口號化」

民國八年（一九一九）五四運動發生之後，當時被知識青年奉為「青年導師」的胡適，開始在北京大學作一系列的演講，比較有系統的介紹杜威的「實驗主義」，提倡所謂的「科學精神」和「科學方法」。十年之後的一九三〇年，他將這些演講稿收集在一起，出版了一本《胡適文選》，並且寫了一篇「自序」，題為〈介紹我自己的思想〉，其中有一段話是這麼說的：

在這些文字裡，我要讀者學得一點科學精神，一點科學態度，一點科學方法。科學精神在於尋求事實，尋求真理。科學的態度在於撇開成見，擱起感情，只認得事實，只跟著證據走。科學方法只是「大膽的假設，小心的求證」十個字。沒有證據，只可懸而不斷；證據不夠，只可假設，不可武斷；必須等到證實之後，方才奉為定論。

當然，胡適對於科學的認識不僅止於此。他在一九二一年發表的〈清代學者的治學方法〉一文中，也曾經討論「歸納法」和「演繹法」之間的關聯：

近來的科學家和哲學家漸漸的懂得假設和驗證都是科學方法所不可少的主要份子，漸漸的明白科學的方法不單是歸納法，是演繹法和歸納法互相為用的，忽而歸納，忽而演繹，忽而又歸納，時而由個體事物到全稱的通則，時而由全稱的假設到個體的事實，都是不可少的。

大體而言，胡適對於歸納法和演繹法的了解，可以說是當時一般西方科學研究工作者的「常識」，以他所處的時空環境而言，能夠在當時的中國提出這樣的見解，已經可以說是「難能可貴」。值得注意的是：在青年時期「暴得大名」，國民政府撤守臺灣之後，又一直位居要津的胡適，並沒有持續注意西方科學哲學的發展，反倒一味的想把科學方法「標語化」或「口號化」。在二十幾年之後的一九五二年十二月一日，身為中央研究院院長的胡適在臺灣大學講「『治學方法』第一講」，在「引言」中，他便很清楚地說道：

方法是什麼呢？我曾經有許多時候，想用文字把方法做成一個公式，一個口號，一個標語，把方法扼要的說出來；但是從來沒有一個滿意的表現方式。現在我想起二、三十年來……有兩句話也許可以算是治學方法的一種很簡單扼要的話。

那兩句話就是：「大膽的假設，小心的求證。」……這十個字是我二、三十年來見之於文字，常常在嘴裡向青年朋友們說的。有的時候在我自己的班上，我總希望我的學生能夠了解。……今天講治學方法引論，可以說就是要說明什麼叫做假設：什麼叫做大膽的假設；怎麼樣證明或否證假設。

批判「大膽」假設，「小心」求證

在那個時代，殷海光正在講授科學哲學。他以〈論「大膽假設，小心求證」〉為題，寫了一篇將近兩萬字的長文，刊登在一九五八年八月十八日出版的《祖國週刊》上。在這篇論文中，他引用「方法學家所提出的」五個「建立有用的假設」之「標準」：

第一，假設必須與所要說明或預測的X相干；

第二，假設必須可被驗證；

第三，說明力和預測力較大的假設可取代較少者；

第四，結構比較簡單的假設可取代較複雜的；

第五，假設必須與既成的理論相容。

他在仔細說明這五個標準之後，很尖銳地批評道：

> 假設和求證都不是常識中所想像的那樣簡單的事。現在，我們可以問：假設是否需要「大膽」，求證是否需要「小心」呢？
>
> 首先，我們必須分辨清楚：「大膽」和「小心」都是心理狀態方面的事。心理狀態方面的事，與理論構造毫不相干。因此，「大膽」也好，「小心」也好，都插不進理論構造中去。在從事理論構造者底眼光中，他只查看一個假設是否嵌得進一個理論架構中去。至於這個假設由之而出現的心理歷程究竟是大膽還是小膽，在他看來是毫不值得注意的事。

從前面的陳示我們應能看出，我們要能提出一個合用的假設，不能全憑直覺，全憑猜度，全憑想像，多少總得有些方法學的訓練才行。至少，如果其他一切條件相等，有這類訓練的人所提假設合用之蓋然程度高於未受這類訓練的人所提出者。依此，如果一個人沒有受過這類訓練而且對於那些與他所擬提出的假設相干的知識又未具備，那麼他即令再「大膽」些，他也不見得「大膽」得出一個合用的假設。在這樣的情形之下的「大膽」，其實就是狂妄！狂妄者距離真理似乎更遠。

反之，如果一個人受過這類訓練而且對於那些與他所擬提出的假設相干的知識已經具備，那麼即令他不「大膽」，也蓋然地提得出合用的假設。為什麼呢？他可以上述的種種門檻或講究，循著理論構造，而前進。

邏輯實證論者將科學語言分為「綜合命題」和「分析命題」兩大類。可以用實驗方法加以檢驗的假設，屬於「綜合命題」；將「綜合命題」串連一起的「邏輯」，則是屬於「分析命題」。在「人性論」方面，邏輯實證論者主張笛卡爾「主／客」二元論式的「獨我論」或「唯我論」，認為科學家必須摒除個人的一切成見，以一種「價值中立」（value—neutral）或「去除價值」（value free）的態度，從事科學研究。

胡適不為所動

殷海光顯然是站在邏輯實證論的立場，批判胡適「大膽假設，小心求證」之科學觀。在殷海光寫這篇文章的時候，維根斯坦的《哲學探討》已經出版（Wittigenstein, 1945）。維根斯坦前後期哲學的轉向，在西方哲學界已經討論得沸沸揚揚。然而，殷海光對這些事似乎一無所知，他仍然用維根斯坦前期哲學的論點在批判胡適。更妙的是：胡適對殷海光的批評不僅沒有回應，而且似乎完全不為所動。一年多之後的一九五九年十一月二十九日，六十九歲的胡適應教育部科學教育委員會及中華科學協進會的邀請，在臺大法學院禮堂講「科學精神與科學方法」，他又說：

這樣大的一個題目我從前講過好幾次，今天我本想換換方式和新的材料來講，但是正如中國的一句古語：「老狗教不出新把戲」。所以，我講來講去，還是那一些老話。「科學精神」我拿「拿證據來」四個字來講，「科學方法」我拿「大膽的假設，小心的求證」十個字來講，一共拿十四個字來講「科學精神與科學方法」。這十四個字我想了好久。

殷海光寫文章批判胡適的一九五八年，正是殷氏生命中「聲華鼎盛」的時期。胡適更是位居要津，擔任中央研究院院長。怪異的是，身為國家最高學術研究機構的領導人，對於這樣一位「學術文化名人」所提出的嚴肅批評，居然不理不睬，仍然到全國最高學府說自己「老狗教不會新把戲」，只會重複講「那一些老話」！

對於將「科學方法」口號化或標語化一事而言，胡適可以說是相當成功的。在胡適先生的大力鼓吹之下，「大膽的假設，小心的求證」這「十字訣」在華文世界裡可以說是家喻戶曉。我之所以刻意在這裡提這則故事，主要想說明的是：對於像臺灣這種在世界學術體系中處於邊陲地位的非西方國家而言，源自於西方的學術思想，並不是學者「反思、批判、對話」的材料，而是他們「立德、立功、立言」的工具。只要抓緊自己學術主張在其宗主國的「西方根源」，自然可以招來一夥聽眾。在這種情況下，非西方國家怎麼可能形成自己的「知識論主體」？

第三節　殷海光「思想」的批判者

胡適用「置之不理」的態度對待殷海光對他的批判，殷海光本人又是什麼樣的態度對待當時學術同儕對他的質疑？在那個時代，站在學術立場批判殷氏主張的主要人物是胡秋原（一九一〇—二〇〇四）。胡氏是湖北黃陂人，十五歲時考入國立武昌大學學習理工，並加入共青團；一九二八年轉學到上海復旦大學，改習文學。一九二九年公費到日本早稻田大學，學習政治經濟學。一九一三年九一八事變發生，胡氏放棄公費，回上海以文學主張抗日。一九三三年參加閩變失敗，逃往香港，遭香港政府逮捕並驅逐出境，浪跡世界各國。一九三六年回國參加抗日，並加入國民黨，負責文宣工作。一九四八年當選立法委員，一九五一年來臺，歷任臺灣師大、世新、政戰學校教授。

挑戰殷海光

一九六三年胡秋原創辦《中華雜誌》，反對「全盤西化論」，並和代表「自由派」的《文星雜誌》展開中西文化論戰。在那個時代，胡秋原曾經在《中華雜誌》上發表一系列文章，介紹科學方法論及社會思想，包括〈歷史學及其方法論〉、〈評邏輯實證論〉、〈現象學要義〉、〈倫理學與科學方法論綱要〉、〈二十世紀之歷史、文化、知識社會學〉。其內容雖屬初步介紹性質，但其廣度卻遍及社會科學的許多不同面向，並未拘泥在「邏輯實證論」的格局中。

胡氏曾經在《中華雜誌》上一連發表三篇文章，批評殷海光的《邏輯新引》和《思想和方法》。在〈評兩本錯亂欺人的書〉中，胡秋原（一九六五）針對《邏輯新引》一書的形式、術語、內容，提出了五項二十一條質疑，指責：殷海光《邏輯新引》的內容，其實是金岳霖《邏輯》一書的「舊抄」。金岳霖承認：「對於邏輯，我始終覺得我是一門外漢」，「有時覺得根本不應該寫這樣一本書」，《邏輯》一書，「可說是金君的讀書筆記，並非一種系統著作」。胡氏認為，金岳霖「可說是很誠實的」（頁四七）。相對之下，他嚴厲地批評殷海光「亂抄」金氏著作，「東抄一句西抄一句」，再加上「浮光掠影式的亂說」。他敢於如此「大膽詐欺，無非欺中國非西方，無人有邏輯常識，也沒有人重視真誠」，「所以他大可亂吹」。

「學術詐欺」的勢力

在該文文末，胡秋原作出的「結論」是：

根據以上五項二十一條，我宣布《邏輯新引》一書乃世界上自有邏輯以來所絕無僅有的錯亂妄誕之書，而此書作者是絕無學術的真誠，只是以邏輯之名，借羅素人身崇拜，使用江湖手段，作最「假」最「錯」宣傳，大言欺世，愚弄青年，企圖形成一個詐欺的勢力。

如有人不承認，我歡迎他們針對我提出的二十一條，作最不客氣而有力的反駁，我也希望研究邏輯的朋友們作公平的判斷。

這是非常明確的挑戰。胡秋原提出的五項二十一條的質疑，都是針對「邏輯」而提出的學術問題。依照西方學術社群的規範，殷海光應當針對胡氏的具體指控逐一作答。然而，殷海光對胡氏的指控也是不理不睬。因此，胡秋原點名叫陣，又寫了一篇〈評殷海光另一本更錯亂詐欺的書「思想與方法」〉，以及〈為學術詐欺告各有關方面〉，並將這三本篇文章集結成冊，題為《邏輯實證論與語意學及殷海光之詐欺》（胡秋原，一九六六）。

在〈為學術詐欺告各有關方面〉中，胡秋原指出：邏輯實證論和語意學「只是三十年代起來的一種運動，是一消逝中的現象」。它們「有一定的學問立場，即擁護科學，反對玄學和宗教」。這「兩者是非政治的，並且是反對一切政治宣傳的」。「殷海光以邏輯實證論語意學作政治宣傳，即用玄學作為代替中國歷史和傳統，中國民族和自由中國的代名詞，而作政治攻擊。他表面上講科學、邏輯、實證論、語意學，實際上除了謾罵以外，沒有一句話在學問上不是亂說亂扯的。」因此，胡秋原從他在第一篇文章中所提的「五項二十一條」中，以及他在第二篇文章中所指出的「不下一二百事」中，「擇其最重要者」，選出二十五項，要求殷海光對於他所指摘的各項，「應以是或否來作一答覆，而不容沈默」。為什麼呢？

以子之矛，攻子之盾

胡氏說：「學術是天下公器，學術是非人人可以過問。我所指摘的，嚴格而言說不上學術，只是基本常識上的是非。唯其如此，不容顛倒是非。殷海光引用過亞理士多德的規矩：To say of what is that it is not or what is not that it is, is false, while to say of what is that is, or what is not that is not, is true. 並認為此即西方所以為文明民族，而中國所以為剛果人和野獸的」。胡秋原說：「我雖不承認這只是西方傳統，但我十分贊成這規矩，你不能抹煞自己主張的規矩」。他進一步引述殷海光的說法：

「中國文……極語意含混之能事。……要不然，江湖上那能騙得到飯吃？」

「在歐美的學術是哄不著人的。」

「有人發現我們所講的不通，於是我們就從所用的名詞上找出路：歪曲原來所取的意義。如果這種辦法係出諸有意，西方人叫做不夠sincere，不真誠。這是很嚴重的事。西方學人對於學術上的真誠性，非常重視的。」

「一種感情……可以成為感情的氣旋。一切詐騙之徒常把自己造成這一氣旋底東西……為了自己的利益和興趣……」

「謊言有人信以為真。……教條有助於邪惡的統治。製造偶像崇拜成為可能。」

「如果強不知以為知……那就構成知識界域的災害。」

殷海光還引用過中學教科書上都有的話：「要有服從真理的精神……印度中古學者……辯論失敗了，立刻歸依你作弟子，或者自殺以為報。」

胡秋原說：我不要求殷海光做這兩件事情，我只要求殷海光答覆說，你對於科學、邏輯、邏輯實證論、語意學，到底是「知」，還是「強不知以為知」？如說「知」，你要答覆以上二十五項。如說「不知」，你寫的那些書怎麼辦？

對殷氏的「人身攻擊」

這是「以子之矛，攻子之盾」。除了學術討論之外，胡秋原也不留情面地對殷海光作「人身攻擊」。他說：

此處我還要說到何以殷海光有他那一套「思想」和表演。首先，他的基本教育根本沒有受好，對於中國歷史文化一無所知，一切科學常識也沒有，英文文法也沒有學好。在抗戰時期，進大學比較容易，師資也不是十分整齊。此時他在金岳霖之下，接觸了邏輯。而金岳霖者，也原無什麼學問和思想而卻是一個喜弄玄虛的人。自西南聯大時期，到大陸淪陷之前，他當然已聽了若干反民族宣傳，也學到罵人的習慣，並看見棒子暴力之運用。到了臺灣以後，他原來寫點黨八股，寫不下去了，又得到一點什麼啟示，再記起西南聯大時期的民主口號，忽然成為大學教師。在學校中他發現pq之類很少人懂，又翻了一下卡納普，便亂講邏輯實證論，沒有人批評他，反有人以為新奇，便索性裝起羅素專家架子騙人，實際上他沒有看羅素的書，除了金岳霖的斷片拙劣的翻譯以外。

別人愈不懂他說的什麼，他便愈成為專家，他便愈罵起人來，便開始有了群眾，也便鼓勵他有意識的進行詐術了。繼而到美國數月，到了哈佛，又由費正清那裡聽到什麼傳統、現代、衝擊、中國自族中心和排外那一套。他便學成歸國，又有人出錢印現代學術季刊。在不滿現實心理之增加以及費正清之類人物感召之下，他的野心日大，以思想家乃至政治家自命，而進於大膽詐欺，如上說的種種表演了。一言以蔽之，他自己之無知，政治上和教育上的缺陷，加上費正清之類的影響，便有了殷海光的變態思想及其活動。（頁十八）

兩種「自由主義」

在對殷海光作「人身攻擊」之前，胡秋原聲稱他是「民族主義」的「自由主義」者，他的「自由主義」才是真正的「自由主義」，並宣稱他「最難忍受的，是殷海光冒充自由主義者」。他說：

> 在我看，自由指人類精神創造力之自由，即人格、民族、學問三大尊嚴之確認。一個中國人的自由主義者，首先必為民族主義者，而亦不停止於民族主義，而當普及自由原則於全世界，歸結於人類文化創造力之解放和創造機會之均等；此即我所自稱的「新自由主義」。這是我自民國十四年的一篇文章起，每一篇文章不曾違背而且不斷發展的原則。無論如何，自由主義必以思想自由為原則，而因為他不是虛無主義，必定尊重理性，個人權利與社會責任，必定不能完全否定傳統與他人主張，因此，他與一切教條主義，暴力主義，勢力主義不相容，更不能墮落為崇洋媚外主義。（頁十八）

胡秋原十分明瞭：臺灣知識界有人替殷海光說話，是因為殷氏是當年知識界「自由派」所推崇的「自由鬥士」、「民主導師」。他說：

然是否可以說，殷海光雖然對邏輯實證論無知，但因為他是反對現狀的，而如果現狀卻是不滿人意的，則他縱然不知邏輯，曲解邏輯實證論和語意學，充其量不過欲達目的，不擇手段，也總不可厚非罷？（頁十三）

胡氏說：他曾經聽見這種論點，並且有人對他如此遊說。可是，他認為問題也就在這個地方，他之所以費幾個月的氣力批評殷海光的「垃圾文章」，正是為了這一點。（頁十三）

大學的使命

胡氏認為：這問題可由兩方面說。就反現狀這一面而言，「反現狀之本身並非絕對的神聖」，「在自由中國反現狀沒什麼了不得」。可是，從另一面來說，「學術詐欺的罪惡」是絕對的。他說：

一切詐欺不可以，學術詐欺罪不可以。學術詐欺不僅比無知更壞，而且造成最大的敗德。我們須知現狀何以令人不滿。這無非由於「德之不修，學之不講」，因而缺乏人才。救國之道改革之道何在？顧亭林在亡國之後主張「博學於文，行已有恥」，這八字依然是立國救國之根本方針。而以學術詐欺來反現狀，其結果只有比現狀更壞，因為這只有造成更無知更敗德的人。（頁十四）

「這不是小事。這比貪污、殺人還要嚴重。縱一切可敗，教育學術不可敗」。在他看來，「一切可壞，青年不可壞。我們可誤，我們子弟不可誤。處處可詐，學校教室不可詐。我所說的不是筆墨官司，而是事關民族永久的興亡的」。

我們失敗了。我們要復興國家。靠什麼復興呢？人才！如何算是人才呢？首先要有學問！道德固然也要緊，但有道德不一定有學問，而沒有道德，絕不會有真學問的。如何促進學問，培養人才呢？首先辦好大學！大學應該是一國人才之淵藪，學問之寶庫，因而國力之源泉，國家地位之標誌！

這是大家都知道的事：德意志在耶拿戰敗之後，拿破崙佔領柏林，德人賠款割地，訂城下之盟。在國困民窮之時，大政治家和大學者洪保德認為復興國家，首先要辦一好大學，乃決定創辦柏林大學。創辦之時，菲特烈威廉三世宣布大學目的說：「國家在物質上損失損失了的，要在精神力量上補足起來。」

洪保德宣布大學宗旨說：「大學是為純粹學問而設立的。」「教授不是為了學生的，教授與學生都是為了學問的。」大學之使命，「不是傳授知識，是要產生知識」。

學問如何產出呢？弗蘭克福大學大禮堂壁上刻著下列銘文：「在國防備上如鋼似鐵的民族，要以精神之宮殿來作育你們。你們是這宮殿之守護者，當為德意志之名譽而善護之。在研究和學說上，務須誠實，務須真實，務須嚴正！」而這也是整個德國大學之傳統。（頁二二）

學術討論的負面示範

因此，胡秋原向殷海光提出兩項要求：第一，必須能對上述二十五項知識上的問題提出真正的反駁，或者聲明你的書完全錯誤；第二，必須提出一個自由主義的公認定義，證明你的言論是自由主義的，或者聲明你說你是自由主義者乃是錯誤的。

如你聲明錯誤，而且證明不是「出諸有意」，而只是無知妄誕，則你尚有重新為學之可能。但如果沈默，或者還以為沈默也許可以表示什麼「輕蔑」（？），我要說，我還有繼續研究之必要。（頁二十）

胡秋原出書批判殷海光那一年（一九六六）的十二月，他在臺灣大學經濟學會演講「何謂社會科學」並將講稿分為三期，刊登在《中華雜誌》之上。從其內容可以看出：胡氏對於歐洲啟蒙運動發生之後，社會科學、道德科學、及精神科學的發展都有所涉獵。他認為：西方社會科學的發展，其成就不如自然科學，原因在於：

（1）人類心靈的「不可預測性」；（2）不同文化間價值觀方面的相對主義；（3）社會科學用語的不明確。胡氏認為：要克服這些困難，在方法論方面，必須討論：社會科學的方法是否與自然科學不同？社會科學是否應當有自己的方法？在價值判斷方面，必須考量是否能夠達成「價值中立」的要求？抑或是將「價值判斷」放置在社會科學的內容之中？

在《真理與方法》一書中，德國哲學家高達美（H.G. Gadamer, 1900-2002）指出：真理的獲致，不是經由「方法」，而是經由「辯證」。任何一個科學理論，跟不同背景「視域」的反覆辯證後，如果能夠達到「視域融合」（fusion of horizon），便會有較大的「真理」。「邏輯」僅只是二十世紀初期西方學術界流行的一種思維「方法」而已，它並不是獲致科學真理的唯一管道。整體而言，胡氏對殷海光的批評雖然充滿情緒性，但並非無的放矢。然而，作為「自由派」宗師的殷海光，對胡氏的批評卻相應不理，不予正面回應。對國內學術討論的風氣做出了負面的示範作用。

第五章　「自由民主」與「自我殖民」

在上一章中，我們分析了殷海光的科學觀。從科學哲學的觀點來看，「民主」與「科學」原本是兩個獨立的範疇。可是，在《思想與方法》「導論部」的第一篇文章〈論科學與民主〉中，殷海光說出其科學觀的「應用」。首先，他列出了七點「科學底基本性質」：（1）「印證的」；（2）「懷疑的」；（3）「累聚的」；（4）「試行的」；（5）「系統的」；（6）「互為主觀的」；（7）運作的。然後強調「民主必須科學」、「科學必須民主」。

第一節　民主的「科學基礎」

殷氏沒有說明「科學」的這七點「性質」出自何處。然而，從該書的其他章篇中可以看出：這七點「性質」跟殷氏所認識的「邏輯實證論」有某種程度的關聯。該文討論到「民主必須科學」一節時，殷氏說：「民主必須以科學的基本要素為心理基礎。民主如不以此為心理基礎，那麼，不是易流入虛無主義，便是可能因狂熱而走向暴民政治。」這裡所說的基本要素，就是殷氏前面所列舉的那七點。殷氏在文中討論「印證」、「懷疑」、「累聚」、「試行」等四點科學「性質」跟「民主」的關聯後，似乎覺得不容易再扯下去，於是戛然中止，也沒有說明他為什麼不再討論其他三點。

「民主天堂」？

在〈論科學與民主〉中，殷氏舉了幾個具體案例來說明他的論點。為了批判「資產階級的民主」這個概念，殷氏指出：

> 所謂「資產階級的民主」在宣傳者這一方面，是筆底之花；在被宣傳者方面，是想像的幻構（fiction）：實際情況並非如此。誠然，美國底「資產」甚多，但東方式的「階級」不曾有過。美國社會是憑體力和腦力吃飯的社會。「身份」賣不了錢。在美國，灰犬（Grey Hound）公共汽車底司機，一個一個的神氣，活像大總司令。開街車的唱歌給乘客聽，互為笑樂。大企業多，但股票所有人更多：管理權與所有權有了顯著的分化。工廠逐漸為勞資雙方所共有：勞資對立的壁壘一天一天地在消逝之中。你如果親身到美國最普通的工人之家住上幾天，你將會發現「階級」一詞是多餘的東西。至於英國，傳統中留下來的那點架子，給辛酸的第二次世界大戰和工黨消磨得只剩下一點社會性的禮貌痕跡了。在西方世界，「資本」漸漸被修正，在不久的未來，將不復代表一種「權力」，而變成一種「服務」。於此趨勢中，所謂「資產階級民主」從何說起？美國不曾有過「階級」，英國底「階級」在她國內快要變成社交名詞。（頁八）

美國真的是個沒有「階級」的社會嗎？英國的「階級」快要消失了嗎？看到這樣的論述，很多人可能會訝異不置：殷氏所認識的美國，簡直像是個「民主天堂」！

他完全沒有考慮到本書第一章所說的歷史事實：在日本偷襲，珍珠港事件爆發前，美國一直堅持採取「禿鷹」政策，因此二戰結束後，歐亞大陸上的大多數國家大都成為瓦礫廢墟，殘破不堪；唯獨美國本土沒有受到戰火的波及，所以呈現出一片「欣欣向榮」的「樂土」景象。

他更沒有考慮到：在二戰之前的十九世紀，英國是西方殖民帝國主義的頭號霸權，在「光輝燦爛」的「日不落帝國」中，「殖民主」和「殖民地」人民之間的關係，始終存在最嚴苛的階級剝削，在英、美國內，尖銳的階級差距也始終沒有消失過，甚至演變成一九八〇年代之後，所謂的「新自由主義瘟疫」（見本書第六章）。

殖民現代性

然而，在第二次世界大戰之後的冷戰期間，非西方國家的知識份子初到美國的時候，卻很容易產出殷海光上述文字所描述的心理感受。他們忘了歷史，而把祖國的「落後」解釋成「現代化」程度不如美國，並用「傳統／現代」二元對立的方式，建構出形形色色的「現代化」理論，這就是所謂的「殖民現代性」，也是本書第二篇所說，非西方國家知識份子「自我殖民」的心理基礎。

然而，這也是西方國家（尤其是美國）千方百計要強迫推銷其「自由民主」理念的真正理由。出生於法屬馬丁尼克島（Martinique）的非裔作家弗朗茲・法農（Frantz Fanon,1925-1961）在他所著的《黑皮膚，白面具》（*Black Skin, White Mask*）一書中寫道：

> 所謂「殖民地化」是指殖民者為了剝奪土著的文化創造性，強行在原住民族的心裡中植入一種自卑感，使所有遭到殖民地化的民族，相對於「賦予其文明」的國家而言，也即是相對於「殖民母國」的文化，都被人為地設定了一個位置。根據這種觀念，生活在殖民地的原住民族，愈是將「殖民母國」的價值視為自己的價值，就愈有助於他們儘快「走出叢林」。愈是否定自己的黑皮膚，否定自己身處的「未開化狀態」，就愈能夠接近白人。

「五四意識形態」中對於「德先生」和「賽先生」的盲目崇拜，以及由此而產生出的「全盤反傳統主義」，其實就是一種中國版的「黑皮膚，白面具」。在冷戰時期的臺灣，殷海光將這種意識型態發展成他自己的「現代化論」，同時也培養出當時學生「來來來，來臺大；去去去，去美國」的普遍心態。

「思想」的分類

上一章的析論指出：殷海光在臺大講授的「邏輯」，只是他追求「民主自由」的工具。為了要達到他的目的，在〈從有顏色的思想到無顏色的思想〉一文中，殷氏更進一步將他的主張「理論化」，把「思想」分為五大類：

A. 美藝思想（Aesthetic thinking）

B. 方範的思想（Prescriptive thinking）。球場規律，道德倫範，都包含在這個類目裡。決意的思想(Volitional thinking)常常藉方範的思想表現出來。所以，我們可以說，決意的思想常常隱藏在方範的思想裡面。

C. 情緒的思想（Emotive thinking）

D. 圖像的思想（Pictorial thinking）

E. 認知的思想（Cognitive thinking）

他說：在上列A、B、C、D和E五種思想中，A、B和C可稱為「有顏色的思想」；E稱為「無顏色的思想」；而D則為「顏色中立的思想」。我們之所以說D是「顏色中立的思想」，是因為它與A有疊合的地方，但二者並不全合。

A、B、C，容易化合；A、B、C和D也容易化合；A、B、C與E也容易化合。我們現在規定一個說法：在E之中，只要攙雜了A或B或C我們便把它叫做「有顏色的思想」。

殷氏「科學發展觀」的矛盾

以這樣的分類作為基礎，殷海光提出他獨樹一幟的「科學發展觀」：

我們從科學底發展跡象可以看出一個線索：人類知識的演進是從顏色較濃的狀態逐漸向顏色較淡的狀態發展。時至今日，在全部經驗科學中，物理科學幾乎成為「無顏色的科學」。至於生物科學及行為科學，近幾十年來，也急速地在「褪色的道路」上奔跑。這是人類文明的一大進步。這一

進步，是花費了無窮的努力和支付了重大的代價的。（頁三八）

用「自我的曼陀羅模型」（見本書第一章圖2）來看，殷海光主張「無顏色的思想」，他應當是這種思想的實踐者。其實不然。上過他課的葉啟政（二〇一三）曾經提到一個故事，可以看出殷海光性格中的矛盾：

在課堂裡，殷先生教我們為人做事要有科學態度、講邏輯、重理性、不能崇拜權威，可是，弔詭的是，在我的認知裡，他卻是極為感性的人，相當崇拜權威。譬如，他就經常告訴我們，英國哲學家羅素是他最崇拜的人，稱他為「我的老祖宗」，他每天晚上都會凝視著羅素的肖像，靜默數分鐘以示尊敬。同時，殷先生宣稱他從來不看電影，因為任何電影都經不起理性邏輯的考驗。對此，喜歡看電影的我總感到十分不解，也相當不自在。殷先生多次對電影表示「鄙視」之後，我終於忍不住，有一次下課後，鼓起勇氣問他：「老師，人生除了講理性、邏輯和科學之外，是不是也還容許有感性的東西存在？」殷先生聽了之後，兩眼瞪得像銅鈴一般大（這是他即將生氣的慣有表情），好一陣子才回道：「你！你！你！你！孺子不可教也。」然後，轉頭就走人。當時我嚇壞了，久久不知如何是好，從此再也不敢問殷先生問題了。（葉啟政，二〇一三：五二）

思想成品的「假貨」

殷海光主張「沒有顏色的思想」，並不是自己想「身體力行」，而是為了要批判「有顏色的思想」，他說：

> 最大多數人在他們的最大多數時間裡是生活在有顏色的思想裡。只有最少數的人在他們的較多數時間裡是生活在無顏色的思想裡。數學家、理論物理學家、解析哲學家，就是這種人。攝取特定的文化成素所形造出來的「哲學」根本就是土產品。這樣的哲學沒有普遍的效準（general validity）。就我們所居住的地球而論，可巧得很，凡屬有顏色的思想都是特殊的。（頁四〇）

在該文中，他列舉了「對人最具支配力」的幾種「思想的製成品」，包括：祖宗遺訓、傳統、宗教、意底牢結（Ideology），並且強調：凡有運作意義（operational meaning）的觀念建構，才是「無顏色的思想」的「真貨」；凡沒有運作意義的觀念建構，都叫做「假貨」（頁四四）。同時，他又花了極長的篇幅，說明：「自古至今習見的之持有顏色的思想之方式」，包括：訴諸感情、訴諸成見、訴諸權威、訴諸巨捧等等。

「項莊舞劍，意在沛公」。當國民黨在臺灣實施威權統治的戒嚴時代，讀者當然看得出殷海光的「言下之意」。在臺灣實施戒嚴的時代，由於殷海光在臺大教書，而且敢於挺身而出，批判當時「一黨獨大」的國民黨，他被當時臺灣學術界的「自由派」奉為一代宗師；他所提倡的「邏輯實證論」或「邏輯經驗論」也被當時臺灣學術界的「現代化派」或「行為主義派」奉為理論基礎。

科學哲學的典範移轉

這裡必須指出的是：殷氏在臺灣介紹邏輯實證論的時候，波柏的《進化認識論》已經問世。一九六五年十月，他曾經主動地向韋政通提起：在他思想走向成熟的最後一個階段，對他思想的塑造發生重大作用的，除了羅素，哈耶克之外，還有《開放社會及其敵人》一書的作者波柏（K. Popper）。他非常重視這本書，他說：「波柏代表智力的一個高峰」，「我們批判傳統，應當以此書作為追求的一個目標」（韋政通，一九七〇／二〇一一：二八九）。殷氏著作中雖然也曾經引述波柏的說法，但他並沒有注意到這兩種科學哲學的根本不同，也沒有注意到維根斯坦對其前期哲學的反省，更沒有注意到：當「邏輯實證論」轉化成為「邏輯經驗論」之後，其學術主張在本體論、知識論和方法論各方面的巨大差異。

本書第二章提到：在西方二元對立的文化裡，一種重要學術思潮的轉變，通常都會伴隨著發生激烈的學術論辯。邏輯實證論者主張：哲學中並無真正的問題，而只有語言上的難題（linguistic puzzles）。他們刻意要構造一種完美的語言，因此在語言分析上投注大量精力，終於發展出由語意學、語法學、語用學組成的記號學。這一派人士也因此而被稱為「語言分析派」，或逕呼「分析學派」、「語言哲學」等等。

但波柏卻抱持完全不同的看法，他認為哲學中並不是只有語言問題，而是有真正的問題存在，例如「我們如何透過感官了解事情？」「知識是否由歸納而來？」「無限是否存在？」「道德律是否有效？」等等都是亟待解決的問題（Magee, 1971）。

邏輯實證論之死

維根斯坦主張的「邏輯哲學論」可以說是「語言分析派」的一個高峰。他和波柏在學術的針鋒相對終於導致兩個人的正面衝突。一九四七年，波柏應劍橋大學道德科學俱樂部之邀，前往發表主題演說。當時維根斯坦聲望正隆，維氏處事一向相當獨斷，他對俱樂部又有極大的影響力；他預先指定題目，希望波柏從語言分析的角度，談「哲學的困惑」。但波柏不為所動，逕自另訂題目，論述哲學中的許多問題，跟維根斯坦的看法大相逕庭。當時維根斯坦極力主張：哲學問題其實就是語言的問題而已；解決了語言的難題，哲學就沒有問題存在了。波柏大謬不然，於會中公開表示哲學問題極多，哲學問題非僅是語言問題，因此與維根斯坦激烈爭執，維氏後來漸趨下風，終於大怒拂袖而去。

那一年，波柏四十七歲，剛開始在學術界嶄露頭角。到了一九六〇年代，以波柏的進化認識論為首的後實證主義，以及Kuhn（1969）的科學革命論開始在世界學術社群風行，邏輯實證主義變成了一種陳舊的觀點，美國約翰霍．普金斯（John Hopkins University）大學甚至舉辦了一次研討會，主題為「邏輯實證主義的遺產」（The Legacy of Logical Positivism）正式宣布「邏輯實證主義」時代的終結（Achinstein & Baker, 1969）。波柏在其自傳中（Popper, 1979）討論「是誰殺死了邏輯實證論」（Who killed Logical Positivism）時，更引述巴斯摩（John Passmore）的話：「因此，邏輯實證論死了，或者說，就像過去曾有過的哲學運動一樣地死了。」（Logical Positivism, then, is dead, or as dead as a philosophical movement ever becomes.）並承認他自己就是劊子手。

殷海光高度推崇波柏的社會科學理論，卻不知道：他衷心擁抱的「邏輯」和哲學卻已經被波柏宣判死刑，造成他個人學術生命的悲劇。

第二節　「自由主義」的追求

殷海光因為「反傳統」而被臺灣的「自由派」學者奉為「自由主義」的領導人；批評他的胡秋原也自稱為「自由主義」者。這兩種「自由主義」究竟有什麼不同？

針對這個問題，最為直截了當的答案是：胡秋原主張的是「民族主義」式的「自由主義」；人們之所以將胡適和殷海光分類為「自由主義」者，則是指西方「個人主義」文化中所說的「自由主義」。

「自由人」的反省

這個說法的前半部是可以成立的，因為胡秋原本人也承認他是主張「民族主義」的「自由主義」者。然而，殷海光真的是西方意義下的「自由主義」者嗎？

國民政府撤守臺灣之後的第三年，也就是一九五二年八月，殷海光（一九五二／一九七九）在

《民主評論》上發表了一篇文章，題為〈自由人底反省與再建〉，其中有一段文字批評五四時期的「自由知識份子」：

在大陸的那個時代，自由知識份子教書的自由總有，修讀的自由更未遭剝奪。那時，自由的空間是很多的。可是，自由知識份子好好利用了沒有？在事實上，大家儘有正當發展的自由機會，可是自由知識份子多未好好利用，許多人士為了想吃現成飯，圖一己之名利，加入這個大混亂。我們能說今日之禍，自由知識份子一點責任沒有嗎？

總而言之，中國的自由知識份子多少是癱瘓了，是潰散了，是被洪水沖垮了，是零落了。如今只剩下幾許萎縮的幽人，在那裡過度著不冷不熱，不痛不癢，不喜不憂的灰色生活。他們已經做了現實存在底俘虜。他們似乎在那裡想掙扎，可是又怕響聲太大。他們似乎在那裡想幹，可是又怕太費勁。他們似乎想說話，可是又怕別人不喜歡。他們似乎想即時行動，可是又怕太迂緩。像這個樣子的自由人，自身已經先從精神與思想的基礎上崩潰下來，怎麼還能啟導大家，扭轉乾坤，再造一個新時代？（頁一一七）

中國的「自由主義」

當時殷海光所批評的「自由知識份子」，其行為取向是西方人所謂的「自利式」或「佔有式」個人主義（self-interest or possessive individualism）。這種「個人主義」式的「自由主義」，顯然是殷氏所不認同的對象。

然則，真正的「自由主義者」該如何「啟導大家，扭轉乾坤，再造一個新時代」呢？殷氏說：「自由精神含有自主與自動二種特徵。『待文王而後興者，凡民也。若夫豪傑之亡，雖無文王猶興』。這是自主與自動精神的表現之一。」（頁一二四）。「只要認得真，見得對，便不顧一切，照著所想的說，依著所認為是的去做，才配做個自由人。『雖千萬人人吾往矣』。這是自由人應有的氣概」（頁一二九—一三〇）

相較於他後來的「全盤反傳統主義」，殷氏的這種論點確實令人訝異！殷海光寫這篇文章的一九五二年，他四十二歲。面對時代環境的劇變，他正在思考「中國底自由人」（包括他自己）未來人生的方向。當時他並沒有意識到：他後來「反孔」的「道德熱情」，其實也是源自於美國漢學家狄白瑞所謂的「中國的自由傳統」（de Bary, 1983），也就是胡秋原所說的「民族主義」式的「自由主義」；反倒想向他所認識的「邏輯實證論」尋求獲致「民主」的「思想與方法」，結果便陷入「科學主義」的陷阱，不僅讓自己的生命陷入悲劇性的困頓，也誤導了臺灣社會科學研究後來的走向。

自由主義的定義

殷海光做為當時臺灣「自由派」的大宗師，他對於所謂的「自由主義」當然有他自己的定義。在一篇討論〈自由主義的趨向〉的文章裡，他以一組性質來界定五四時期中國的「自由主義」，它們是：（1）反孔，（2）提倡科學，（3）追求民主，（4）好尚自由，（5）傾向進步，（6）用白話文（殷海光，一九八二）。

殷海光（一九六六）在學術上最有分量的著作是《中國文化的展望》。該書的第七、八兩章，將清末以來中國的知識份子區分為「保守的趨向」和「自由主義的趨向」，分別討論他們個人的特質。他認為中國自由主義份子具有六項特質：（1）抨孔，（2）提倡科學，（3）追求民主，（4）好尚自由，（5）傾向進步，（6）用白話文（殷海光，一九八八）。兩者相較，這本被「自由派」知識份子奉為經典的著作其實是舊調重彈，只不過把「反孔」改成了「抨孔」。

用西方的標準來看，殷氏對於「自由主義」的界定方式是相當怪異的。美國自由主義的代表人物Charles Frankel（1976）曾經從七個層面來界定「自由主義」，其中「文化自由主義」是指：對提昇心智的多面性及品質有多方面的興趣，能夠同情的了解及批判地欣賞人類生活的種種可能性。自由的教育是指：抱持有實踐道德理想、文化理想、及文明理念的信念，並且能夠妥協而不譁眾取寵。殷海光這位「後五四時期」中國知識份子的表率所提倡的「自由主義」竟然是以「科學」作為意識型態，而以「反孔」作為「自由主義」首要的共同特質！難怪中共在獲得政權後會發動「文化大革命」，而臺灣的「民主運動」最後竟然會演變成「去中國化」！

「舊石器時代的道德」

殷氏是典型的「後五四人物」，具有五四人物所特有的性格。他認為：「科學」與「民主」的確是中國所需要的，但是五四人物大多不了解科學與民主。他認為：道德有其根本的重要性，但是傳統道德家要大家遵守的卻是「舊石器時代的道德」，這種永恆不變的先驗道德。在人群現實生活中的作用「趨近於零」。為中國古代社會所設計的德目，並不適於這個「激變而又翻新」的時代。

在《中國文化的展望》中，殷海光（一九六六）採用人類學者Kroeber和Kluckhorn（1952）對「文化」所收集的一百多種定義，宣稱他是要對中國文化作「經驗科學」的研究。在該書第七章「保守的趨向及其批評」中，殷海光很坦率地說出了他對「新儒家」的看法：

> 如果朱熹之所為算是第一次翻修「孔家店」的話，那麼近二十年左右許多熱心人士之所為可以算是第二次翻修「孔家店」。正如每次翻修房屋時被翻修的房屋多少被改變了一樣，「孔家店」每次被翻修多少有所改變。這是因為房屋在被翻修時是通過不同的工匠。不同的工匠的手藝各殊，因此翻修出來的房屋當然也各殊。同樣，翻修「孔家店」的人士出於不同的時代環境，感受不同的影響，稟賦不同的性格，並吸收了不同的學藝，因此他們所作的翻修也就各不相同。朱熹直接或間接受過佛學的影響。他從佛學那裡感染到抽象的思想氣氛。於是，他給孔學以一個理學基礎與架構以及把人間世向理境提升的曲調。
>
> 近二十年左右努力重新翻修「孔家店」的人士，顯然是受到孔制崩解，社會倫範幾近喪失，外族侵凌，尤其是社會動亂，等等空前的時代大震盪之重大刺激。在這樣天旋地轉的大激變中，他們要奮起重振「民族精神」，他們努力注予孔教以新義，想從而「撥亂反正」。這種超越自我的精神，在陷溺虛矯和狂奔疾馳的對比之中，是值得作同情了解和欽佩的。在這意氣橫流且成見變成真理的黑霧瀰

漫裡，他們能從非黨派性的文化傳統中豁出一個醒覺，這在目前的知識份子中是難能可貴。

「二元對立」的思考方式

然而，可惜得很，這些人士食古不化。彼等較富於根源而缺乏展望力，好多作價值判斷而缺乏分析力，思想因缺乏訓練並且為自己的感情所束縛而缺乏適應力。他們的基調與現代社會文化的一般走向不合。無論是直接或間接地，他們的言論給予了若干作客他鄉的中國文化份子以多少慰藉，同時也勾起一部分中年以上的人之懷鄉愁（nostalgia）。患懷鄉愁的人耽於憶戀他的過去，他把過去當現在。然而，任何人不得既要大家沉緬於過去同時又要人瞻望將來，在斜陽古道上漫步，只能引起人一點悵惘的詩情，和淡淡的傷懷。（頁二八四—二八五）

殷氏批判的對象顯然是當時在港臺聚後講學的「新儒家」。對於宋明理學，殷海光引述清代中期儒者戴震（一七二四—一七七七）在《孟子字義疏證》一書中的論點，予以無情的批判：

戴東原說：「尊者以理責卑，長者以理責幼，貴者以理責賤，雖失謂之順。卑者、幼者、賤者以理爭，雖得謂之逆。」這話真是說得確切。在理學的長遠影響之下，尊卑長幼這個系統是一最高價值。求知論理的系統只能算是次要價值。在這樣的價值比重之前，如果尊卑長幼的價值與求知倫理的價值不相衝突，那末誠然很好，可是，如果前者與後者衝突，那末後者只得讓路給前者。不幸的很，尊長不一定對，卑幼不一定錯，然而，在理學的要求之下，既然尊長不能冒犯，於是他講錯了沒有關係，甚至於無理變成有理，而卑幼講錯了因然倒楣，有時甚至有理變成無理。

所以，在中國這個樣子的社會文化裡，理知是很難得伸直的，理知一碰見地位與權勢，就得行九十度的鞠躬禮，直到目前為止，在中國社會文化裡，除了講數學、物理學及化學等「自然科學」以外，根本還沒有培養出「談道理」和「擺身份」必須完全分開的風氣。至於強調「道理第一」的言論更是聲息微茫！演變所及，坐在上位的大人儘管信口開河，坐在下位的細人只得洗耳恭聽。（頁二八一——二八二）

「混接的謬誤」

殷海光其實是引用戴東原的論點，在批評漢儒之後的混雜在儒家思想之中的「三綱」。仔細閱讀殷氏所著的《中國文化的展望》，我們不難看出：他對中國文化的批評，或多或少都與「三綱」有關。殷氏未能辨明的問題是：「三綱」是什麼時代，由誰提出的？「三綱」之說等於儒家思想的全部嗎？除了「三綱」之外，儒家思想還有什麼？

用Archer（1995, 1996）所主張的「分析二元論」（analytical dualism）來看，不論是殷海光的上開論述，或是他所著的《中國文化的展望》，都沒有區分什麼是先秦儒家思想、什麼是在某些特殊的時代背景和社會環境下，後來儒者對儒家思想的詮釋，把儒家的「文化形態學」（morph stasis）和「文化衍生學」（morphogenesis）混為一談，犯了「混接的謬誤」（fallacy of conflation）。

殷氏更未深思的問題是：戴東原（震）一般都認為是屬於「孔家店」的陣營（清儒）。他既沒「提倡科學」，也不用「白話文」；他雖然強烈批評宋儒，卻從未「抨孔」。像戴震、王夫之、顏習齋之類的「孔家店」人物，到底是屬於「自由主義」或「保守主義」？

對「保守主義」的批判

殷氏「保守主義／自由主義」二元對立的思考方式當然無法回答這些問題。在他看來，企圖重新翻修「孔家店」的港臺新儒家既然不屬於「自由主義」一類，自然就應當劃歸為「保守主義」，當然應當予以痛批：

近年來若干中國文化份子所說的「歷史文化」，實在既不成其為歷史又不成其為文化。這等人士之談「歷史文化」先設立了一套玄學。這一套玄學是採取黑格爾精神現象衍發的軌轍，加上擬似康德的理性架構洗禮過了的中國理學，揉合我族中心主義的情感而形成的。從這套玄學基礎出發，與「唯物史觀」對立，將歷史事件作填料而構成一個文化史觀。不多也不少，這是一種玄學思辨的演習和思古之情的彈奏。它不是對文化作經驗科學的研究；也不是對歷史作緊貼史實的客觀曝露。因此，它不能幫助我們對歷史和文化作任何真切的認知。

在邏輯程序上，如果一個人要接受這種文化史觀，那末先得接受站在它源頭處的那套玄學。如果一個人不接受那套玄學，那末便不接受這種文化史觀。乍看起來，這種文化史觀好像包羅萬象。在實際上，這種文化史觀只是依帶情緒的價值判斷而作成的選擇系統，而且是一種線條不清或界劃不明的選擇系統。唯其是一種線條不清或界劃不明的選擇系統，所以許多東西可以被收容進去，也可以被排斥出來。

殷海光的這種論點，使人想五四時期的「科玄論戰」。依照這樣的觀點，中國文化中「儒、釋、道」三教合一的文化傳統都是「玄學」的範疇，都是國家「現代化」的絆腳石，所以是「科學家」必須驅趕的「玄學鬼」。對自己的文化傳統缺乏系統性的了解，又想用一知半解的「科學」，打倒儲存在人們「集體潛意識」中的文化傳統，最後當然是以悲劇收場。

第三節　殷海光的生命悲劇

殷海光逝世後，他的學生林毓生曾經為《殷海光先生文集》寫了一篇序言，題為〈殷海光先生一生奮鬥的永恆意義〉，文中指出：

作為一個自由主義者，殷先生肯定了個人自由與個人尊嚴是人的最基本價值——有了個人自由才能有個人尊嚴。可是，在文化層面，要自由的價值與民主的觀念深入人心，殷先生——除了在他生命中最後的幾年以外——卻和許多早期五四人物一樣，認為應從全面否定傳統文化，與提倡科學方法做起。事實上，他之所以對中國傳統文化做全面的攻擊，主要導源於他對中國傳統中許多克害個人尊嚴的思想與制度的道德的忿怒。他提倡科學方法，實際上，也主要是為了滿足他道德熱情的要求。

一九六七年十二月二十三日我給他的信上，曾有下面一段對於他多年來提倡科學方法的意見：

「反傳統」的道德熱情

「我最近常想到您平生提倡科學方法的志趣與您近來治中國近代思想史的宏願。您做人的風格上充分表示出您是具有intense moral passion和poetical inspiration的人，讀您最近的數信更confirm了我這一看法；但幾十年來偏偏提倡科學方法，colorless thinking。究其原因，實受時代環境之刺激，而不是為科學而科學——科學方法是一個tool，是一個使人頭腦清楚不受騙的工具。至少在下意識裡科學是滿足您moral passion的道路。However，moral passion，和科學方法的溶合有時能產生極大的tension(if not-contradictien)。這種tension有時能刺激個人的思想，但有時卻也不見得不是很大的burden」。（頁四—五）

林毓生是殷海光的學生。著有《中國意識的危機》，對五四時期知識份子的「全盤反傳統主義」有深入研究。他很清楚地看出：殷海光是以科學作為追求自由民主的「工具」，而不是「為科學而科學」。殷先生回信甚為稱許，並說，林毓生的說法道出了他「心靈深處多年來『緊張』之源」。他說，他之所以會這麼做，是因為「他清楚的看到，在人類幾千年的歷史經驗中，只有自由的民主制度最能滿足道德的要求，也只有自由的民主制度是比較最能維護個人尊嚴的制度。而自由與民主的建立，則必須靠道德自主性（moral autonomy）的觀念的養成。」

用「自我」與「自性」的心理動力模型來看，中華文化傳統儲存在華人的「集體潛意識」裡，是加拿大哲學家泰勒（Taylor, 1986）所謂的「生活善」（life good），但「百姓日用而不知」，殷海光本人雖然也深受其影響，但他並未努力將其建構成系統性的知識，使其成為泰勒所謂的「構成善」（constitutive good）。

畢生的貢獻與遺憾

相反的，為了追求他心目中的「自由民主」，他先以「去脈絡化」的方式，把美國想像成「民主的天堂」，然後，以「沒有顏色的思想」，建構出自己獨樹一幟的「民主」理論，認為「民主必須科學」，「科學」是「民主」的基礎，硬要使其成為自己「道德空間」（moral space）中的「優位善」（hyper good）（見本書第一章，圖1），但卻找不到其「道德自主性」的基礎。結果就形成了殷海光「心靈深處多年來的『緊張』之源」。殷氏之所以會有此感受，主要是因為他的「民主」理論根本站不住腳，只能作為「自我殖民」的反面教材，用來說明當時臺灣知識份子「黃皮膚，白面具」的心態！

「殷先生在逝世前的二十年中，以無比的道德勇氣，不避橫逆，挺身而出，為自由民主呼籲的千秋之業，在中國與世界爭自由爭人格的歷史上都是不朽的！」（頁四）

殷海光「心靈深處」的「緊張之源」，其實也是五四時期中國新派知識份子的共同信念。這種信念用「去歷史」、「去文化」的方式，把「自由民主」想像成一種至高無上的抽象價值理念；結果「民主」變成了那一代人共同尊崇的「洋菩薩」，演變成後來的「全盤反傳統主義」。提出這個概念的林毓生說：殷海光的不朽，在於他的道德勇氣，也就是殷氏畢生反對的中國文化傳統所謂「三不朽」中的「立德」。至於學術成就方面，林毓生很坦率地說：

殷先生對科學、自由、民主的性質、功用、目的的純理了解，都下過很大的功夫，用過很多的心力，這種知識的追求與渴望，更可由他購置大批有關書籍的熱情上看出來。殷先生有關當代邏輯、分析哲學、自由、民主、社會學理論的藏書，大概比當時臺灣任何公私立圖書館都完備。以臺灣大學教授清苦的待遇，而能有如此豐富的藏書（大部分是自己購置的，只有一小部分是朋友和學生寄贈的），這件事實的背後，蘊藏著對知識追求的熾熱渴望。但殷先生的一生，在他學術專業——邏輯與分析哲學——上並沒有重大的原創貢獻；這是他晚年提到的遺憾之一。（頁五）

臨終前的悔悟

「學而不思則罔，思而不學則殆」，在殷海光身上，我們可以看到五四人物思想的矛盾。在這篇〈序言〉的結尾部分，林毓生提到殷先生一九六八年九月二十四日給他的回信，說明：殷先生晚年對中國傳統文化的態度已經有所改變：

現在的中國文化思想沒有什麼可談的了。真正的本土知識份子幾乎整個覆滅了。即令在五四當時，領導人物又哪裡有深遠一點的眼光？他們多會呼叫，少能思想。何以致此？至少有這幾個原因：

1. 胡適之流的學養和思想的根基太單薄。以「終生崇拜美國文明」的人，怎能負起中國文藝復興的領導責任？更何況他所崇拜的美國文明主要是五十年前的？他雖長住美國，其實是在新聞邊沿和考據紙堆裏過日子，跟美國近五十年來發展的學術沒有相干。

2. 五四人的意識深處，並非近代西方意義的to be free，而是to be liberated。這二者雖有關聯，但究竟不是一回子事。他們所急的，是從傳統解放，從舊制度解放，從舊思想解放，從舊的風俗習慣解放，從舊的文學解放。於是，大家一鼓子勁反權威、反傳統、反偶像、反舊道德。在這樣的氣流之中，有多少人能做精深嚴謹的學術思想工作？

就第一點而言，胡適一生的功過，其實很難用三言兩語來作評斷。根據岳南所著《南渡北歸》第三部「離別」上冊的記載，在文化大革命期間，大陸發起「清算胡適思想」的政治運動，在臺灣也有人出版《胡適與國運》圍剿他。一九六一年十一月六日，胡適應美國國際開發署之邀，抱病出席「亞東區科學教育會議」，在開幕式上以《科學發展所需要的社會改革》為題，發表英文演講。

丟掉「沒有理由的自傲」

這是他生前對中西文化比較的最後一次發言，旨在批判中國的古老文化，頌揚西方的科技文明：「我們東方這些老文明中沒有多少精神成分。一個文明容忍像婦女纏足那樣慘無人道的習慣到一千多年之久，而差不多沒有一聲抗議，還有什麼精神可說？一個文明容忍種姓制度（the caste system）到幾千年之久，還有多大精神可說？一個文明把人生看作苦痛而不值得過的，把貧窮和行乞看作美德，把疾病看作天禍，又有什麼精神價值可說？……現在正是我們東方人應當開始承認那些老文明中很少精神價值或完全沒有精神價值的時候了。」

「我相信，為了給科學的發展鋪路，為了準備接受、歡迎近代的科學和技術的文明，我們東方人也許必須經過某種知識上的變化或革命。這種知識上的革命是有兩方面。在消極方面，我們應當丟掉一個深深的生了根的偏見，那就是以為西方的物質的文明雖然無疑的佔了先，我們東方人還可以憑我們優越的精神文明自傲。我們也許必須丟掉這種沒有理由的自傲，必須學習承認東方文明所含的精神成分實在太少。在積極的方面，我們應當學習了解、賞識科學和技術絕不是唯物的，乃是高度理想主義的，乃是高度精神的。科學和技術確然代表我們東方文明中不幸不夠發達的一種真正的理想主義，真正的精神。」

「飛天蜈蚣式」的科學

這篇演講稿譯成中文，在媒體上發表之後，立刻引起港臺兩地知識份子的激烈爭論。新儒家主將之一的徐復觀，以《中國人的恥辱，東方人的恥辱》為題，發表了一篇文章痛罵他：「胡博士能用幾句罵街的話，便斷定了中印兩大民族幾千年的文化，這是哪裡來的飛天蜈蚣式的科學方式呢？在你寫的《古代中國哲學史》及《胡適文存》中，談到中國文化方面的，有一篇與原典對照而能言之成理的文章嗎？對於印度的東西，更是一竅不通。胡博士到底從哪一門科學得到了這種啟示而敢作這種大膽的論斷呢？」

有關印度文化與佛教的問題，徐復觀諷刺他：「這裡面的道理，不必由胡博士說，因為假使他對西方的文化史稍有常識，便不會說出這種話來。不過有一點，我倒非常佩服他是識時務的俊傑，他只罵由印度出來的宗教，絕不罵天主教、基督教」，「你雖然在洋人面前罵自己的文化罵得爽心快意，但洋人依然認為你是一個中國人。一個中國人在外國人面前罵盡自己民族的歷史文化，在外國人心目中，只能看作是一個自瀆行為的最下賤的中國人。」「這次參加亞東科教會的，只是與印度文化有著密切關係的客人；七十一歲的老人，何以不懂事到既居於地主的地位，竟無知無識的罵起客人的祖宗來了？」

一代知識份子的「共業」

徐復觀火氣十足的文章發表之後，引發了一場「中西文化論戰」，「擁胡」和「倒胡」兩派尖銳對立。翌年二月二十四日，胡適即以心臟病發作去世。

從本書的角度來看，胡適的悲劇，其實是五四時期主張「新文化運動」人士的「共業」。他們沒有弄清楚先秦儒家的「文化型態學」，並隨意將之與漢代之後的「文化衍生學」混為一談，犯了「分析二元論」所說的「混接的謬誤」（Archer, 1995）。胡適如此，殷海光又何獨不然？這是本書一再提醒：中國知識份子必須謹記「亢龍有悔」的主要理由。

殷海光這封信中的第二點，可以說是他的「夫子自道」。五四人的意識深處，確實不是西方自由主義中所說的to be free，而是to be liberated，急於舊的「制度、思想、風俗習慣和文學」中解放出來。大家一股子勁「反權威、反傳統、反偶像、反舊道德」，其實是在反對漢儒所提倡的「三綱」：「父為子綱、夫為妻綱、君為臣綱」。在這樣的文化氛圍裡，很少有人能夠定下心來，作「精深嚴謹的學術思想工作」，也沒有人能夠區辨先秦儒家跟漢儒主張的「三綱」有何不同。有人認為：殷海光的說法，說明他對中國文化的態度已經發生了變化。令人遺憾的是：當他覺悟到這一點的時候，他已經走到生命的盡頭，再也無法深入思考此一問題。

社會科學哲學的發展趨勢

從林毓生跟殷海光的書信往來中可以看出：他們兩人之間，還保有中國傳統社會中的「師生關係」。葉啟政雖然上過殷海光的課，但彼此之間卻沒有傳統師生的情感糾葛。因此，他能從一個比較清冷的客觀角度，來評斷殷海光的為人。在他的回憶錄中，葉啟政說：

無論如何，殷先生身上流露著中國傳統文人慣有的狂狷氣息，對當年臺灣年輕一代的學子非常具有吸引力，更是最重要的思想啟蒙者。他的魅力不只來自帶有戲劇性的做作動作，更來自對中國傳統文化犀利的分析批判，以及對西方自由民主思想的引介。依當時戒嚴專治體制下的政治氛圍來說，他大膽批判時政的勇氣令人動容，可以說是學院中勇於發聲的僅存異議知識份子，是孤獨的勇者，令人感動且可敬。

就哲學本身而言，殷先生是以邏輯實證論來開展有關科學的論述，並進而證成自由民主的思想。在他的導引下，我們也跟著閱讀起這方面的著作。後來，我到了美國留學時才了解到，就當時西方（至少美國）哲學的發展來看，已經出現現象學、詮釋學等等不同的哲學流派與實證論分庭抗禮。顯然，殷先生沒有注意到這個不同的趨勢。當然，以當時臺灣學術界的封閉與資訊不足，要求殷先生注意到針對實證主義的「反動」知識，未免過於苛求。但是，以這樣的知識背景，參與「新五四運動」的成員是很難充分掌握整個西方哲學（尤其社會科學哲學）的發展趨勢與爭論焦點，只能讀到什麼就介紹什麼。（葉啟政，二〇一三：五三）

跳脫「雙重邊緣化的困境」

從本書的角度來看，葉啟政對殷海光的評價是相當公允的。殷海光對社會當然有他的貢獻，但他在學術方面是有侷限的。就殷海光所關注的社會科學而言，葉啟政所說「與實證論分庭抗禮」的「現象學、詮釋學等等不同的哲學流派」，其實就是我在《社會科學的理路》一書中所談的各種科學哲學。

一個有志以學術研究做為終身志業的華人知識份子，必須對西方科學哲學的辯證性發展有「相應的理解」（comprehensive understanding），他才能夠以之做為基礎，整理「儒、釋、道」三教合一的中華文化傳統，建構出「含攝文化的理論」（Hwang, 2019）。這一點，我在《內聖與外王：儒家思想的完成與開展》及《中西會通：文化系統的理論建構與主體辯證》二本書中，有十分仔細的論述。在中、美「文明對抗」的過程中，華人知識份子要想跳脫「雙重邊緣化」的「自我殖民」困境，建構出有關本土文化的理論來和西方理論相抗衡，這是最重要的根本途徑。有志者不妨三思！

第六章　兩岸共構文化中國：築高牆、廣積糧、不稱霸[2]

本文將以最近中、美之間的「文明衝突」作為切入點，說明所謂「修昔底德」陷阱，其實是西方文化的產物。面對美國的這種挑戰，最好的對策是堅持「築高牆、廣積糧、不稱霸」的原則，「兩岸共構文化中國」。首先，我需要從世界文明發展史的角度來說明，為什麼所謂「文明衝突」和「修昔底德」陷阱，根本就是西方文化的產品，而不是源自東方文化。東方的中華文化講究的是「互利共生」，不是「文明衝突」。

第一節　「文明衝突」的「修昔底德」陷阱

當中國GDP在二〇一〇年超過日本，成為世界第二之後，中美已經掉入所謂的「修昔底德陷阱」，雙方將無可避免地在各個領域展開鬥爭。川普上臺後，中美在經貿、臺海、南海、5G等方

2 本文是二〇一九年十二月四日，我在北京大學台灣研究院主辦的「文化中國論壇」，閉幕式上的演講稿，可以說是反思「亢龍」之「悔」，我收錄於此。

面的搏鬥，都逐一表面化；最近，美國國務卿龐培歐（Mike Pompeo）連續針對中國的一帶一路倡議、北極地區的發展、南海能源開發、華為的安全及太空領域威脅提出了嚴厲批評。

美國國務院政策規劃主任斯金納（Kiron Skinner）日前指出，龐培歐的團隊正在制定一項「基於與一個真正不同的文明作戰之理念」的戰略，這裡所謂「真正不同的文明」，指的就是中國。斯金納說，「這是一場美國以前從未經歷過的，面對一種完全不同的文明和意識形態的戰爭」；她又說，「上世紀與蘇聯的那種競爭，在某種程度上是西方家族的內部鬥爭，而現在是我們第一次面對一個強大的非白人的競爭對手。」

修昔底德陷阱

修昔底德（Thucydides）是古希臘歷史學家，他根據自己的經驗，描述並分析古雅典於斯巴達之間的《伯羅奔尼撒戰爭》，認為一個新崛起的大國必然要挑戰現存大國，現存大國基於恐懼和自身利益，必然要回應這種威脅，雙方無可避免要發生戰爭，最後是玉石俱焚，雙方一起毀滅。

這種論點在西方學術界可謂淵遠流長。一九九三年，哈佛大學教授杭廷頓（Samuel P. Huntington）即在《外交季刊》上發表其著名的「文明衝突論」（Clash of Civilizations），後來又將它發展成為一本專書。杭廷頓認為世界主要有八大文明，分別是中華、日本、印度、伊斯蘭教、東正教、西方、拉美及非洲文明，從廿一世紀之後，人類的衝突不再僅是國與國之間，更多地將是文明與文明之間。在剛進入新世紀之初，九一一事件的發生，「印證」了杭廷頓的「文明衝突」之說；在西方國家藉「反恐」之名，將中東的阿拉伯國家打得毫無招架之力之後，他們又發現新的打擊對象，那就是「中國」。

我們可以回顧人類文明的發展歷史來說明：不論是「修昔底德」陷阱也好，「文明衝突」論也罷，其實都是西方人在其文化傳統裡構想出來的概念，跟中華文明「互利共生」的傳統其實並不相容。

「儒、釋、道」三教合一的文明

德國哲學家雅斯培在他所著的《歷史的根源和目標》一書中指出：在紀元前八〇〇年至前二〇〇年之間的六百年，是人類文明發展的「軸樞時期」。在這段期間，世界上幾乎是彼此互相隔絕的地區，分別出現了許多思想家，由四位偉大的聖哲分別將其整合成獨立而且完整的思想體系，他們是：蘇格拉底、耶穌、孔子和佛陀。

佛教在漢明帝（西元二八—七五年）時代傳入中國，和中華文化傳統互相結合，塑造出「儒、釋、道」三教合一的東亞文明，相對於世界其他地區，佔了一千多年的優勢。儒家文化最大的特點，便是擅長於吸納外來文化。「遼以釋廢，金以儒亡」，許多外來文化進入中國之後，都因為接受業已融為一體的「儒、釋、道」三家思想，而被儒家文化消化掉。

西方的崛起

西元四七六年，由於受到北方蠻族不斷的入侵，西羅馬帝國滅亡。西方第七世紀，新興的回教勢力佔領了耶路撒冷。到了十一世紀，基督教徒以奪回聖城為名，發動十字軍東征前後八次（一〇九六—一二九一），將希臘傳統帶回到基督教世界，兩者互相結合，導致後來十四世紀歐洲的文藝復興運動。

西元一四五三年鄂圖曼土耳其帝國攻佔君士坦丁堡，東羅馬帝國滅亡之後，歐洲長達千年的「黑暗時期」（Dark Age）宣告結束，歐洲人到東方貿易的絲路被阻斷，不得不向西開展「大航海時代」。發現美洲新大陸之後，西方國家便以西班牙和荷蘭為首，開始發展殖民帝國主義，並先後將其觸角伸向臺灣。西元一五八八年，英國殲滅西班牙的無敵艦隊，便取而代之，先後將印度、澳洲、美洲納入它的殖民地，而成為十九世紀的「日不落帝國」。

中國自從第一次鴉片戰爭（一八三九—一八四二）失敗之後，開始進入「百年羞辱」（century of humiliation）的時期，對於西方列強所發動的侵略戰爭，幾乎毫無抵抗能力。尤其是在一八九四年發生的甲午戰爭，清廷竟然敗於明治維新之後的日本，不得不簽訂馬關條約，把臺灣和澎湖割讓給日本。日本在經過一個世代的勵精圖強，不僅打敗中國，更在中國的領土上，發動「日俄戰爭」（一九〇四—一九〇五），打敗俄國，迫使俄羅斯帝國不得不將它在滿州的權益讓給日本，人為刀俎，我為魚肉，任憑宰割，使得中國知識份子信心全失。

五四意識形態

一九一六年，袁世凱陰謀恢復帝制，通令全國尊孔讀經，激起了一波新「新文化運動」。到了一九一九年，第一次世界大戰結束，在巴黎召開的和平會議上，中國代表對日本妥協，把德國在山東的權益轉讓給日本。消息傳來，輿論大譁，北京學生立即上街頭抗議，新文化運動也迅速轉變為一場以「內除國賊，外抗強權」做為主要訴求的愛國運動。

在救亡圖存的時代要求下，五四之後的中國知識界普遍盛行著三種意識形態：社會達爾文主義、科學主義和反傳統主義。在國共內戰時期，親國民黨的知識份子主張學習英、美的議會政治；親共產黨的知識份子主張學習十月革命後的蘇聯。然而，他們對於這三種意識形態的堅持，卻沒有兩樣。

我從一九八〇年代初期在臺灣參與推動社會科學本土化運動，不久之後便發現：當年提倡「新文化運動」的知識份子對於西方文化的了解其實十分膚淺，當時所謂的「德先生」，其實只是一種「科學主義」，跟盲目崇拜宗教迷信並沒有兩樣。他們對自己的文化傳統所知也十分有限。所謂「打倒孔家店」或「孔老二」，污衊的成份遠大於理性分析。以自己不懂的外來文化符碼，要打倒龐大而不可能消滅的文化傳統，結果必然造成難以收拾的歷史悲劇。

第二節　社會科學本土化運動

語言是文化的載體，只要我們繼續使用中國語言，我們就生活在中國文化的傳統裡，可是從一九〇五年廢止科舉之後，所謂中國文化已經逐漸淪入「百姓日用而不知」的集體潛意識之中。今天所謂的社會科學，根本就是西方文化的產品。要想落實社會科學的本土化，破解社會科學本土化所遭遇到的各種難題，中國知識份子必須「進入西方文化的中心」，對西方科學哲學的發展有「相應的理解」（comprehensive understanding）。才能夠「中、西會通」，整合中國及西方兩種不同性質的文化系統，才能建構出「含攝文化的理論」，使中華文化獲得進一步的開展。

儒家思想的完成與開展

基於這樣的見解，哲學雖然不是我專業，我仍然用了十幾年的時間，回顧西方科學哲學從十九世紀末期以來的發展，撰成《社會科學的理路》一書（黃光國，二〇〇一）。從二〇〇〇年起，我被委任為「華人本土心理學研究追求卓越計畫」的主持人。在執行卓越計畫的八年期間，我不斷殫精竭慮，一面思考跟心理學本土化有關的各項問題，一面從事研究，撰寫論文，在國內、外學術期刊上發表。該項計畫於二〇〇八年初結束之後，我又以將近一年的時間，整合相關的研究成果，撰成《儒家關係主義：哲學反思、理論建構與實徵研究》（黃光國，二〇〇九）。三年之後，該書之其英譯本改以 *Foundations of Chinese Psychology* 之名出版（Hwang, 2012）。

二〇一五年，我從臺大退休，受聘於高雄醫學大學，開始致力於組織「思源學會」，鼓勵年輕學者及研究生，深入思考並和我討論有關「中、西會通」的相關議題。最近我綜合過去多年的討論及研究成果，撰寫了一系列作品，說明我對於儒家文化系統的見解。依我的看法，先秦儒家思想內容包含「天道觀」、「關係論」、「心性論」和「修養論」。先秦儒家諸子對「天道觀」始終抱持「存而不論」的態度；漢代董仲舒提出「三綱五常」之說，儒家關於人倫關係的論述已經發展完成。然而，由於儒家思想本質上是一種追求「內在超越」的「內聖」之學，難以將自身建構成客觀的理論，來說明它自身，所以它的「心性論」在歷史上並沒有完成。

最近我出版《內聖與外王：儒家思想的完成與開展》（黃光國，二〇一九），該書指出：由於儒家的「心性論」在歷史上並沒有完成，所以宋明時期的新儒家才會分裂成陸王的「尊德性」和程朱的「道問學」。這個問題必須以榮格的「深層心理學」（depth psychology）為基礎，對《六祖壇經》的內容作「儒、佛會通」式的詮釋，據以建構出「自性的心理動力模型」（Hwang, 2018），才能獲得根本解決，儒家思想也才能進一步的開展。

「互利共生」與「文明衝突」

《大學》和《中庸》原本是《禮記》中的兩篇文章，朱熹將之取出，又將《孟子》從《經》、《史》、《子》、《集》四部中的《子》部提升到《經》部，連同《論語》，編成內容一致的「四書」，可以說明儒家有關「修養」的「一貫之道」，對後世造成了極大的影響，但其微言大義卻必須藉助儒家關於「關係」及「心性」的客觀理論，才能獲得彰顯。基於這樣的見解，在《內聖與外王》一書中（黃光國，二〇一八），我先以西方科學哲學的「外王」之道，建構出「四端」與「五常」的客觀理論（Hwang, 2018）；再整合榮格的「深層心理學」（depth psychology），建構出「自性的心性動力模型」（Hwang, 2018）。最近正在以這兩個客觀理論模型為基礎，撰寫《致中和：傳承儒家的科學進路》，說明朱熹編訂「四書」所要彰顯的「一貫之道」。

從以上的分析中，我們可以很清楚地看出：儒家非常重視「學習」對於生命成長的意義，所追求的最高境界是「致中和」，它認為：「喜怒哀樂之未發，謂之中」；希望每一個人都能有「發而皆中節」的修養，以達到「天地位焉，萬物育焉」的境界。儒家文化可以吸納西方文明，吸納的結果必然是「互利共生」，而不是「文明衝突」。

第三節　「廣積糧」與「不稱霸」

元朝末年，朱元璋起兵抗元。攻佔徽州之後，他親往石門山拜訪老儒朱升，請教治國平天下之策。朱升送他三句話：「築高牆、廣積糧、緩稱王」。一九六九年八月，美蘇兩霸都揮舞大棒，威脅中國。毛澤東告訴周恩來：現在的最佳對策是「深挖洞，廣積糧，不稱霸」，備戰備荒為人民。在美國以「修昔底德」陷阱說明當前「文明衝突」的世界大局時，我認為：中國應當提出的對策是：「築高牆、廣積糧、不稱霸」。所謂「不稱霸」是絕對不跟美國爭奪世界霸主的地位；所謂

「廣積糧」是積極解決國內「分配不均」的社會問題；所謂「築高牆」，這是「兩岸共構文化中國」。

防衛性的鬥爭

當然，中華文化傳統並不只有儒家思想。在《知識與行動：中華文化傳統的社會心理分析》中（黃光國，一九九五），我曾經分析過道、儒、法、兵各家思想，以及在東漢時期輸入中國的佛教。即使是兵家思想，也主張：「兵非道德仁義者，雖伯有天下，君子不取」（《神機制敵太白陰經・卷二・善師篇・第十一》），「兵苟义，攻伐亦可，救守亦可；兵不义，攻伐不可，救守不可」（《呂氏春秋・卷七・孟秋記・禁塞》），絕不可能贊成西方殖民帝國主義式的凌弱暴寡。

更值得強調的是：依照雷海宗在《中國文化及文化中國的兵》一書中的分析，從秦滅六國，戰國時期結束，漢、唐之後的中國，便逐漸發展成為一種「沒有兵的文化」，這種現象尤其在宋太祖「杯酒釋兵權」之後，更為明顯。在科舉制度的制約下，中國變得「儒弱」不堪，所以在鴉片戰爭之後，才會變成西方列強欺凌的對象，幾乎毫無招架之力。

當然，任何一個文化都是不斷地在往前發展。以儒家文化之善於吸納外來文化的特點而言，它在跟西方文明接觸的過程中，也必然會「中學為體，西學為用」，學到西方文明中某些「鬥爭」的形式。必須一再強調的是：這種鬥爭形式的使用，必欲是以「致中和」的文化作底蘊，是防衛性而不是攻擊性的。用毛澤東的話來說，就是「人不犯我，我不犯人；人若犯我，我必犯人」。

不患寡而患不均

在前文各節中，我從歷史事實、文化傳統、以及當前情勢分析：面對美國「文明衝突」說的挑撥，中國必須堅持「不稱霸」的基本態度。在本節中，我要說明的是：從儒家文化傳統的角度來看，「廣積糧」經濟發展的目的，是要解決「分配不均」的社會問題。

正當香港「反送中」運動鬧得如火如荼的時候，突然看到朋友傳來一則訊息：目前深圳正在推動一項住房改革方案。預計到二〇三五年的時候，商品房、人才房、安居房、公租房將分別占住房總供應量的四〇％、二〇％、二〇％和二〇％；後面三類住房的價格，將分別為商品房的六〇％、四〇％和二〇％。

看到這則消息，我立刻想到《論語》上的一個故事：有一次，孔子的弟子冉有和季路稟告孔子，魯國的權臣季孫氏將出兵討伐魯國的附屬小邦顓臾。冉有認為：「今夫顓臾，固而近於費。今不取，後世必為子孫憂。」孔子責備他：「求！君子疾夫舍曰欲之，而必為之辭。丘也聞有國有家者，不患寡而患不均，不患貧而患不安。蓋均無貧、和無寡、安無傾。夫遠人不服，則修文德以來之，既來之，則安之。今由與求也，相夫子，遠人不服而不能來也，邦分崩離析而不能守也，而謀動干戈於邦內。吾恐季孫之憂，不在顓臾，而在蕭牆之內也。」

這一則對話，很可以用來說明兩岸三地當前的政治和社會情勢。今天不管是香港、臺灣或大陸，都面臨了嚴重的「分配不均」問題，這個問題在都市地區的表現，以「住房困難」最為尖銳。香港地狹人稠，在幾個房地產開發大戶的聯手炒作之下，房價貴得十分離譜，以一般人的平均收入和房價的平均值來算，年輕人拚命工作，即使不吃不喝，得儲蓄二十年才買得起一個住房，這個數字在臺灣則為十三年。

孔子說得好，「不患寡而患不均，不患貧而患不安」，在「看不到希望」的情況下，任何一個社會中的年輕人，都是處於「危機」的狀態中，很容易因為某些因素的挑激，啟動社會抗議運動。在這種情況下，必然有各種不同的政治勢力乘虛而入，「見縫插針」，使得社會運動偏離原來的訴求，二〇一四年臺灣的太陽花運動如此；當前香港的「反送中」運動，亦莫不然。

「反送中」運動鬧得不可開交的時候，有傳聞指稱「外國勢力」的干預，並且呼籲中共出動武警或解放軍，予以鎮壓。這種說法正如當年冉有所說的：「今夫顓臾，固而近於費。今不取，後世必為子孫憂。」我堅決反對這種主張。相反的，任何一個社會的主政者都必須考量孔子當年的說法：「均無貧，和無寡，安無傾。」

在我看來，深圳的住房改革政策，就是解決社會問題的「釜底抽薪」之計，也就是孔子當年所說的：「遠人不服，則修文德以來之。」如果香港的行政當局也能夠仿效深圳，推動住房改革，就可能收到「既來之，則安之」的效果，萬一因為某些特殊因素而發生社會運動，也不至於像「反送中」那樣，蔓延擴散，難以收拾。

這是一個很重要的訊息。據說，習主席在二〇一七年十九大時，便曾經說過：「房子是拿來住的，不是拿來炒的。」贏得當時全場十五秒的掌聲。據我所知，提出落實此一政策之具體計劃的城市，深圳似乎是第一個。將來香港會不會起而效法，或者是不是有其他城市會推廣類似的政策，都還有待觀察。然而，我敢於斷言：未來華人社會的發展方向，必然是以中華文化作為主體，用市場經濟的方法，達成社會主義的目標。深圳的住房改革就是很好的一個例子。不思考本土社會和文化的特色，盲目地移植西方式的資本主義文化，最後的結果一定不堪設想。這個問題必須再做更進一步的析論。

第四節　築高牆：兩岸共構文化中國

了解「不稱霸」和「廣積糧」的意義之後，本節所要說明的是：為什麼「兩岸共構文化中國」是中國今天該做的「築高牆」。這個問題仍然要從中國近代歷史發展的角度來加以分析。

三大斷裂的格局

抗日戰爭勝利後，國共之間立即爆發了慘烈的內戰。中共在一九四九年獲取政權，國內情勢底定之後，旋即發起「三反」、「五反」等一系列的社會改造運動，最後演變成「文化大革命」的十年浩劫。一九七九年改革開放，撥亂反正之後，中國的社會科學界又走上了「全盤西化」，盲目移植或套用西方的理論和研究典範。

二〇一二年三月十六、十七日，世新大學社會心理學系舉辦「第五屆《社會學與心理學的對話》國際研討會」，南京大學社會學院心理學系的翟學偉教授發表的一篇論文〈從本土視角看社會學與心理學的融合〉，將中國社會心理學的發展分成三個不同的三十年。第一個三十年是少數學成歸來的中國心理學家將西方心理學帶入中國學界，並從事實證研究的過程。第二個三十年大約從一九四九年至一九七八年，大陸的學術先是一面倒，學習前蘇聯，後來社會心理學在大陸則是處於相對停滯狀態。從一九七八至今的第三個三十年，又由「海歸派」帶頭，一面倒學習美國，呈現出三大斷裂的格局。

他說，「今天發展起來的社會心理學同初創時期的三十年幾乎沒有關係。」「一些當年留美的學者已經故去或進入耄耋之年，他們經歷了從西方引進知識，重學蘇聯與再回到自我否定的起點」，「這點很容易導致中國社會心理學沒有傳統，沒有發展線索，沒有傳幫帶，甚至沒有帶頭人。而從頭起步的研究者缺少積累，往往是個人只顧做個人的研究，外加個人興趣也在不停地轉移，持續性的研究則更少」。

知識論的困惑

「研究興趣乃至專業的不停變動，帶來的最大問題就是研究上的泛泛而談，或東一榔頭西一棒，照搬西方概念與方法與不斷跟隨社會特點，是中國內地社會心理學的基本特徵」。「三十年的斷裂期導致了一種研究學統的喪失，如果不重建良好的學統，這樣的情況還會繼續下去」。

他認為：進入上世紀八〇年代後，在一批跨學科學者的支持下，臺灣社會心理學界開始了「社會與行為科學本土化」進程。但由於大陸社會心理學界並未形成本土化研究的氣候，也少有實質性的研究成果問世，至少在有苗頭的領域缺乏積累與跟進。

社會心理學的情形如此，社會科學其他各領域的情況又何獨不然？我跟大陸學術界的朋友談到這個問題，大家都同意：大陸社會科學界對當前的社會發展，確實是感到「實踐很偉大，理論很蒼白」。由於社會科學的理論大多是「抄來抄去」，「大量照搬和移植西方的概念和理論」，中國社會科學界的研究人員一方面是感到「知識論的困惑」，不知道這樣的「知識」對自己的母社會是不是有用？能不能幫助自己的社會解決問題，抑或是製造更多的問題？伴隨快速發展的奇蹟，大陸也產生了許多的社會問題，像貧富兩極分化、都市交通壅塞、生態環境惡化、霧霾等難以解決的問題。因此，大陸學術界又普遍存在著「本體論的焦慮」，不知道自己文化的特色是什麼？也不知道這樣的文化特色能不能支持社會的持續發展？

天然獨世代

大陸如此，臺灣的情況，又是如何？國民政府撤退到臺灣之後，臺灣的學術界（尤其是社會科學界）也一律以美國為馬首是瞻，「全盤西化」，盲目移植西方理論及研究典範。尤其是一九九四年李登輝在國民黨內掌握實權之後，開始利用李遠哲的「諾貝爾獎」光環，以臺灣大學及中央研究院作為主要基地，發動一批所謂「自由派」的學者，啟動「四一〇教改」，叫出「廣設高中大學、消滅明星高中、打倒升學主義」之類的民粹式口號，漫無章法地移植他們心目中的美式教育。民主黨主政時，綠營推出杜正勝的「同心圓史觀」，動手改造國民教育，全面推動「去中國化」，並在二〇一四年爆發「太陽花學運」時，臺灣學界已經籠罩在「規範式西方中心主義」，或「規範式美國主義」的陰影之中，不斷地形塑蔡英文口中所謂的「天然獨」世代，而難以自拔。

整體而言，當前兩岸的社會科學界基本上都同樣充斥著西方理論和研究典範。臺灣從李登輝到蔡英文都不諱言，自己是在搞「兩國論」，所以要打著「多元文化」的招牌，移植西方理論，來搞「去中國化」。可怪的是，當美國國務卿已經宣稱：中美貿易戰的本質是「文明衝突」時，中國學術界仍然是捧著西方理論，並且奉為圭臬，毫不質疑地以之教育下一代，這難道不是「日以繼夜，夜以繼日」地在「自挖牆腳」嗎？

四個自信

正是因為中國社會科學界普遍只會套用西方理論，而不懂得如何建構理論來說明自己的文化和社會現象，所以習近平主席才會在二〇一六年五月發表談話，要求「建構中國特色的哲學社會科學」。他在講話中說：中國已經解決了「挨打」和「挨餓」問題，但是我們還沒有解決「挨罵」的問題。他認為：「在解讀中國實踐，建構中國理論上，我們應當最有發言權，但實際上我國哲學社會科學在國際上的聲音還比較小，還處於有理說不出，說了傳不開的境地」。

這種現象確實是中國社會科學界之恥。中國大陸雖然已經覺察到「推動儒學融合現代社會」的重要性，但這樣的反思主要是出自人文學界，還沒有普及到社會科學界。所以習近平強調：「發揮我國哲學社會科學作用，要注意加強話語體系建設」。「著力打造融通中外的新概念新范疇新表述，增強在國際上的話語權」。

在中共十九大中，習近平又提出了「四個自信」的說法，希望大家要有「道路自信、理論自信、文化自信、制度自信」。在「文化自信」方面，他在政治報告中說，「文化是一個國家、一個民族的靈魂，文化興，國運興；文化強，民族強。沒有文化的繁榮興盛，就沒有中華民族的偉大復興」。

兩岸共構文化中國

然而，言者諄諄，聽者藐藐，大陸社會科學界要如何落實習主席一再的呼籲，仍然有待觀察。作為本文的總結，在此我想說的是：任何一個學術運動，一旦找到了其哲學基礎，就等於是找到自己的「道」，這個運動便已經宣告成熟。臺灣的社會科學本土化運動經過四十年的論辯與積澱，最近我撰成《含攝文化的理論：一種知識論的策略》（Hwang, 2019），已經由劍橋大學出版社出版。在我看來，未來一個世代，華人學術界最重要的任務，就是兩岸學者攜手合作，以科學哲學作為基礎，整理「儒、釋、道」三教合一的中華文化傳統，「中、西會通」，「中學為體、西學為用」，逐步達成「習五條」中所強調的「心靈契合」，這才是真正的「築高牆」。

如果中國社會科學界已經被西方理論所佔領，而華人學者竟無一策可為對應，這豈不是孔子當年所說的：「遠人不服而不能來也；邦分崩離析而不能守也。而謀動干戈於邦內。吾恐季孫之憂，不在顓臾，而在蕭牆之內也。」凡我同道，宜再三思！

第三篇

見龍在田

第七章 「文明對抗」下的「戰疫」

社會學家華勒斯坦（Wallerstein）在一九八〇年提出的「世界體系理論」（world system theory）早已指出：五百年來，西方殖民帝國主義國家為維持他們在「世界體系」中的「核心地位」，必然要採取武力霸凌、資源獨佔、分割市場、干涉內政等等的手段，將其他國家或民族裂解，使其居於「邊陲」（periphery）或「半邊陲」（semi-periphery）的地位。

步步進逼、圍堵中國

上一章提到，二〇一九年四月二十五日，美國國務院政策規劃主任斯金納（Kiron Skinner）公開宣稱：龐培歐的團隊「基於與一個真正不同的文明作戰之理念」，正在制定一項戰略，全面圍堵中國。所謂「真正不同的文明」，指的就是中國。

當中國和美國一樣，已經擁有保證可以摧毀對方的核子威攝武力之後，美國要「圍堵」中國，當然不會自己直接動手，而是利用中國邊緣的分裂勢力，替他打「代理人的戰爭」。二〇一八年三月，美國國會通過並由川普簽署《臺灣旅行法》，允許美國高層官員前往臺灣，並且促進美臺高層實質的「互訪外交」。二〇一九年十月，在臺灣總統大選期間，美國又通過《臺北法案》，要求美國行政部門採取行動，支持臺灣維持外交關係。對於臺灣外交有重大傷害的國家，美國應減少對其經濟、安全與外交方面的交流。

在香港「反送中」運動搞得沸沸揚揚的時候，十一月八日，川普簽署了兩個跟香港有關的法案：《香港人權與民主法案》，要求國務院和其他政府機關每年對香港進行一次「審查」，以改變雙方獨特的貿易關係，制裁侵犯香港人權的中國政府及香港官員；《保護香港法案》則禁止向香港警方出口鎮暴裝備。

中共為了維穩及防恐，在新疆設立「再教育營」。美國指責「再教育營」拘禁一百萬名維吾爾人、哈薩克人及少數族裔，嚴重違反人權。北京中國環球電視臺因此製作了一部英文記錄片「中國新疆，反恐前沿」，為大陸治疆政策辯護。但是美國視若無睹，二〇一九年十二月三日，眾議院照樣通過《維吾爾人權政策法案》，要求聯邦政府必須向國會提交一份名單，指出在新疆或中國其他地區侵犯維吾爾人權的中國資深官員名單。逼中國政府表態。

第一節 「一條鞭」式防控體制

西元二〇二〇年是庚子年。庚子年是中國歷史上的「大凶」之年。正當美國以咄咄逼人的姿勢，步步進逼之際，庚子年的春節過後，新冠肺炎在武漢爆發。

李文亮之死

二〇一九年十二月八日，武漢野味市場已經爆發出群體肺炎的問題。許多醫療人員在他們的微信上報告此一事件，並發出警訊，但被公安人員約談，並要他們寫悔過書。因為散播謠言，當時李文亮醫師也被約談，事後仍然回到第一線從事醫療工作。

二〇二〇年元月八日，李文亮醫師宣布自己確診為新冠肺炎，當時疫情已經一發不可收拾。為了控制疫病的傳播，武漢在元月二十三日宣布「封城」，防疫全面進入「戰時狀態」，封閉交通並管制人員進出。

二月一日，李文亮因為新冠肺炎病重死亡。李文亮是這次疫情中第一位因為公共健康而犧牲的醫療人員，他的死亡使他成為世界知名的英雄人物。同時也導致輿論沸騰，人們要求憲法上的言論自由並查辦隱匿案情的官員。

新「黃禍」？

二月三日，美國《華爾街日報》登出一篇文章，題目為「中國是真正的亞洲病夫」（China is the Real Sick Man of Asia），劈頭就說：「因為某種蝙蝠病毒，像不可阻擋的重型卡車般的中國，終於在本周停住了。儘管中國當局努力控制疫情，並重視經濟發展，但這個正逐漸習慣中國崛起勢不可擋的世界，已然發現：沒有什麼東西，包括中國的實力，可以視為理所當然。」

寫這篇文章的專欄作家瓦特・米德（Walter R. Mead），是美國哈德森學院外交戰略與政策研究學者，同時又是《美國利益》雜誌的總編輯。他在文章中說：「中國官員嚴重瀆職、房市泡沫化、工業產能過剩，地方政府與銀行之間糾紛不斷，使中國的金融市場，恐怕比華南野生動物市場更加危險。」

新冠肺炎是大自然對於人類的反撲。在人類歷史上，瘟疫始終是人類最可怕的敵人。歐洲十四世紀發生的黑死病（black death），從西元一三四七年開始在歐洲蔓延，再擴散到非洲，整個歐洲大約有三分之一的人病逝，全球約有七千五百萬人死亡！黑死病肆虐六年後方逐漸平息。對西方人而言，瘟疫的發生可以說是史不絕書。

米德身為美國外交戰略與政策研究學者，對歐洲的歷史不可能一無所知，《華爾街日報》的編輯又替他加了一個充滿種族偏見的標題，一時之間，西方主流媒體和社交網絡頻繁出現諸如「黃色警戒」（Yellow Alert）、「新黃禍」（New Yellow Peril）之類帶有強烈種族歧視的粗鄙言論，甚至德國《明鏡週刊》也以「中國製造的冠狀病毒」（corona-virus Mad in China）作為封面！

在西方主流媒體的推波助瀾之下，歐美各地都發生了排華事件，有些人被潑水，有些人挨罵、被打，連許多黃皮膚的亞洲人也遭到池魚之殃。

戰時狀態令

李文亮之死導致的國內輿論沸騰，以及「東亞病夫」造成的國際責難，對於中共在中國大陸的治理能力構成了極大的挑戰。二月十三日，北京市疾控中心發布「戰時狀態令」，包括北京與上海等直轄市進行小區（村）封閉式管理。廣東省人大緊急立法，授權「縣級以上地方政府」（廣州、深圳）可以隨時徵用民間私人物資進行防疫。中國國務院副總理孫春蘭表示，要武漢以「戰時狀態」全力從源頭防控，「實行二十四小時專人值班調度，快速解決病人就醫、物資調度等問題」。

從中央到地方，實施「一條鞭」式的疫情防控管理體制。中央是以習近平為領導的中央政治局，以及以國務院李克強為組長的「中央應對新型冠狀病毒感染肺炎疫情工作領導小組」，在地方則為以湖北省委為主的「湖北省疫情防控指揮部」。

在非典疫情之後，大陸已建立中國疾病預防控制中心，要求各地醫療院所即時報告個別傳染病資訊，務期做到能「掌握情況，不漏一人」。同時，中國國家衛生健康委員會每日公布最新疫情防控動態與相關政策，並由外交部門召開外國駐華使館（團）疫情防控通報會，讓國際社會了解大陸疫情狀況。

解放軍派遣四千多名人員馳援武漢，協助當地工人，興建專門收治重症確診病患的火神山與雷神山醫院，分別有八一三及一千六百個病床；以及十四所收治輕症患者的方艙醫院，嚴格做到「隔離分流」的效果；並從解放軍各醫療單位調派一千四百名醫護人員進駐，再從各省調派四萬名醫護人員前往支援。

此外，解放軍也承擔武漢市民封閉禁足期間生活物資的配送供應任務，而且軍事醫學研究院參與疫苗和抗體的研發工作，政府更重視由疫情所延伸的安全問題，嚴格管理從中央到地方所能使用的各項工具、資產，並改變治理模式。

第二節 「文明型態」與「治理模式」

二月初美國和日本從武漢撤僑時，美國是純撤僑，並未捐贈任何醫療物資給中國大陸。日本的飛機則帶來兩萬個口罩和一批紅外線體溫計，日本漢語水平考試事務所捐贈包裝紙箱上寫著「山川異域，風月同天」；日本醫藥仁心會等四家機構捐贈的物資上則寫著「豈曰無衣，與子同裳」。這句話出自《詩經．秦風》：「豈曰無衣？與子同裳。王於興師，修我甲兵。與子偕行。」旨在描述秦國將士無懼物資匱乏，與君王同仇敵愾，英勇奔赴戰場的決心，用在當下的脈絡，說的是支援醫護人員，主動請纓，奔赴疫情一線，與病毒英勇戰鬥。

山川異域，風月同天

「山川異域，風月同天」的典故，則有更重要的文化意涵。根據《宋高僧傳》的記載：唐開元年間，擔任日本國右大臣，執炳朝政的長屋親王鑑於日本出家人戒律不嚴，派遣唐史沙門榮睿和普照到中土求法。在贈送大唐的千件袈裟衣領上繡「山川異域，風月同天，寄諸佛子，共結來緣」的偈語，鑑真大師因此感動，決心東渡弘法。

他試圖東渡六次，歷經波折，直到六十七歲那年，雙目失明的鑑真才抵達日本，於東大寺設立戒壇，傳授戒法，並指導興建招提寺，講說天臺宗義，跟從他一起前往日本的漢醫、畫師、藝匠，促成了日本文化的全面唐化。日本漢語水平考試事務局贈送湖北的援助品上引用了這個典故，難怪中國外交部發言人華春瑩立即表示：銘記在心。

除此之外，日本富山縣捐贈遼寧省的一萬枚口罩，印有：「遼河雪融，富山花開；同氣連枝，共盼春來。」由日本舞鶴市政府捐贈給大連的數箱物資，箱子上貼著盛唐詩人王昌齡的《送柴侍御》：「青山一道同雲雨，明月何曾是兩鄉」，說明東方文化「同舟共濟」的文化現象。

反擊「種族主義」

十九世紀末葉，西方帝國主義者開始侵略中國以後，就經常罵中國人是「東亞病夫」。今天的中國當然已非吳下阿蒙。二月十五日，美國國防部長埃斯珀在德國慕尼黑「國際安全會議」上，呼籲國際社會要對中國的威脅覺醒，中國外交部長王毅立即對記者表示：「美國才是中國的威脅」、「中國願意同美方建立和發展長期穩定的友好合作關係。但是美國恰恰相反，不斷向中國施加壓力，不斷找藉口批評和抹黑中國。」十九日，中國外交部以「發表種族歧視言論，惡意抹黑攻擊中國」為由，宣布吊銷《華爾街日報》駐北京記者的記者證，並限制他們五天內離境。

「人人為己」的個人主義

三月上旬，義大利新冠肺炎確診病例快速增加，義大利人素以熱情聞名，熟人見面常以擁抱、輕吻為禮。病例增加最快的米蘭，又是義大利的金融、時尚和觀光大城，聚集了許多藝術家、服裝設計師、模特兒，人口密集，市區繁榮，來自世界各地的年輕人經常在這裡的歌臺舞榭或酒吧聚會、開趴，過著多采多姿的夜生活。

三月八日凌晨二時，義大利總理孔蒂宣布：米蘭附近的倫巴底大區及其他十一個行省將實施「封城」。不料消息事先被媒體披露，三月七日晚間，米蘭火車站立即湧入「逃難般的人潮」，許多米蘭居民都紛紛開車逃離這個即將「被封鎖」的城市。

因為歐盟申根國家之間根本不設防線，當義大利宣布要「封國」時，義大利人又紛紛向外國逃散，結果到了三月中旬，歐洲的新冠疫情更是一發而不可收拾，並且快速的蔓延到美國，逼得川普不得不宣布美國進入緊急狀態。一時之間，美國許多城市的超級市場一開門，立刻湧入潮水般的人群，大家搶購衛生紙、日用品，彼此大聲叫罵，甚至扭打成一團，將「人人為己」的「個人主義」文化發揮到淋漓盡致！

「經驗輸出」與「文明型態」

三月十日，義大利外交部長迪馬約向中國求援，中國外交部長王毅立刻答應提供義國急需的口罩及醫療設備，同時大陸國務院聯防聯控外事處宣布成立「院士級」的「中國紅十字會志願專家組」，準備對伊朗或其他需要幫助的國家輸出「中國防疫經驗」。然而，這個消息傳出，立刻遭到各方的質疑：「中國防疫經驗」真的是可以「輸出」的嗎？

新冠肺炎在武漢爆發之初，西方媒體立刻指責中國政府「隱瞞疫情」；等到醫療專家確認這是人類醫療史上前所未見的疫病後，中國政府立刻採取果斷的「封城」行動，要求每個篩查出的輕症與重症病例都必須強制住院，風險病人必須居家檢疫。病房不夠，八天內蓋火神山、雷神山兩座醫院，收治重症；又蓋了十三座方艙醫院，收治輕症，完全分流。醫護不足，全國立即調動四萬醫護人員馳援，展現出高效率的治理能力。西方國家並沒有像中國那樣嚴密的基層組織，在這次「防疫作戰」中發揮極大作用的「西城大媽」、「朝陽群眾」，在西方國家中根本沒有，他們如何可能複製中國的「防疫」或「抗疫」經驗？

「物競天擇」的「科學概念」

當全球陸續築起防疫壁壘，英國卻反其道而行。首相強生宣布採取「佛系防疫」，不檢測、不停課、輕症不治療，要讓六成人口都感染新冠肺炎，以達成「群體免疫」的效果。其邏輯是：毋須刻意壓制疫情，有症狀者應先自我隔離；如此一來，身體強健者將可戰勝病毒而存活，弱者或老人則可能被自然淘汰。有人因此稱之為「物競天擇」法，或「佛系」抗疫法，而和中國嚴密管控的「魔系」抗疫形成明顯的對比。

所謂「群體免疫」其實就是政府放任疫情擴散的意思。消息一出，立刻遭到各界的批評：英國六千七百萬人口，如果有六成人感染，以二%的死亡率估計，將有幾十萬人喪命，強生負擔得起這個責任嗎？

英國「群體免疫」的政策被認為是「物競天擇」、草菅人命，與論與專家猛烈抨擊下，兩天後，衛生部長漢考克在接受英國廣播公司（BBC）專訪時說，政府的政策是「保護生命，打敗病毒」，「群體免疫不是政府的目標或政策，而是科學的概念。」

什麼叫做「科學的概念」呢？自從達爾文（C. R. Darwin, 1809-1882）發表其「演化論」之後，「物競天擇、適者生存、弱者淘汰」已經被許多人奉為圭臬。西方學者甚至還發展出所謂「社會達爾文主義」，作為西方發展殖民帝國主義的理論基礎。十九世紀，英國擴張成人類歷史上疆域最廣的「日不落帝國」，並對中國發動「鴉片戰爭」（一八四〇—一八四二），使中國淪入「羞辱的世紀」（century of humiliation），而經歷劫難。天道好還，誰都料想不到，時局演變至今，英國政府居然想用「物競天擇」的「科學概念」，來對付自己國內的新冠疫情，甚至警告民眾：「可能有很多家庭會失去他們摯愛的親友」。

「民主」與「善治」

所謂「佛系」和「魔系」兩種不同的抗議方式，其實反映出「民主自由」和「治理能力」兩種不同的意識形態和治國方式。

在一九九〇年代，東歐共產國家崩解之前，日裔美籍的政治學者法蘭西斯・福山，於一九八九年在國際事務期刊上發表了一篇論文，題為〈歷史的終結〉，預言東歐共產國家的解組，因而聲名大噪。一九九二年，他又將這篇文章擴充成一本書，題目是《歷史的終結與最後之人》，書中認為：第二次世界大戰後東西對峙的冷戰局勢已經結束，西方國家的自由民主制度可能是人類社會演化的終點，是人類政府的最終形式。

然而，由於民主制度的衰敗和普遍失能，到了一九一一年，他又出版了一本《政治秩序的起源》，從東方文明的觀點出發，用比較政治學的方法，研究政治系統的穩定性。他認為：穩定國家的「善治」，必然包含三個重要元素：現代化的國家治理能力，遵守國家的法治，以及承擔責任。「民主」並不必然導致「善治」，它並不是「善治」的先決條件。

第三節 「戰狼」出征與田忌賽馬

然而，對於一向以「民主」自誇的西方國家而言，他們很可能並不作如是觀。尤其是一心想要中、美「文明對抗」的格局中扳倒中國的美國總統川普，更自以為是，對東方文明所強調的「善治」不屑一顧。他不斷批評中國，「隱匿疫情」、「不誠實」，製造「武漢病毒」或「中國病毒」，甚至還用中國功夫（Kung Fu）的諧音，將其謔稱為功流感（Kung Flu），讓許多美國人更明目張膽地歧視亞裔。

「戰狼」出馬

對人類歷史稍有了解的人，看到美國政府如此明目張膽地煽動種族主義，大概都會感到極度不安。西元十四世紀四〇年代，歐洲黑死病流行時，從歐洲各地逃避至德國以躲避迫害的猶太人，常常被當作是瘟疫的替罪羔羊。當地人指責猶太人在水中下毒，並對無祖國的猶太人進行集體迫害，迫使他們移民到東歐，這可說是後來納粹迫害猶太人的「預演」。

三月十三日，時任中國外交部發言人趙立堅以中在官方網站上，發布一段推文，引用一段美國「疾病管制預防中心」主任芮斐德（Redfield）在國會報告流感疫情的影片，承認有些看似死於流感的美國人，結果被檢驗出新型冠狀病毒死於陽性。這位外號「戰狼」的發言人質疑：「零號病人是什麼時候出現的？有多少人被感染？醫院名字是什麼？」「可能是美軍把新冠疫情帶到了武漢！」「美國欠中國一個解釋！」

趙立堅的推文隱藏的玄機是：有幾個記者在追蹤新冠病毒的真正傳播源，最後找到新冠肺炎「零號病人」是美國女軍官Maatja Benassi，她曾在去（二〇一九）年前往武漢，是參加十月二十日舉行武漢軍運會女子公路自行車賽的選手。

川普上陣

三月十六日，川普首度在推文中使用「中國病毒」一詞，引發仇華和種族歧視爭議。時任大陸外交部發言人耿爽回應：「這是美國部分政客對中國搞汙名化，對此中國表示強烈憤慨、堅決反對，並敦促美方立即糾正錯誤，停止對中國的無端指責。」

十七日，川普在推文指出，美國各州受到「中國病毒」影響程度不一，無法如紐約州長郭謨

（Andrew Cuomo）所說，採取「一視同仁」的防疫措施。

川普在十四小時內兩度使用「中國病毒」一詞，兩次推文都引發留言論戰。曾經針對言論自由與川普打過憲法官司的華裔醫師顧優靜（Eugene Gu）指出：川普的策略就是要一直用「中國病毒」的名詞，直到民眾對川普的種族主義無感。

在十七日的白宮疫情說明記者會上，記者詢問川普：使用「中國病毒」的用意為何？未來是否繼續使用？川普說，是中方先開始散布「美軍將病毒傳給他們（指中國）」的訊息，這是錯的。而與其雙方爭論，他必須這麼稱呼，表示病毒的確來自中國，「這是很精確的用詞。」

在十九日的白宮記者會上，川普將新聞稿的「冠狀病毒」（Covid virus）字眼，塗改為「中國病毒」（Chinese virus），並譴責中國隱瞞疫情。他表示：如果能早幾個月知道疫情，情況會好很多。因為「疫情應能被侷限在中國剛開始被發現的區域」，現在全球為此付出巨大代價。「所有人都知道這一點，我們也都知道」。對於中國前日發布的疫情，川普表示：「我希望那是真的。誰知道呢？但我希望是真的，我真的希望。」

駐美大使的回應

川普不集中心思，嚴肅思考如何戰勝疫情，反而在公開演說中，一再用「中國病毒」責怪對手。二十二日，美國一天之中暴增近萬確診病例，而達到三萬五千例，居全球第三。二十三日川普又公開表示：這是「中國的錯」，指責大陸應該早一點告知美國相關疫情。他們的作風惹惱了北京，大陸外交部也火力全開，通過各種管道，反駁美方是在「造謠汙衊」，玩「賊喊捉賊的把戲」，華盛頓根本只是在轉嫁責任，尋找替罪羊罷了。

中國駐美大使崔天凱接受AXIOS和HBO聯合節目的採訪，就新冠肺炎疫情相關問題發表看法。針對美媒質疑中國大陸瞞報疫情造成全球擴散，崔天凱回應這不是掩蓋真相，而是「發現新型病毒的過程」；「你不能僅因幾個人發燒就認為應該警告整個世界出現了一種新病毒」，他強調李文亮是和醫生同事間討論，並非向公眾發出警告。

針對「病毒來自美軍」的說法，崔天凱表示，這是「瘋狂」的謠言。「揭開病毒的來源，是科學家要做的工作，而不是由外交官或者記者來進行揣測」。因為這樣的臆測對任何人都沒有好處，而且非常有害。對於美國總統川普將病毒稱為「中國病毒」，崔天凱指出，世衛為疾病命名時就是要避免汙名化，避免給人有病徵與特定地理位置、人群甚至動物相關的印象，希望大家都能遵守規則。針對趙立堅病毒來自美國的陰謀論，崔天凱表示，「也許你可以去問他」。他表示，自己代表的是「中國領導人和中國政府，不代表任何個人」。

田忌賽馬

崔天凱不卑不亢的回應，讓我想到《史記．孫子吳起列傳》中「田忌賽馬」的故事：田忌將與其諸公子賽馬。孫臏教他：「取君下駟與彼上駟，取君上駟與彼中駟，取君中駟與彼下駟。」結果田忌果然「一不勝而再勝」。

川普顯然不懂得這個道理。他熱衷於跟中國外交官打口水戰，卻漠視了身旁公衛專家的警告，遲遲不採取相應措施。這時候，美國各地的疫情已經一發不可收拾。州政府的作為都比川普積極，他們紛紛加入「封州」行列，宣布禁足令（lock down），政府強制關閉餐廳、學校、百貨公司與所有公共場所，禁止民眾在非必要狀況下出門。累計全美共有八州、近三分之一人口「被強制禁足」。總統川普二十二日也宣布，將加州、華盛頓州列入疫情「重大災區」。

三月二十三日，川普終於改口，在國內外輿論的雙重壓力下，在記者會與推特上表示：他不再使用「中國病毒」一詞。他說：「確實保護全世界以及我們的亞裔美國人社群，是非常重要的一件事。」「他們是一群很優秀的人」，「病毒的傳播，不論是以任何方式、樣貌或形態，並不是他們的錯」。「在我們國家似乎有對亞裔美國人極不友善的言論，我完全不樂見」，「人們怪罪中國，或對偉大的亞裔美國公民出言不遜，我不允許這種事發生。」

「文明對抗」第一回合

川普對自己先前的言論做了一百八十度的大轉彎。三月二十七日，大陸國家主席習近平應約同他通電話。電話中習近平向川普詳細介紹中方為打好疫情防控阻擊戰採取的各項舉措。他還向川普表示：中方願同包括美方在內的各方，一道加強防控信息和經驗交流共享，加快科研公關合作。他十分關注和擔心美國疫情發展。中方理解美方當前的困難處境，願提供力所能及的支持。

習近平強調，當前中美關係正處在一個重要關口。中美「合則兩利、鬥則俱傷」，合作是唯一正確選擇。中方願繼續毫無保留同美方分享信息和經驗，同時希望美方採取切實有效措施，維護好在美大量中國公民包括留學生的生命安全和身體健康。

川普則向習近平表示，中方在抗擊疫情方面的經驗對他很有啟發。他將親自過問，確保美中兩國排除干擾，集中精力開展抗疫合作。他並感謝中方為美方抗疫提供醫療物資供應，並願意加強兩國醫療衛生領域交流，包括抗疫有效藥物研發方面的合作。他承諾，美方將保護好在美中國公民包括中國留學生。

第四節　夾縫中的臺灣

這場對話象徵著：在這場「全球抗疫」的戰疫中，「中美文明對抗」的第一回合已經宣告結束。雙方勝負，不言可喻。可是，美國國務卿龐培歐和一些共和黨政客仍然公開使用「武漢肺炎」一詞。

三月底，《紐約時報》報導：當川普第一次使用「中國病毒」的說法，父母都來自臺灣的民主黨眾議員孟昭文，就接到父母來電，詢問川普是否真的用了這樣惡劣的詞彙？她告訴他們：「確是如此」。「這件事提醒我，我們還是常常被視為外人。」

「種族主義」的政治動機

加州華裔民主黨眾議員趙美心談到這些共和黨政客時表示：「他們這麼做，是出於特定的政治動機。」他們的刻板印象「總是隱藏在表象之下，一旦出現突發事件，就能將它們全部引出」。

曾參加今年民主黨初選的楊安澤說：他常想起「小時候作為學校裡少數亞裔的那種悲傷和憤怒」，「現在感覺又像是以各種方式倒退，這令人感到痛苦」。

龐培歐是美國圍堵中國「X計劃」的擬定者和執行者。他和他的共和黨員徒眾完全不管亞裔人士的感受，堅持使用「種族主義」式的詞彙稱呼新冠疫情，反映出他們一貫的政治態度。最令人難以理解的是：時至今日，美國疫情的嚴重性已經「後來居上」，比武漢的情況糟得多，在臺灣的民進黨政府和綠色媒體仍然視若無睹，堅持使用「武漢肺炎」的名稱！

蔡英文上任總統之初，曾經用「文青」式的語言公開宣示：「沒有人該為他的政治認同道歉」，當選第二任之後，她大概是認為自己權力十分穩固，不必再把自己的政治動機「隱藏在表象之下」，所以毫不在意的表現出自己「親美反中」的態度，竭力想要當龐培歐圍堵中國「X計劃」的馬前卒。當她這樣做的時候，有沒有考慮到世界各地華人族群的感受？

何晶女士的「呃……」

民進黨政府宣布將捐贈一百萬個口罩給新南向政策的部分國家，包括新加坡。新加坡總理夫人何晶在臉書上轉載此篇報導，寫下「Errrr⋯（呃⋯⋯）」的評論，引發兩地網友論戰。許多媒體則紛紛猜測：何晶女士的「呃⋯⋯」到底是什麼意思？

世界衛生組織秘書長譚德賽（Tedros Adhanom Ghebreyesus）日前指責臺灣以種族歧視的語言對他作人身攻擊。臺灣的幾位「網紅」，立刻發起募資，希望買下《紐約時報》全版廣告，刊登「臺灣人寫給世界的一封信」。廣告文案曝光後，又引發了爭議。有人質疑：一個「網紅」能夠代表臺灣人去罵人嗎？

「卡神」楊蕙如在臉書上表示：與其募款去《紐約時報》上罵人，不如募物資捐贈給需要的國家比較實際。「這次這個廣告我真心覺得不適當。誰認識的可以去勸一下？」

玻璃瓶的一窩蜂

楊蕙如不愧是臺灣「網紅」界中的「卡神」。她很了解：臺灣「愛國」網友喜歡玩的這兩招「送花蜜」和「群起圍攻」，在臺灣內部很有效；可是，想要到國際上搞這一套，就可能會變成「內鬥內行，外鬥外行」。她只「真心覺得不適當」，卻沒有說明為什麼？

「網路行銷」其實只是一種行銷手法而已。它最大的功能是「引領風潮」，順勢操作；卻不可能「無中生有」，憑空造勢。臺灣的「愛國」網友可以在本地網路上興風作浪，聚蚊成雷；可是，要想在國際上掀起波瀾，在《紐約時報》上登一次廣告，可能收到什麼樣的效果？

臺灣跟世界衛生組織之間的關係，涉及臺灣的「國際處境」。何女士非常了解臺灣的國際處境。在她看來，臺灣的「愛國」網民很可能像是一群小蜜蜂，一面嗡嗡嗡地唱著we are helping，一面努力地想把「花蜜」（口罩）送給他們想拉攏的朋友，哪個人不領情，則群起而攻之。可是，何女士很清楚地看到：這群蜜蜂和蜂巢一起封在一個叫做「國際關係」的玻璃瓶裡。她的「呃……」是在問：這種搞法，能夠突破你們的國際處境嗎？

何晶女士因為民進黨政府捐贈口罩給南向政策國家，在臉書上發文「呃……」，引起新加坡、臺灣兩地網友論戰，一日後何女士在臉書上重新編輯該則貼文，表示她「永遠感激每一位伸出援手，提出建議，盡力協助的人」，「儘管有時成功，有時失敗」。無論這些努力和想法成功與否，她會永遠珍惜，「還有錯誤？也原諒了啦！」接著又回應「good show」，再度引來網友一陣爭議。

國民黨被綠網軍馴化

何女士的回應其實不失總理夫人的優雅，又兼顧外交禮儀，貼文後附上許多表情符號，再說「與此同時，呃……」，更留下讓人想像的空間。對比之下，國民黨主席江啟臣在臉書上的留言，卻令人感到頭皮發麻。

針對臺灣網友「出征」世界衛生組織祕書長譚德賽和何晶女士，江啟臣說：「社群網路年代的外交，早已從峰會的談判桌，延伸到無遠弗屆的數位世界，國家的顏面也不只由專業外交人員代表，而是每一個能留下數位足跡的人……。」

在上一次的總統大選裡，蔡英文大量動用「網軍」攻勢，把國民黨打得幾乎沒有招架之力。江主席大概是餘悸猶存，他看不出臺灣的「網軍」其實是「封在玻璃瓶內的一窩蜂」，特長是「內鬥內行，外鬥外行」，反倒希望這些「能留下數位足跡的人」去「代表國家的顏面」！

封住臺灣網軍的玻璃瓶，就是當前臺灣所處的國際處境。臺灣網民看不出封住自己的玻璃瓶，倒也無可厚非；江啟臣身為臺灣最大反對黨的黨主席，竟然也看不出自己給封在玻璃瓶內，這表示他已經被民進黨豢養的「網軍」所「馴化」，成為所謂的「尾巴綠」。這個事態發展難道不嚴重嗎？

「尾巴綠」不如「祖母綠」

新冠肺炎肆虐，美國部署在西太平洋地區的五艘航空母艦，其中四艘艦上官兵「中鏢」，羅斯福號在關島「停擺」。相對之下，共軍航空母艦遼寧號及所屬五艘護衛艦自臺灣東部外海，經南部海域，繼續往南航行，並且宣布：繞行臺灣常態化。

面對這樣的危機，前副總統呂秀蓮公開呼籲民進黨政府：「不要一方面花大錢買武器防武統，一方面用語言刺激對方。」又警告臺灣的「網軍」：「不要有臺灣人的傲慢！」兩相對照，我們不能不說：在維護兩岸和平一事上，「尾巴綠」不如「祖母綠」！

在江啟臣的臉書上，他還告訴大家：「也正是這樣一個年代，每一個人都需要去理解，不同國家不同的歷史文化視角，以及各自的紅線分寸。」看到這種蔡英文式的「文青語言」真是要叫人連「呃」三聲！

本書第一章提到古希臘時期雅典和斯巴達對抗期間，米洛斯對話中的那一則名言：「強者做他可以做的，弱者遭受他必須接受的」。在中美「文明對抗」的格局中，民進黨政府「忘了我是誰」，一心一意緊跟著美國川普政府的「反中」政策，其實不足為奇。令人感到不可思議的，是江啟臣身為國際關係專家，專門研究國際政治經濟及兩岸關係，他當了臺灣最大在野黨的主席，竟然不知如何在「美國、中國大陸和臺灣」的三角關係中維持平衡，而自甘示弱，難道這也是「他必須接受的」嗎？

第八章　新自由主義瘟疫

今（二〇二〇）年八月十八日，美國新冠肺炎確診人數已經突破五百萬大關：死亡人數高達十七萬人，且數字還在持續上升，為全球疫情最嚴重的地區。其中緣故到底何在？

著名的語言心理學家喬姆斯基（Noam Chomsky）在接受DiEM25電視臺訪問時，表示：當下人們的首要任務，應該是利用被隔離的這段時間，仔細思考「我們想要生活在什麼樣的世界」這個問題的答案。

他直截了當地指出：新自由主義瘟疫（neoliberal plague）其實是造成所有社會問題的癥結。這是西方經濟學家主導製造的意識型態，也是一種來自企業公司的意識形態。新自由主義試圖讓人民擺脫政府，並且把對公眾做出決定的權力移交給不必負責的私人企業。當年的雷根以他帶著陽光燦爛的笑容，宣讀企業老闆交給他的劇本，將政府視為妨礙自由經濟的問題所在。在大西洋的另一邊，柴契爾夫人告訴民眾，在「自由開放」的社會中，個人必須被扔進市場以求生存，除此之外，別無選擇。

喬姆斯基在一九五九年出版了他對行為學派大師斯金納（H. F. Skinner）名著《口語行為》的長

篇批判，開創了美國心理學一九六〇年代以後的認知革命。除了專業成就之外，喬姆斯基也是著名的政治評論家，對美國政府一貫持鮮明的批判立場。在他看來，美國作為世界上唯一的超級大國，和以前的所有超級大國一樣霸道。他認為：恐怖主義是對某種行為的客觀描述，不論行動者是否為國家機器。就美國入侵阿富汗而言，他說：「肆意殺害無辜百姓是恐怖主義，不是反恐戰爭。」「歐巴馬寧可錯殺一百的『全球暗殺政策』（global assassination campaign），倒退到八百年前十三世紀的人權水平。」

第一節　兩種自由主義

在呈現喬姆斯基對新冠疫情的論點之前，我們必須先說明：他所詬病的「新自由主義」（neoliberalism）跟之前的「自由主義」究竟有何不同。在二次大戰前，西方國家為經濟大蕭條的慘痛經驗，政治菁英紛紛揚棄海耶克（Fridrich Hayek）一派所主張的古典主義經濟學，而採取凱因斯（John M. Keynes）的主張，認為政府應當利用財政與貨幣政策，調節經濟週期；並從需求面選擇性地干預價格，旨在保護社會上的弱勢群體。這種將經濟自由主義鑲崁在保護弱勢的層層框架裡，稱為「鑲崁式的自由主義」（embeded liberalism）。

布列敦森林會議

為了落實這樣的理想，一九四四年七月，四十四個國家的代表在美國新罕布希爾州布列敦森林（Bretton Woods）的華盛頓山旅館，舉行「聯合國貨幣金融會議」，討論建立國際貨幣與金融交易的標準和戰後重建問題，以促成戰後世界貿易及經濟的繁榮。當時會議的主導人物，便是代表英國的凱因斯教授，和代表美國的財政部長懷特（Harry D. White）。在他們的縝密規劃下，代表們達成了四項共識：

第一，由於金本位貨幣體系這套的國際收支強制性平衡機制，必然導致經濟週期大幅度的震盪，並剝奪各國政府的逆週期經濟調控能力，基於經濟大蕭條的歷史教訓，金本位貨幣體系必須予以放棄，並接受懷特的提議，以美元作為國際儲備貨幣。

第二，為了引導各國放棄貿易保護主義，以及貨幣競相貶值的重商主義，必須建構多邊合作體制，重建國際貨幣體系，以維持各國匯率穩定，並以金融互助機制，協助成員國度過國際收支失衡的困難。同時推進更有效率和多邊談判與協議，讓各國同步減讓關稅與開放市場，並設置專門國際機構，負責督導各國履行貿易自由化承諾，並調解貿易爭端。

第三，為了給二戰後各國的經濟重建，提供穩定的外部經濟環境，必須建立穩定的國際貨幣體系與固定匯率制度，促進國際貿易成長，讓各國政府可以對資本跨國移動進行嚴格管制，並對宏觀經濟進行必要調控。

鑲崁式自由主義

第四，由於西方國家已經無法維持帝國體系下與各個殖民地的經濟關係，為了因應亞非民族解放與殖民地獨立的大趨勢，必須建立新的國際經濟秩序，重新安排西方國家與前殖民地之間的垂直分工與經濟交換關係，並維持西方意識形態的優勢地位，讓西方國家可以開發中國家作為企業擴張的腹地，以及廉價大宗商品和原料、能源的可靠來源，享受最有利的國際分工與交換模式。

基於以上幾點共識，最後決議由羅斯福政府領導盟國，共同成立國際貨幣基金（International Monetary Fund，IMF）與國際復興暨開發銀行（International Bank for Reconstruction and Development，IBRD）或稱之為世界銀行（World Bank，WB）兩大機構，來執行戰後的重建與發展計畫，這兩大國際金融組織也提供了黃金與美元之間的固定匯率，以因應國際金融體系中不斷增長的貨幣流量。

在凱因斯經濟學的引導之下，第二次世界大戰結束之後，參與布列敦森林體系的國家為了對抗蘇聯國際共產主義集團的威脅，並防止國內左翼政治勢力的興起，紛紛採取「鑲崁式自由主義」，一方面政治菁英要求資本家承認勞動階級的基本經濟社會權力與集體談判權，並與勞動階級達成政治妥協；另一方面國家透過市場監管、反托拉斯、勞動基準立法、高級距的累進稅制、金融國有化，以及財政移轉支付等機制，抑制資本主義掠奪弱勢群體的傾向，避免資本家與勞動者因為在市場中進行不對等交換，導致財富與所得分配兩極化，並透過嚴格的資本管制與金融壓制（financial repression），使資本無法自由跨境移動以追求最大利益，削弱資本家最重要的結構性權力，並維持住階級間權力關係長期平衡與穩定。

維護「美元霸權」

二十世紀五〇至六〇年代，歐洲多國經濟漸復甦，並認為固定匯率對自己國家不利，於是開始利用布列敦森林體系，換取較為保值的黃金，美國的黃金儲備開始流失。美國原占有全球黃金儲備的七五%，迄今為止，美國已流失了其三分之二的黃金儲備，目前約為八千噸，仍然還是全球第一黃金儲備大國。

二十世紀六〇至七〇年代，爆發多次美元危機，為了徹底解除美元幣值信用危機的壓力，一九七一年十二月，尼克森政府突然宣布：暫時中止《布列敦森林協定》的美元黃金兌換承諾，導致二戰後的固定匯率體系難以維續，各國被迫改採浮動匯率。為因應貿易廠商的匯率避險需求，各國政府不得不開放遠期外匯的避險交易，接著在跨國金融利益集團的推波助瀾下，各國紛紛推出更複雜的避險與對沖工具。外匯交易很快就膨脹為一個超級巨大的投機交易市場，再加上大宗期貨交易的陸續開放，投機性交易很快就喧賓奪主，成為主導匯率與商品價格波動的主導力量，不斷吸引投機性資金進入這個合法大賭場，完全凌駕於企業的實質避險需求之上。

到了「後布列敦森林時代」，制定美國全球戰略的決策者與跨國金融利益集團，已經成為命運共同體。美國歷任負責國家安全戰略的決策者，都把維護「美元霸權」視為國家最為重要的核心利益。美元霸權讓美國可以調動全世界的儲蓄，來支付其日趨龐大的財政赤字、貿易赤字與私人債務，可以讓美國不費力地維持天文數字的國防支出，和無與倫比的全球軍事投射力量。為了要維護美元作為國際儲備貨幣的主導地位，美國一方面要打壓任何可能成為美元競爭對手的貨幣，一方面必須讓各國政府、各國金融機構以及跨國企業與投資人，都不由自主地儲備美元。

市場基本教義派

在這樣的時勢下，從一九八〇年代初期開始，英國柴契爾夫人與美國雷根總統開始在西方國家推動「新自由主義」的革命，提倡市場萬能的「市場基本教義派」（market fundamentalism）思維，反對政府扮演干預的角色，使其成為席捲全球的主流經濟思潮。新自由主義革命主張供給面經濟學，讓資本家在投資、借貸、避險、雇用、定價等決策上享有完全自主權，盡可能排除政府的干預或扭曲，把所有政府干預與調節，都是為有百害而無一利，甚至以糾正市場失靈為出發點的干預或管制，都要降到最低，結束二戰後「鑲崁式自由主義」節制資本家決策與移動自由的各種制度安排，以及法律賦予資本家的各種強制性社會義務，包括累進稅制、勞動法規、工會權利、反托拉斯、市場監管、公平交易與消費者保護、公用事業國營金融監管、資本帳戶管制等，都被「新自由主義」革命逐一削弱或甚至徹底拆除。

二〇〇五年，經濟學者傅利曼（Thomas L. Friedman）出版《世界是平的：一部二十一世紀簡史》一書，書中強調：當時的世界有十大「推土機」把世界給推平了，很多有形及無形的隔閡都消失無蹤。無國界的供應鏈帶動全球的分工與貿易的興盛。後進的開發中國家，因為人力及土地成本相對低廉，發展「低端製造」，歐美先進國家則專注在「微笑曲線」的兩端，賺取原創設計與市場行銷豐厚的利潤。

第二節　美國的「軍工複合體」

乍看之下，一個「沒有疆界」的世界似乎可以讓所有的人共獲其利，事實上，誰才是「新自由主義」的真正獲利者？為什麼它會演變成一場「瘟疫」？

聯邦儲備理事會

從十九世紀開始，歐洲各主要國家的中央銀行，便一直掌握在跨國利益集團的金融鉅子手裡。英國、法國與德國的中央銀行，都是由少數大型私人銀行出資組建，他們因而獲得發行法幣特許權，成為私營再拆借機構，而不是由政府主控或擁有。譬如：英格蘭銀行、法蘭西銀行與前身為普魯士中央銀行的德意志帝國銀行，都是如此，沒有例外。

一九一三年，美國成立「聯邦儲備理事會」（The Federal Reserve System），由位於美國華盛頓特區的中央管理委員會及十二家主要城市的地區性聯邦儲備銀行所組成，成為美國的中央銀行，決定日常的貨幣政策工具，包括存款準備率、重貼現率、公開市場操作等等，並由「聯邦公開市場操作委員會」（Federal Open Market Committee）實際管理各種政策工具。

聯儲會的結構

聯會成立後，第一次世界大戰隨即爆發，歐洲金融寡頭們一方面為了躲避戰事的風險，一方面也是認為機不可失，開始將他們經營的重點轉移到新興的美國，逐步控制美國國家的金融政策。目的是創造一個類似歐洲從前的貴族階級，長期維繫他們新貴族群的利益，並建立一個全球性的金融帝國。

金融寡頭們投資的另一個重點是軍火工業。二戰之前，美國並沒有龐大的軍備工業。珍珠港事件爆發後，美國製造農業機具的工廠可以說是根據實際需要而改造武器。韓戰之後，美國開始建立一個規模龐大的永久性軍備工業，當時的美國總統艾森豪十分了解發展軍備工業潛藏的危機，可是，他的繼任者都很少有這樣的危機意識。

軍事工業複合體

根據美國人自己的統計，美國從立國兩百多年來，參與戰爭和對外軍事行動，多達二百四十次；而且年平均次數愈來愈頻繁。從二戰結束後的一九四五年到一九九〇年，美國對外戰爭或大規模軍事干預共一百二十五次，平均每年二・八次；從「新自由主義」開始風行的一九九〇年到二〇〇三年，美國進行四十多次海外戰爭或軍事干預，平均每年四次。進入二十一世紀之後，美國幾乎是年年都在打仗，有一段時間，還同時打兩場以上的戰爭。

今天美國擁有一百四十萬職業軍人，在外國領土上擁有一千二百個軍事基地，海外駐軍多達三十一．五萬。美國壟斷了世界軍火市場，武器貿易戰全球軍火貿易總額的七八%。

美國政府和國防部的高級官員卸任後的主要出路之一，是加盟二十家國防承包商。時至今日，美國五大國防承包商，波音、洛克希德．馬丁、雷神、格魯曼和通用動力的負責人，每年平均賺得二千多萬美元。洛克希德．馬丁一家公司獲得的美國軍事合同總值超過英國、德國或者日本的全年國防預算。

為了維持這龐大的「軍事國防工業複合體」，九十%的美國「國防」開支根本與國防無關。專家估計，只需三百枚核武器就能提供有效的威懾，「保證將人類毀滅」，然而，美國已經有四千多枚核子武器。金融寡頭集團藉著控制美元發行權和分配制度，腐化了原來充滿理想的美國，將一個依靠個人努力、勤奮奮鬥、創造財富的國家，變成一個貪婪、享受、只顧眼前利益、忽視長期投資發展、制度性腐敗的國家。

制度腐敗國債猛升

美國傳統獨立的行政、立法、司法及媒體已經大多被金融力量所控制，今天美國許多民眾普遍認為不合理的政策都不能改革美國的聯邦赤字，國債危機，迫使聯儲會必須靠無休無止的濫發美元來維持經濟的運轉。

美國從小布希總統任內，國家債務便年年快速上升。以二〇一九年的聯邦預算為例來說，總預算是四．四〇七兆（萬億），總收入是三．四二兆，赤字是一兆。扣除社安、醫保、國債利息等強制性支出，可支配的支出僅有一．二兆，其中有關軍事方面的預算是八九三〇億，包括國防部基本預算五七六〇億，海外軍費一七四〇億，及其他部會內的軍事有關預算。

美國今天的聯邦債務約二十二．六兆，是GDP（二十一．三兆）的一．〇六倍。美國的實際債務包括聯邦政府承諾的義務開支，醫療保險，社會安全福利，聯邦退休金等等，估計在一百兆到二百一十一兆之間。美國政府既無力，更無心償還這些債務。

當前金融寡頭集團的主要任務是：1.取得控制金融和貨幣發行的權力。2.藉助金融力量控制美國政界的兩黨精英。3.透過金錢控制或影響學者，智庫和媒體，建立理論基礎，主導思想領域的軟實力。4.透過對軍隊—國防工業的控制，必要時以武力摧毀一切可能的敵對勢力。

絕密美國

威廉阿金（William Arkin）和達納普利斯特（Dana Priest）在他們二〇一一年出版的著作《絕密美國》（*Top Secret America*）一書中指出：九一一事件後，美國境內出現了一萬個隸屬於政府的秘密監控點；一二七一個從事機密工作的政府機構；洛克希德馬丁等一九三一個大型私人企業，現在承包著秘密政府（國安局和中情局）的美國境內業務。就他們所知，約四百八十萬名美國公民（這數字很可能只是實際人數的一半）通過了美國政府的「身家安全調查」（security clearance）而從事機密工作，這些人都有簽保密協議。阿金和普利斯特還發現：高達八十五萬四千人有美國政府的「絕密許可」（top-secret clearance），實際的人數一定更多。幾十萬名軍工複合企業的員工，從秘書、收發室人員到執行長，都簽署了國安局或中情局的保密協議，規定他們不準談論他們看到的任何事情，就連違反法律或憲法的事，也不准說出去。

軍工複合體艾森豪總統最早稱之為「軍工國會複合體」（military-industrial congessional complex），可以直接操控國會。美國國會中有個軍事委員會（Armed Service committee），由四十八名資深眾議員和參議員依據《國防授權法》（Defense Authorization Act）組成，這個委員會有權決定美國一年要編列幾兆美元的軍事和情報預算。委員會以秘密方式進行審議，沒有人知道他們會編列多少預算。這四十八名國防委員都受到美國前五大軍功承包商的影響，其中規模最大的是洛克希德馬丁，它也是中情局、國安局和聯邦調查局的監控資料處理總公司。

洛克希德馬丁公司發明了一套追蹤程式，可以調閱每一位美國民眾和國稅局往來的紀錄、通聯記錄、電子郵件和付款紀錄，這些紀錄都流到洛克希德馬丁，等於是把這家公司變成一個私有的國中之國。除此之外，還有洛斯洛普．格拉曼（Northrop Grumman）、雷神公司（Raytheon）、波音公司（Boeing），以及伯斯．艾倫．漢米爾頓控股公司（Booz Allen Hamilton）。

美國一年的國防預算是五千九百八十億美元。美軍海外軍事基地每年要花費一千五百億美元。不僅如此，美國納稅人每年要繳五百億稅金，給這些沒有人知道的秘密情資工業複合體。這是一個絕對機密、無人知曉的體系，這些公司不用向任何人報備或負責，在多數情況下也不用對總統負責。秘密情資工業複合體根本就是一個無人可管的體系，甚至根本就沒有人知道這個體系的存在。

整體而言，這個「軍工國會複合體」運作的原動力就是金錢。為了取得上以兆計的金錢，讓這個集團可以繼續維持下去，他們就得製造出形形色色的衝突和對立，讓世界保持在永不止息的戰爭狀態。結果就是：「把貧窮留在美國，而把錢拿到全世界去推翻外國政府、謀劃政變和用飛彈轟炸敘利亞」。

第三節　貧富懸殊的犯罪溫床

新自由主義對歐美國家社會結構所造成的最嚴重影響，是極端的貧富懸殊。從八〇年代起，資本主義的社會體制過度追求利潤，忽視工資及社會福利，以致全球財富日益集中。世界上僅僅二十六個超級富豪的財產總值，就相當全球一半人口（即三十八億人）財富。

在美國人口中〇．一%頂尖人士坐擁全國二十%財富，〇．九%人享有另二十%，九%人再占四十%。貧富差距已嚴重到矽谷選出的眾議員向媒體坦承，他的鉅富選民非常擔心美國爆發革命。

社會底層全員在逃

底層九十%人只能分配剩下的二十%財富。美國社會中的中低技術人員平均工資已經四十年不漲。人口中的五十%沒有儲蓄，更沒有退休準備；四十%人是月光族；一〇%人沒有任何健康保險。只有三成高中畢業生付得起大學的昂貴學費。

白人人口中大約有四成是所謂的「窮白人」，美國人自己稱之為「白人垃圾」（white trash）。從四百年前歐洲人開始移民到美洲以來，這些人一直居於美國社會的低層，他們教育程度偏低、就業困難，大多住在美國南方的小州、小城或鄉村，只有遷離老家才有機會向上提升。

黑人因為歷史因素，大多散居在城市中的低收入地區。他們不只是貧窮，而且還跟犯罪連在一起。青年社會學者艾莉絲．高夫曼（Alice Goffman，名社會學家Erving Goffman之女），在費城化名「第六街」的黑人區做了六年的田野觀察，寫成《全員在逃：一部美國城市黑人逃亡生活的民族誌》一書（李宗義與許雅淑譯，二〇一八）。書中指出：一九七〇年以後，美國關到監獄的人數節節上升，將近增加五倍。目前美國有二百二十萬人受到監禁，四百八十萬人處在緩刑或是假釋狀態。這些受刑人主要是來自非洲裔社區的男性，美國的非洲裔人口佔十三％，卻占有三十七％的坐牢人數。年輕黑人九人中就有一人坐牢，相對來說，白人年輕男性則只佔坐牢人數的二％。

互相掩飾社會偏差

中學學歷以下的黑人，六十％在三十五歲以前都曾經坐牢，對他們而言，刑罰體系代替了教育體系。在監獄裡的生涯，使他們彼此認識。透過這樣的「社區」，每一個人都和犯罪者連結在一起，產生連帶汙名或連帶偏差行為。他們必須互相掩飾罪證、幫助別人逃亡，也因為如此，幾乎沒有人在社區可以當成是正常人。這不只是一個人的偏差，而是整個社區的偏差。

艾莉絲的書裡還描述一個單親媽媽養了三個小孩，三個孩子都相繼出入過感化院、法院，或監獄。感化院是監獄的前哨站，他們是串聯在一起的機構，為孩子的下一個人生階段作準備。判定偏差（犯罪）行為不是個人的事情，是一個家庭，一個社區的事情，影響的不只是犯罪者，而且是犯罪者的家庭，特別是母親、伴侶或子女。

犯罪後，要想保釋，必須先籌到足夠的錢。那些人願出錢協助，就是展現出兄弟情誼或是親情穩固的機會。開庭審判，旁聽出席的人和出席者坐的位置，可以顯現出彼此間的關係。在這種公開場所，人際關係的位置表現得一覽無遺。就逃亡而言，社區支持的程度就是檢驗的時機。掩護脫逃需要付出相當的代價，這是一種嚴肅的承諾和犧牲，因為他們公開支持和協助犯罪者。由於出席旁聽審判、協助逃亡的重大事件，使得社區認同意識更為強大。犯罪者也因為這些重大事件，得到社區的認可，而取得一種新的角色地位。

非裔傳統一籌莫展

川普當選後，因為向他報告：俄國人掌握有他訪問俄國時在旅館召妓的錄影帶，而遭到總統無預警解職的美國第七任聯邦調查局長詹姆斯・柯米（James Comey），在他的自傳《向誰效忠》中，回憶他和小布希、歐巴馬與川普三人共事的經驗。二〇一四年八月九日，密蘇里州佛格森市，一名黑人青年男子麥可・布朗（Michael Brown）遭一名白人警察開槍擊斃，引發當地黑人社群暴動示威，時間長達數週。當年年底，兩名紐約市警察遭到暴力攻擊而喪命。二〇一五年春，網路上流傳七支警方暴力執法的影片。柯米在處理這些案件的時候，先是感受到黑人社群的痛苦和憤恨；接著又感受到執法人員的痛苦和憤恨。當年夏天，全美前六十大城市中，有四十幾個州紛紛向聯邦調查局反應：兇殺案件從二〇一四年底節節攀升，死者幾乎清一色是大型貧窮社區裡的黑人男性。

當他受命單獨向歐巴馬總統報告他對這些案件的分析時，歐巴馬很專心地聽他「除草播種」的構想，因為柯米認為要先把壞人揪出來，然後在案發的社區重建健康的風氣，才能真正解決問題。但歐巴馬總統卻反問科米：「你不覺得這幾個字聽在黑人耳朵裡不太舒服嗎？社區裡的年輕黑人不就被你當成雜草了嗎？」他接著說，黑人老是覺得很怒，因為他們雖然很歡迎警察進駐維持秩序，但又不滿自己居住的環境條件不佳，包括學校條件差、工作機會少、毒蟲多、破碎家庭一堆，才會需要警察來維持秩序。

柯米很坦誠地對總統說，他「從沒想過有色人種會這樣解讀我的用詞」。他在演講中說出「除草播種」這些字眼，其實完全沒思考過聽眾的感受，尤其是環境不佳的黑人的感受。這幾十年來，執法人員的圈子裡都是這樣說的。

歐巴馬是第一位有非裔血統的美國總統。哥倫比亞大學畢業後，曾經到芝加哥，協助當地教堂為窮苦居民而辦的職業訓練。後來又進哈佛大學，獲得法律博士學位。他幼年的成長經歷使他非常了解非裔美人的生活處境，所以他非常了解美國社會中的族群關係。在美國獨特的政經結構之下，他當了總統之後，仍然得參與諸如「獵殺賓拉登」之類的計畫；對於「新自由主義」造成貧富極端對立的社會結構，依舊一籌莫展，找不到如何改變的著力點。

第四節　貧窮階層的兩難困境

了解「新自由主義」所主張的「市場基本教義」理念，我們便不難理解，為什麼喬姆斯基認為：「新自由主義瘟疫」才是造成美國疫情嚴重的主要原因。

讓企業處理

在他看來，美國政府其實有許多資訊，可以預防新冠病毒的流行，在爆發之前的二〇一九年十月，病毒就已經被發現了。美國機構曾經預測該瘟疫在美國範圍內的傳播情況，並對瘟疫在世界範圍內的傳播情況進行預測。但是，政府與機構沒有繼續制定相應的後續措施。

十二月三十一日，中國向世界衛生組織報告新發現的特殊肺炎，及其病因不名的症狀。一周後，一些中國科學家鑑定其病毒為新型冠狀病毒。他們對其進行排序，並將資訊提供給世界衛生組織。那時，病毒學家都知道他們是新冠病毒，並且知道如何處理。有些東亞地區的政府（中國、韓國、新加坡、臺灣）都採取許多遏制措施，至少抵禦住第一波瘟疫的爆發。

歐洲大多數政府的領導人都抱持漫不經心的心態，最糟糕的是美國。川普在第一天說：「沒有危機，它就像流感一樣，很快就會成為過去。」第二天他說：「這是一場可怕的危機，而我從一開始就知道了。」第三天他又改口：「我必須讓企業來處理它，因為我必須準備選舉。」

醫療保險，自行負擔

把新冠肺炎的問題交給企業處理，其實就是交給私人保險公司。問題是：美國有近三千萬人沒有醫療保險，還有四千多萬人只有低額度的保險。在美國，保險公司將醫療給付極度細分，急症、住加護病房、影像學檢查、藥費、復健，每一項目都分別計算費用。保險涵蓋的項目愈多，保險費愈高。未買足保險的民眾想要就醫，就得提心吊膽，深怕一看病，就得多付出一大筆開銷。疫情爆發後，一次篩檢費用，就得付三千美元（約十萬臺幣）。付不起篩檢費、醫藥費的民眾只能自己反鎖在家，以免染病。

歐洲人向來相信病毒無法消滅，人必須勇敢鍛鍊免疫力，與病毒共生。西方人平常就不看小病，只看大病。對於新冠病毒先是不甚在意，將強制戴口罩、公共場所量體溫、居家禁足、隔離治療視為侵犯人權。僅接受保持社交距離的建議，隔離效果自然十分有限。德國與英國政府都在還只有少數確診數時，便宣布大傳染無可避免，讓大家準備集體感染，引起爭議。及至發現或感到無法控制疫病時，則傾向將醫院留給最需要的老弱與慢性病人，其他人自己面對生命挑戰。

美國人一般都認為：醫療健康是個人自己的事，很少有人會向政府求助。美國的醫療保險公司直到三月，才對白宮承諾會擔負檢測費用，但還是缺乏足夠試劑，美國公布的新冠肺炎死亡統計皆為醫院收治病人，無法計入在家中病故的黑數。這種態度碰到新冠病毒，結果就甚為慘烈。

疫情在美國延燒之初，西雅圖一名確診老太太治癒後，醫院要向她收取三十萬美元鉅額醫藥費，導致全美輿論譁然。當時不少美國人，尤其是老年人，唯恐龐大醫藥費拖垮家計，債留子女，寧願病死也不就醫。川普曾經宣稱奎寧對治新冠肺炎有效，鳳凰城有一對老夫婦，聽信這種說法，竟自行服下含相似成分的魚缸清潔劑，不幸釀成一死一命危。

製藥公司，唯利是圖

在所謂「新自由主義」的市場經濟體制下，醫療商品化成為低收入民眾就醫的最大障礙。三十多年前，美國醫師主導建立了健康維持組織（Health Maintaince Organization）、三級轉診、家庭醫師的制度，原本可謂立意良善。如今時過境遷，「客製化醫療服務」的對象，變成社會上的富裕階層。醫院經營方針與國民健康保障漸行漸遠，看病成為昂貴消費。

喬姆斯基指出：十五年前，SARS流行時，世界各地的實驗室立刻著手開發針對潛在病毒大流行的保護措施。病毒被鑑定、測序，很快就有疫苗可用了。他小的時候，脊隨灰質炎（俗稱「小兒痲痺」）曾經一度是可怕的威脅，但羅斯福政府支持的研究機構發明了「沙克疫苗」。「沙克疫苗」沒有專利，向所有人開放，很快把它終結掉了。

這次他們為什麼不這樣做呢？因為美國人將命運託給了私人企業製藥公司。他們不必對公眾負任何責任。對大型製藥公司來說，製造新的潤膚霜遠比研發保護人們健康的疫苗更為有利可圖。

居家避疫，窮人困境

「新自由主義瘟疫」造成貧富懸殊的社會結構，讓新冠疫情在美國更加難以控制。自二〇二〇年三月二十日，加州施行「柔性居家避疫令」後，十天以內，全美各州陸續跟進，已有三十三個州約全美四分之三人口，至少兩億五千三百萬人，被政府要求待在家。逾四十四萬聯邦員工生活的大華府區，確診近三千例，死亡逾五十人，三月三十日，由共和黨籍馬里蘭州州長霍根帶頭，宣布「居家避疫令」。

衛生當局鼓勵民眾「居家避疫」，出門一趟多買點物資，然後待在家裡少出門，減緩疫情傳播速度。三月中旬疫情升高後，美國許多超市食材被掃光，消費者搶購白米、義大利麵、豆類與罐裝蔬菜。全美逾五分之一家庭仰賴每月獲得政府補助過活，有三千七百萬人很想加入搶購，卻面臨口袋空空的窘境。

當時《華盛頓郵報》報導：北卡羅來納州一位六十九歲的退休法庭書記員布朗，家裡已沒存糧，卻無法加入這波搶購潮，因為她必須等到每個月第三個禮拜三，社會福利金支票進入銀行戶頭後，才會開車到當地超市購買義大利麵條及她的睡眠呼吸機要用的蒸餾水。但她到了超市後，卻發現很多必需品都賣完了。布朗說，「拿到支票前，我身上沒半毛錢。」

解放「暴政」，煽動內亂？

白宮官員考慮採取各種緊急措施來幫助美國民眾，包括將於未來幾周直接發給全民每人一千美元（約新臺幣三萬元）。即便這筆錢能暫時提供救濟，支付食品雜貨及其他短期支出，但在停工裁員頻傳、就業機會減少、經濟走向衰退時，仍然無法提供長期保障。

因此，到四月中旬，美國失業人口已經超過三千萬，許多州都發生群聚示威，反對「居家避疫令」。南加州的亨廷頓海灘（Huntington Beach），一百多名示威者平舉「不自由，毋寧死！」（Give me Liberty or Give me Death!）的牌子，群聚抗議；密西根州的首府蘭辛（Langsing），有一千多名抗議者到議會大廈前，指控「居家避疫令是暴政」，要求「把州長關起來」；在明尼蘇達州首府聖保羅（Saint Paul），有幾百人到州長官邸前，要求「解放明尼蘇達」。在北卡羅來納、俄亥俄、猶他、維吉尼亞等州，也發生了類似示威，要求「讓美國再度偉大」！

這裡我們可以看到：新冠肺炎疫情在美國難以控制的另一個重要因素。「自由、民主、人權」是美國人根深蒂固的價值觀。新冠肺炎在東亞國家流行時，美國人就把強制隔離、戴口罩、量額溫、封城之類的措施，視為「侵犯人權」；等到疫情開始在美國蔓延，各州不得不採行「柔性居家禁足令」，許多沒有積蓄的「月光族」，真的是面臨「不自由，毋寧死」的困境；川普這位「民主選舉」的老手見獵心喜，立刻發推文，公開表態支持他們「解放」「那些州」，但它的推文也馬上被人批評為：「煽動內亂」！

第五節　區域經濟一體化與貨幣同盟

戴維斯加州大學經濟學者泰勒（Alan Taylor）認為，目前民眾、企業及政府都面臨著經濟衰退的衝擊，即使疫情過後，沉重的債務將會改變政府及私人機構的運作模式，甚至影響隨後的發展。

加碼紓困，國債猛增

從雷根政府開始，大規模的政府赤字成為常態：老布希增加了一．五五兆，柯林頓增加了一．四兆，小布希增加了五．八五兆，歐巴馬增加了八．五九兆，川普到目前為止已經增加了七．八兆。美國政府目前有十七兆九千億元國債，這是從私人投資者及其他國家借入的資金，用來彌補年度預算赤字。這個數字相當於美國國內生產總值的八九％，也是自一九四七年以來的最高水平。在新冠病毒危機前，政府早已因為增加對軍事和其他計畫的支出，加上二〇一七年頒布的減稅措施，使債務和赤字進一步上升。

三月二十七日，美國國會近乎全票通過了二萬億美元的「財政刺激計畫」，其中包括向每位美國人提供一千美元和五百美元的支票，總額為二千五百億美元；三千億美元的小企業貸款，二千億美元的穩定基金以及延期納稅。

早在三月十二日美聯儲為了救市，已經向華爾街注入一．五萬億美元，總計新冠疫情爆發以來美國就已注資三．五萬億美元，藉以挽救可能因疫情所引發的經濟崩塌。五月四日，美國財政部表示，四月到六月第二季將破季的舉債近三兆美元是前次單季紀錄的五倍，也遠超過多數年份的全年發債總額。財政部官員告訴記者，美國政府二〇一九財政年度舉債金額為一兆二千八百億美元。

濫印鈔票，全球買單

在新冠疫情的壓力下，美國政府不斷加碼經濟紓困計畫，增加失業救濟，而企業卻因疫情關係收入減少，以致於稅收下降，在這樣一個無法節流而開源不足的情況下，預計政府的債務在未來幾個月只會繼續猛增。

債多不愁。美元是目前國際上最主要的儲備貨幣，全球金融市場和全球經濟主要是依賴美元進行定價、結算、貿易和交易。據統計，截至二〇一九第一季度底，美元佔全球外匯儲備的比例高達六一．八二％，在國際支付市場的佔比也高達四十．一％，但美國的經濟總量僅佔全球GDP的四分之一。

根據國際清算銀行（BIS）的數據估算，在國際市場上，不由美國境內金融機構監管，不受美聯儲相關銀行法規、利率結構約束的「歐洲美元」，接近六十兆，是美國GDP總量的三倍。因此，當前世界上美元是唯一不會因為執行量化寬鬆而直接導致國內市場等比通貨膨脹的主權貨幣，美元的貶值，是由全球的貿易對手來承擔。換句話說，美聯儲每一次的量化寬鬆，等於是向使用美元作為儲備和支付手段的國家徵收「鑄幣稅」，又可以達到吸收美國國債的目的。何樂而不為？

貨幣同盟，區域自救

美元雖然是傳統上的「避險貨幣」，但也得要有利息才行。否則就不如買黃金。美國的債務大山愈堆愈高，依照經濟學者的估計，疫情過後美國國債將超過二十六兆美元。如果美國不能維持低利率，美國國債、企業與家庭的違約風險都將升高，甚至到達引爆金融炸彈的所謂「明斯基時刻」（Minsky Moment）。

從這個角度來看，美國的經濟前景其實非常驚險。因為升息的風險太大，聯準會必須把利息儘量壓低。而要穩定利率，就要穩定物價。但從一九八〇年代以來，全球化的產業鏈一直是讓美國消費者享受廉價商品的主要法寶。川普上臺後，為了要讓「美國再度偉大」，呼籲「製造業回美國」，再加上疫情的衝擊，「去全球化」又成為必然之勢。

可是，美國因為實體經濟衰敗，導致經濟結構失衡，製造業僅佔GDP總額的十一・六%，而且持續下滑；偏向資本家的分配結構使貧富差距日益拉大，造成社會整體經濟活力衰退；高度全球化的資本流動，又導致美聯儲對金融資本的控制力不斷減弱，難以按照美國的需求控制金融資本的流向和流量。

三月二十三日，美聯儲面對美國股市數度熔斷，宣布無底線救市方案，而大印鈔票，說穿了就是為了挽救境內資產貶值，維護金融市場穩定，不擇手段向全世界輸出危機。但是，美聯儲救得了金融市場恐慌，卻救不了美國經濟。這種「損人以利己」的做法，必然導致世界各國對美元信用失去信心，不得不逐步設法擺脫美元作為儲備貨幣的制度，最後一定會削弱美國在世界經濟體系中的主導地位，甚至會帶動地緣政治變革，以區域經濟一體化的貨幣同盟，來帶動去美元化，藉以緩解美元貶值的壓力。

數位人民幣支付系統

在貨幣區域化方面，最值得注意的是：今年四月，中國人民銀行「數字貨幣研究所」開始在深圳、蘇州、成都等城市，進行數位人民幣（DCEP）的內部封閉測試。

DCEP由DC（digital currency，數字貨幣）和EP（electronic payment，電子支付）所組成。二〇一九年八月，中國人民銀行支付結算司副司長穆長春在一場論壇上說明。央行數字貨幣的幾個特色：第一，是「雙層運營體系」。由央行作為上層，各商業銀行作下層。為保證數位貨幣不超發，這些商業銀行必須向央行繳納金額準備金。第二，數位貨幣的設計重點在於替代「流通中的儲金」（M.），因此不涵蓋儲存在銀行中的活存（M1）或定存（M2）等，以防止貨幣超發。但它卻可用於小額、零售、高頻率交易的場合，並且可在離線狀態下支付。

目前國際貿易使用的貨幣清算與支付機制主要為「環球銀行金融電信協會」（SWIFT, Society for Worldwide Interbank Financial Telecommunication）。這套系統不僅收費昂貴，而且交易處理速度太慢，一筆交易要花數天才能完成，常讓業者與銀行蒙受巨大損失。

取代SWIFT

更重要的是：SWIFT由美國控制。美國可以用它作為政治施壓與制裁的工具。如果美國將一國排除在SWIFT之外，等於切斷該國與外界的經濟聯繫。例如二〇一八年美國退出伊朗核協議，同時也將伊朗剔除在SWIFT體系之外，導致伊朗出口下跌，通膨上升，貨幣貶值，讓伊朗吃了不少苦頭。因此，許多國家紛紛尋求以其他貨幣取代美元。二〇一七年，委內瑞拉在石油原油交易上，改以人民幣計價，近期更研議用加密貨幣來作為外匯存底貨幣。

在最近一次舉行的金磚國家巴西利亞峰會上，各國都在考慮自己的支付體系，來取代SWIFT。

否則在金磚國家日益增長的貿易額中，過度仰賴美國的金融基礎設施，將會帶來極大的風險。

中國既然是美國的競爭對手，當然深知擺脫美元影響力與避險的重要性。二〇一五年十月，由人民銀行獨立組織開發人民幣跨境支付系統（CIPS, Cross-Border Inter-Band Payments System）第一期已經上線運行，其目的在整合現有人民幣跨境支付結算渠道和資源，提高跨境清算效率，滿足各主要時區的人民幣業務發展需要。截至二〇一八年，參與者已經覆蓋全球一四八個國家和地區。

二〇一六年十月，人民幣成為國際貨幣基金（IMF）「特別提款權」（SDR）一籃子貨幣中的第三大貨幣。其中，美元仍然是SDR最大的儲備貨幣，權重為四一・七三％，其次是歐元，權重為三〇・九三％。人民幣權重則為十・九二％，超越日元和英鎊。

這條人民幣國際化的道路，可以上溯到一帶一路的計劃。二〇一三年底，中國提出一帶一路計劃。這個項目涉及基礎設施建設、能源資源、製造業等眾多領域的金融支持，有益於加深人民幣對外貸款、貿易、投資，深化自貿區跨境人民幣投融資創新試點，可以說是人民幣國際化的最重要助力。

第六節 「緊咬中國」的選舉策略

中國有句老話：「人無遠慮，必有近憂」。川普不可能不知道濫印鈔票可能造成的嚴重危機。可是，他更在意的是：在今（二〇二〇）年十一月即將到來的總統大選中，如何保住他自己的權位。

四月底，美國政治新聞媒體Politico披露，共和黨參議院全國委員會發出一份由黨內高層策士歐唐納爾政治顧問公司撰寫的五十七頁詳盡備忘錄，建議參與今年各級選舉的共和黨參選人，以「強烈攻擊中共」的手段，來因應新冠病毒疫情議題。共和黨的這份備忘錄強調三大重點：大陸隱匿疫情釀禍、民主黨遇到北京就軟腳、共和黨會就散播疫情推動制裁大陸。

劍指中國，推卸責任

備忘錄裡寫道：「對於冠狀病毒疫情，中國肇事逃逸，事後又隱匿，害死數萬人。」這份教戰手冊教參選人：談到所有關於疫情問題時，要緊咬大陸，被問及川普是否該為疫情擴散負責時，更要把焦點轉移到大陸，「不用一直幫川普辯護，轉而攻擊中國就對了」。

備忘錄還教共和黨參選人，如果攻擊大陸引來種族歧視批評，參選人可以說：「沒人怪華裔美籍人士，這是中國共產黨的錯，他們隱匿疫情，並對疫情的危險程度撒謊，這才是大流行的原因，他們應為此負責。」

這套選戰策略，其實就是中國人所說的「圍魏救趙」。在大選日期逐漸逼近之際，川普本人就是執行這套選戰策略的主帥。四月二十七日，他在白宮記者會上，有人問他：德國媒體上周呼籲向大陸提出一千六百五十億美元的疫情損害賠償，美國是否考慮跟進？川普回應，美國的做法會比德國簡單，但金額會超出德國要求的賠償。

川普說，「我們正在做非常認真的調查。我們對中國不滿意，有許多方法可以讓他們為此負責。我們相信這原本可以在源頭就被控制。這本可以迅速制止，而不會蔓延全世界。」川普說：「我們還未決定最終金額，數字很可觀。」

上有所好，下必從之。自四月上旬共和黨參議員柯頓指控新冠病毒是武漢病毒研究所製造，川普和國務卿龐培歐便將矛頭指向武漢實驗室，挺川集團內不斷出現各式各樣病毒源頭陰謀論。

逼迫情報系統

《紐約時報》引述情報界說法，川普政府不斷「逼迫情報系統」，找證據證明，新冠病毒起源就是武漢實驗室。有情報分析師擔心，川普政府的施壓，將扭曲美國對新冠病毒的評估，使其成為美國與中國對抗的政治武器。

國家情報總監辦公室的聲明指出，根據廣泛的科學共識，美國情報界相信，新冠病毒並非人造或基因改組。他們將繼續嚴格檢視資料和情報，以判定疫情爆發是源自於被感染動物的接觸，或武漢實驗室的意外。

四月三十日，川普接受媒體訪問，福斯新聞記者羅伯茲問他：如何看待情報機構的最新聲明？川普先和羅伯茲爭論誰具名發出這紙聲明，然後才說，他沒看過聲明。

羅伯茲問川普：「有沒有任何證據，讓你高度相信在中國武漢實驗室進行的病毒學研究，就是新冠病毒來源？」

「我有。」川普只說了這句，隨即轉向批評世界衛生組織（WHO）是「中國的公關代理人」，當全球這麼多人因染疫喪命，WHO還在找藉口，「WHO應該替自己感到羞恥」。

違反人道罪行

當天世界衛生組織秘書長譚德賽在日內瓦記者會上表示，世衛一月三十日就依據國際衛生條例宣布疫情為「國際關注公共衛生緊急事件」（PHEIC），這是世衛可以宣布的最高級別緊急狀況，當時中國大陸以外只有八十二個確診病例，各國那時候就應盡可能採取所有的公衛措施，以及重視世衛建議，例如積極發現、隔離患者及追蹤接觸史等。

他說，世衛提出的建議是基於科學實證，最終是由各國自行決定採納或拒絕這些建議。採納建議的國家防疫表現較其它國家好，但世衛沒有權力無法強迫各國採納建議，各國須自行承擔責任。

任何人都不難看出：川普的這套戰術是「先射箭，後畫靶」，所以會讓許多人不服氣。五月一日，著名知名醫學期刊《刺胳針》總編輯何頓發表專文，羅列疫情發生相關時間序列駁斥川普，指世衛一月初就向全球宣布武漢發生不明肺炎，同月底發布最高級別警示，而川普二月廿四日還推文說「美國疾管局與世衛積極努力又機警」，跟他現在猛批世衛態度反差甚大。

川普再度威脅要「暫停資助世衛」。何頓表示，中國大陸防疫是否適當、通報數字是否確實，這些都是可合理質疑之處。但指責中國大陸無助防疫，中國大陸不想看到疫情的爆發，也不應為此負責。川普在全球公衛危機期間暫停金援並對世衛提出無根據的指控，已傷害他與美國政府的誠信。世衛的宗旨是保障人類健康與福祉，川普做出傷害世衛的決定，已是「違反人道罪行」。

剝奪中國主權豁免

川普的選舉團隊對這樣的指控當然是置之不理。為了針對新冠肺炎造成的經濟損失向中國大陸究責，共和黨國會議員紛紛提出草案，希望能對一九七六年制訂的《國家主權豁免法》開例外，「剝奪中國主權豁免」，讓美國民眾可以向國內法院提出訴訟，向中國大陸索討民事賠償，並以凍結中國大陸政府在美國財產的方式，確保法案得以執行。

國際習慣法的「主權豁免」原則，係指：在主權平等的原則下，國家不應對他國行使管轄權。在實務運作方面，又因執行程度差異，可分為絕對豁免及相對豁免。前者指無論他國政府的活動性質為何，一概在本國法院享有豁免；後者指對他國政府的豁免，不及於私領域行為。近代以來，隨著跨國貿易增加，各國普遍採相對豁免。

美國的《國家主權豁免法》，雖然採取相對豁免說，明訂包括商業活動在內等多種豁免的排除，但法院在判決時，傾向從嚴認定，所以諸如中國航天、中國建材等多家大陸國有企業，均曾有在法庭上主張「主權豁免」，而免除美國的司法管轄，這也是國會推動訂定新法的理由之一。事實上，二〇一六年美國就曾通過《反資助恐怖主義法》，因而在美國法院中控訴過包括伊朗在內多個中東國家政府。

但恐怖主義幾乎被各國視為「萬國公罪」，剝奪國家在國內法院的豁免，尚屬情有可原。對於來源無法獲得證實的傳染病，美國如果制訂類似法規，必然引起其他國家報復，導致「主權豁免」的國際慣例蕩然無存，國家間頻繁出現以國內法處理國際互動行為的狀況，一旦他國不願接受判決結果，雙邊關係必然難以為繼，使全球化發展雪上加霜。

川普總統與國務卿龐培歐一再表示，新冠病毒來自中國武漢實驗室，五月五日，川普還說，將提出證據確鑿的報告；但參謀首長聯席會議主席麥利與國家情報總監被提名人賴特克里夫當天都表示，還不知道病毒來源地，也沒有證據。

將使「中美脫鉤」

麥利在國防部記者會表示，「（病毒）來自武漢實驗室、當地海鮮市場或其他地方？我們不知道，美國政府也正在思考。」麥利提到，證據顯示病毒來源不是人造，且有證據顯示病毒不是被刻意釋放，但尚未出現確鑿的證據，若中國能開放和同意調查，將有助世界釐清病毒起源與未來的防疫。

當參議院情報委員會就國家情報總監人事案舉行聽證會時，議員詢問賴特克里夫，是否看過病毒來自武漢市場的證據？賴特克里夫均回答「沒有看過」；他並表示，上任新職後將致力提供客觀公正的疫情情報。

當天，中共駐美大使崔天凱接受大陸央視訪問時稱，最早出現新冠肺炎病例的地方，不一定就是病毒源頭。針對美國國務卿龐培歐等人的指責，崔天凱說，世界上總有部分人所處的位置較高，但並不意味與「其智商及情緒智商成正比」。他表示，怪罪中國大陸不能結束疫情，又指「逢中必反」背後是骯髒政治，追逐狹隘政治利益，「將使中美關係脫鉤」，貽誤合作抗疫及恢復經濟增長，因此，現在是「結束指責遊戲」的時候了。

第九章　「超限戰」的交鋒

倫敦《金融時報》（*Financial Times*）首席經濟評論員馬丁・沃爾夫（Martin Wolf）參加二〇一九年彼爾德伯格會議（Bilderberg Meeting），他和出席這場閉門會議的美國政治菁英互動後發現：「美國的經濟、外交和安全政策，統統開始把跟中國全面敵對競爭，作為核心原則」。美國政策圈正瀰漫一種新思潮，將中美關係界定在「零和衝突」的框架裡，甚至把中美競爭定位為文明和種族的戰爭，成為不可調和的衝突。

百年衝突

事後，沃爾夫刻意用「中美即將進入百年衝突」的驚悚標題，發表了一篇論文，希望喚起美國朝野菁英的理性思維，讓他們意識到不可盲目附和川普的國家安全團隊。因為美國對中國發起的攻擊，是一場「在錯誤的戰場上發起，以錯誤方式進行的錯誤戰爭」，它有可能莫名其妙地演變為一場全盤衝突，「在這場衝突過程中，以規則為基礎的多邊秩序、經濟全球化與國際關係的和諧，都將成為犧牲品。」他也提醒美國決策當局，「你們真的準備與中國進行一場兩敗俱傷、全球受損、深不見底的長期衝突嗎？」

言者諄諄，聽者藐藐。從二〇一九年四月底，川普的國家安全隊宣布「圍堵中國」的計畫之後，這場「文明對抗」的戰爭便已經開打。面對這場「深不見底的文明對抗」，在提出主要論述之後，本書必須設定一個停筆之日，才有可能付梓問世。這就是《大學》所謂的「知止而後有定」。我為本書設定的停筆日，是六月底，亦即五月最後一週再過一個月。為什麼呢？

「文明對抗」的關鍵時刻

五月的最後一週，是中、美「大國博弈」的關鍵時刻。五月二十日，蔡英文將發表她的「就職演說」。本書第一章提到：在休昔底德所描述的雅典和斯巴達之爭中，最值得吾人注意的是「米洛斯對話」。在當代中美「文明對抗」的格局下，蔡英文的「就職演說」，正像當年的「米洛斯對話」。她的發言，將影響未來四年的兩岸關係。

臺灣在外交方面，朝思夢想的渴望，是藉由參加「世界衛生組織」，來增加自己的國際能見度。蔡英文發表「就職演說」前的十八、十九兩天，世界衛生組織將在日內瓦召開年會，屆時將可檢驗蔡英文的對外政策是否恰當。

蔡英文演說後的二十一、二十二兩天，中共中央將召開「兩會」。從「兩會」的決議，我們將可看出：在「文明對抗」的大格局之下，中共將如何對付美國的「圍堵計畫」中的「米洛斯」？

第一節　「文明對抗」中的「代理人戰爭」

從米爾斯海默的「攻勢現實主義」來看（見本書第二章），面對美、中「文明對抗」的格局，對美國最有利的策略，是激化周邊國家跟中國的矛盾，鼓勵他們向中國提出挑戰，最好把中國拖進戰爭。美國自己作為兵工廠，賣軍火給他們的對手，最後再扮演「救援打手」的角色，在適當時機出面維持「正義」。這樣對美國的軍工複合體經濟會有最大的裨益。

「挖牆腳」的印太戰略

過去，歐戰、二戰，美國都很成功地運用這種戰略，像「禿鷹」一樣掠食到最甜美的戰果。韓戰、越戰以及阿富汗、伊拉克的歷史經驗，則讓美國學習到：唯有置身事外，不陷入戰爭的泥淖，才有機會扮演禿鷹，去「割稻尾」，撈到最大的好處。

從「攻勢現實主義」的觀點來看，美國的最佳盤算是中國跟印度有事，其次是北韓，再來是臺灣，最後才是東南亞各國。不料川普上臺之後，便迫不及待地親自出馬，把美、中「文明對抗」提上檯面，事後只好提出「印太戰略」的概念，呼籲跟他「理念相同」的國家參與圍堵中國。

問題是：中國周邊國家也各有自己的盤算，他們對川普的「圍堵計畫」大多冷眼相待，唯有準備競選連任的蔡英文熱情回應，表示臺灣就是和他「理念相同」的「民主」國家。

本書第二章提過，商人出身的川普最明顯的特色，就是「看賬本治國」。他在意的「賬本」就是如何為美國的軍工複合體爭取更大的利益，因為這也涉及美國白宮和五角大廈高階官員公職退休後的鉅額收入。

提高臺灣國防預算

從扁政府時期以來，美國官員就再三警告，臺灣要有效抵擋中共入侵，國防支出必須達GDP的三％。但近年來臺灣的國防預算，即使灌入相關的基金支出項目，也僅達GDP的二％。若真要達到三％，國防預算必須由現有的三千三百億暴增到四千五百億以上，然而目前政府揮霍成性，特別預算及補貼名目層出不窮，勞保等諸多基金都已經處於破產邊緣，如何可能每年增加一千多億軍費？

根據斯德哥爾摩和平研究所的分析，自上世紀九〇年代中葉後，臺灣的國防支出即停滯在每年一百億美元左右，中共九〇年代初的國防預算僅為臺灣的兩倍多，但由於中國大陸經濟快速崛起，如今已達二十五倍，雙方差距愈來愈大。

當下臺灣國防的最大難題正是預算不足，以蔡英文熱衷推動的潛艦國造而言，預估二十五年內完成八艘，總價達新臺幣四千億元。其它進行中的國艦國造方案，包括飛彈巡防艦、沱江級巡邏艦、兩棲運輸艦、救難艦，二〇二六年前的費用即超過千億。因為預算不足，多半計畫只能完成首艘原型艦，難以啟動開銷更大的量產。面臨裝備老舊問題的不僅是海軍，陸軍的戰車和火炮、空軍的幻象戰機及C-130運輸機等主力，皆到了需汰舊換新或性能提昇的年紀。因為受限於預算困難，許多裝備更新計畫都只能「桌上畫畫，牆上掛掛」，難以落實。

除了預算限制，國軍向美國爭取先進武器，還受美國決策者的政治考量，例如老布希總統一九九二年同意出售F-16戰機，距臺灣提出需求已十餘年。事隔二十七年，川普在其「印太戰略」的考量下，才決定增賣第二批F-16給臺灣。

「養肥」美國軍火商

川普的國家團隊看到民進黨政府不斷採取去中國化的「反中」行動，認為這是一著可用的「活棋」。美國國會通過並由川普簽署《臺灣旅行法》允許美國高階官員來臺灣，並促進美、臺高層實質的「互訪外交」。二〇一九年十月，在臺灣總統大選期間，美國又通過《臺北法案》，要求美國行政部門採取行動，支持臺灣、維持外交關係。對於臺灣外交有重大傷害的國家，美國應減少對其經濟，安全與外交方面的交流。

任何人都不難看出，這些行動就是米爾斯海默在《大國政治的悲劇》一書中所說的挖牆腳（roll back）。蔡政府也不負美國所望，二〇一九年十月二十九日，立法院三讀通過《新式戰機採購特別條例》。由行政院編列二千五百億預算，採購六十六架F-16V戰機，平均一架要價三十七・八億新臺幣！據《中國時報》報導，軍火商洛克希德・馬丁公司宣布：最新型第五代匿蹤戰機大降價，一架F-35A只要二十三・七億新臺幣！臺灣購買舊型的F-16V價格竟然比F-35A貴，這難道不是拿臺灣納稅人的錢在「養肥」美國的軍火商嗎？

當年華盛頓在聯合法國對抗美國打獨立戰爭的時候，曾經警告美國：「一個國家對另一個國家的深情依賴，將導致無窮的禍患。」為什麼對這一點蔡英文毫無所覺？

「法理臺獨」的最後一里路

用「修昔底德陷阱」的歷史故事來看，今天臺灣在美、中、臺三者關係中的地位，正如當年米洛斯在雅典和斯巴達之爭中的角色。蔡英文高票當選連任之後，志得意滿，完全忘了她上臺之初，告誡民進黨的「謙卑、謙卑、再謙卑」，反倒放任她在選戰期間豢養出來的「網軍」，用惡毒、粗鄙的語言圍剿政治對手，辱罵共產黨，讓兩岸關係如同冰炭。

國民黨敗選之後，士氣低落，鬥志消沉，讓兩岸防線形同潰堤。在臺獨氣焰高張的情勢下，民進黨立委蔡易餘提出《憲法增修條文前言修正草案》與《兩岸人民關係條例部分條文修正草案》，建議刪除「國家統一前」的字眼，完成法理臺獨的「最後一里路」。國民黨立法院席次居於劣勢的情況下，只好採取「不踩剎車，反催油門」的策略，讓他胡搞。

兩岸關係劍拔弩張

到了二〇二〇年四月，兩岸政府的交流已經完全斷絕。而且呈現出劍拔弩張之勢。《人民日報》高分貝批評蔡政府「以疫謀獨」、《環球時報》也發出「勿謂言之不預」的罕見警告。四月十日，解放軍轟—6轟炸機、空警—500預警機、殲—11戰鬥機等多型飛機，在臺灣西南方海域執行遠海長航訓練，並經巴士海峽進入西太平洋，隨後沿原航路返回駐地。當天，解放軍「遼寧艦」航母編隊穿越宮古海峽，南下進入西太平洋。十一日晚，「遼寧艦」航母編隊現身臺灣東部海域。十三日下午，通過巴士海峽。

在美國十一艘航空母艦中，有五艘佈置在太平洋方面。除了羅斯福號官兵因為新冠肺炎確診而停留在關島，其餘四艘也都處在維修狀態，遼寧艦成為太平洋上唯一處於「實戰」狀態的艦隊。美軍只能派出電子偵察機和P-8C反潛巡邏機進行監控。

五月十五日，《南華早報》報導：從五月十四日起，解放軍將在黃海展開為期十一週的擴大軍演，海軍兩艘航艦都將參與。網路上已在盛傳：中共將藉機攻下東沙群島。看到兩岸之間這種劍拔弩張的態勢，很多關心國是的知識份子都感到憂心忡忡，深恐雙方決策者一不小心就會擦槍走火。尤其是世界衛生組織即將在五月十八、十九兩天召開大會，更給美國政客一個煽風點火的機會。

虛張聲勢 唬弄臺灣

五月十四日，川普在白宮宣布，世界衛生組織管理不善，沒有發揮基本的功能、偏袒中國大陸且掩蓋新冠肺炎傳播，美國將停止資助世衛。川普批評世衛以中國為中心：「不管中國如何都是對的。」

對於川普的威脅，世衛秘書長譚德賽並沒有直接反駁，他只表示，世界衛生組織專注拯救人命，遏制新冠病毒疫情，「沒有時間可供浪費」。聯合國秘書長，古特瑞斯、歐盟、非洲聯盟、以及微軟創辦人比爾·蓋茲，都反對在疫情延燒之際停止資助。美國政界與媒體也批評川普，以世衛為攻擊焦點是在卸責。

在川普宣布停止資助世衛引發國際反彈的同一天，唯有臺灣網民集資在《紐約時報》刊出廣告，文案提到臺灣被世界衛生組織拒於門外，表示「臺灣能協助全球抗疫」。川普跟他的一幫政客非常了解臺灣網民這種「殷切的期望」，就在中國大陸和美國關係緊繃之際，美國參、眾兩院的外交事務委員會主席致信超過五十個國家，呼籲他們支持臺灣參加世界衛生組織和即將召開的世界衛生大會（WHA），宣稱需要盡可能廣泛參與，好讓全世界共同對抗疾病大流行。但美國卻表示自己「不適合提案」。

任何人都不難看出，美國的作法根本就是在虛張聲勢，唬弄臺灣。美國自己威脅著要退出世界衛生組織，反倒宣稱要幫助臺灣參加世衛，這難道不是故意撩撥臺灣網民，希望他們鼓動「反中」風潮，讓蔡英文「順勢而為」嗎？

中美開戰的「代理人」

因此，我在《聯合報》「民意論壇」上發表了一篇文章，以〈西洋棋或圍棋：蔡英文的抉擇〉為題，希望兩岸的知識份子都能以下圍棋的心態，來看中、美間的「大國博弈」。川普政府下的是「西洋棋」，一有機會就找「棋子」替他打「代理人的戰爭」，步步進逼，絕不相讓。而中國卻只能跟他下「圍棋」，綜觀全局，見招拆招，穩紮穩打，不急不躁，雙方比「氣長」。

世界衛生大會（WHA）將於五月十八、十九日舉行。有關臺灣參與WHA的問題，外交部長吳釗燮在立法院表示，美國仍然認為今年不適合由美方提案，因此還是由我國友邦提案。

這就奇怪了。不久前，美國國務卿龐培歐不是剛剛呼籲各國支持臺灣以觀察員身分參與WHA嗎？他還直接點名，要求世界衛生組織秘書長譚德賽發給臺灣邀請函呢！為什麼事到臨頭，美國竟然出爾反爾，認為「今年仍不適合由美國提案」呢？

龐培歐公開挺臺參與WHA當天，記者在世衛日內瓦總部直接要求譚德賽表態，譚德賽避而不談，而由世衛法律顧問沃頓代為說明：臺灣受邀與否，「要由世衛一百九十四個成員國共同決定，而非秘書長」。

這又叫人感到奇怪了。龐培歐身為美國國務卿，難道他不知道這件事嗎？難道他的「公開挺臺」，只是擺個姿態，讓臺灣人民「爽一下」而已嗎？

扮演「棋手」的機會

去年四月十五日，龐培歐在德州農工大學演講，公開承認：「我當過中央情報局長。我們撒謊，我們欺騙，我們偷竊。我們還有一門課程，專門來教這些。」他的最大特色是「把外交當特務幹」，沒人敢相信他說的話。要了解川普真正意向，必須看他的戰略顧問白宮國家貿易委員會主任納瓦羅的著作「中、美開戰的起點」。

這本書的英文題目是「伏虎：中國黷武主義對世界的意義」（*Crouching Tiger: What China militalism means for the world*），語出「六韜」兵法：「猛獸將搏，弭耳俯伏」，書中經由一層層的分析，最後指出：中國跟美國一樣，擁有可以「保證毀滅對方」的核子武力，是一頭不可輕惹的「伏虎」。雙方要想開戰，最好找代理人，就是臺灣。所以這本書的繁體中文譯名叫「中、美開戰的起點」。

對於臺灣在「大國博弈」中的棋子角色，蔡英文曾經很不服氣地說：「我們也是棋手。」誠然如此。五二〇將至，她扮演「棋手」的機會來了。在這個千載難逢的機遇，她是選擇下「西洋棋」呢？還是下「圍棋」？她要如何出手？大家都在等著看。

第二節　美國式民主的衰敗

五月十八日，世界衛生大會（WHA）開幕當天，美國總統川普發表措辭嚴厲的聲明，要求世界衛生組織「三十天內做出重大改善，調查中國大陸是否隱匿疫情」，否則將退出世衛並停止資助。中國大陸國家主席習近平在開幕式通過祝賀的方式致詞說，他支持在新冠肺炎「疫情獲控制後」，獨立調查全球在世界衛生組織下的抗疫表現。歐盟和澳洲先前提出最新版建議草案，內容呼籲「獨立評估世衛抗疫措施和疫情起源」，但完全沒有提到中國大陸。

習近平說：「面對疫情，中方始終本著公開透明負責任的態度，及時向世衛及相關國家通報疫情，第一時間發布病毒基因訊息，毫無保留地分享防控經驗，盡己所能，為相關國家提供大量支持資源幫助。」習近平還稱許世衛，在秘書長譚德賽帶領下領導推進國際抗疫合作。

川普推卸責任

十九日世界衛生大會閉幕。一百九十四個成員國無異議通過歐盟版提案，承諾「在疫情告一段落後」對世衛進行全面性評估。此刻世衛應該把工作重心放在抗疫與支援弱勢國。《紐約時報》指出，這個結果顯示美國明顯被孤立。事後，俄羅斯國會上議院議長馬維顏科說，俄國支持世衛，「沒必要舉行假審判或任何調查，摧毀人類花了數十年累積的有用事物。」歐盟對外事務部外交安全政策發言人巴圖恩利克森表示：「此刻應該團結，而非交相指責或破壞多邊合作。歐盟支持世衛控制及緩解新冠疫情的努力，也已提供額外的金援資助這些行動。」時任中國外交部發言人趙立堅表示：「有個別國家在磋商中要求將病毒溯源作為優先事項，但絕大多數國家認為當前重點是疫情防控，不贊成將病毒溯源作為優先事項，拒絕了有關措辭。這說明將溯源問題政治化根本沒有市場。」

當天新冠肺炎全球確診人數超過五百萬，各國疫情以美國最為嚴重，確診人數一百五十二萬，死亡人數超過九萬！《紐約時報》報導，川普目前面臨個人政治及國家公衛危機，如此嚴重的疫情將影響他在十月總統大選能否連任。川普攻擊世衛，用意在推卸防疫與經濟不振的責任。

白宮官員對槓

既然如此，川普為什麼會發表那份「與世界敵對」的聲明？事實上，在美國國務院發表那份聲明之前，白宮官員就曾經針對美國的防疫政策「撕破臉」，公開對槓。五月十七日，白宮貿易顧問納瓦羅在美國國家廣播公司（NBC）《會晤新聞界》節目上，嚴厲批評美國疾病防治中心（CDC）的疫情應對措施，特別是疫情爆發初期，CDC堅持自行研發的病毒檢測套件出現瑕疵，導致全美篩檢進度延運數週，「在危機早期，在此領域最受信賴的品牌CDC，真的在篩檢方面令國家失望。因為他們不僅把篩檢侷限在官僚體系內，篩檢品質也不良，那真的拖累了我們。」

管CDC的衛生部長阿查爾隨後在哥倫比亞廣播公司（CBS）《面對全國》訪談中反駁納瓦羅，稱CDC從來沒想當「美國採檢、大規模採檢的骨幹」，「我不認為CDC讓全國失望。我認為CDC扮演重要的公衛角色，而且一直都很重要的是，讓民間單位參與篩檢。」當天納瓦羅又接受美國廣播公司（ABC）《本週》節目專訪時，指控中國大陸對全世界隱匿新冠肺炎疫情，並把美國經濟搞差。納瓦羅說：「我並不是說中國故意搞壞美國經濟，不過他們的中國病毒在武漢省產生，十一月出現零號病人。中國被世界衛生組織掩護兩個月，對全球隱瞞疫情，接著把數以十萬計的中國人用飛機送到米蘭，紐約和全球各地，埋下疫情種子。」納瓦羅說中國大陸當局故意把遊客送出國傳播病毒，卻未提出證據。他說：「他們大可以把病毒控制在武漢，但結果變成大流行，所以我才說中國人對美國人做了這件事，他們要負責。」

不實的錯誤指控

最後，美國國務院還是聽從納瓦羅的建議，發表致世衛祕書長的抗議函，結果遭到重大挫敗。

五月二十日，《華盛頓郵報》報導，川普信函中的許多指控，不是錯誤就是誤導。川普指控，世衛一直忽視關於病毒在去年十二月初，甚至更早在武漢擴散的可信報告，包括醫學期刊《刺胳針》的報告。華郵查證醫學期刊《刺將針》後，指出川普的說法錯誤，該刊去年十二月並未刊登任何關於武漢新冠病毒的報告。該刊第一篇關於新冠病毒的研究，描述武漢第一批四十一名患者狀況，證實新冠病毒是人傳人，見刊於今年的元月二十四日，是由中國大陸學者撰寫。

川普指控，隔天（去年十二月三十一日），臺灣當局向世界衛生組織通報關於一種新病毒人傳人的資訊。世界衛生組織可能出於政治理由，選擇不與其他國家分享任何這些重要資訊。《華郵》查證，此事一直有爭議。世衛說當天第一份疫情通報來自武漢，臺灣疾管署表示當天寄了電郵給世衛，表示自網路上得知在武漢市發生至少七例非典型肺炎。臺灣後來表示，非典型肺炎是冠狀病毒引起的人傳人疾病。但世衛說，臺灣電郵並未提到人傳人。

川普指出，今年一月十四日，世衛再度肯定中國大陸所稱冠狀病毒不會人傳人的說法，此說法缺乏根據，現在已被揭穿。事實上，這項指控引述世衛當天一則推特。然而，世衛新興疾病部門代理主管范科霍芙同一天召開記者會說，新冠病毒有「有限度」人傳人情況，主要是家人間的小規模群聚感染，但疫情有可能擴大蔓延。

川普批評譚德賽，今年一月二十八日，他在北京見過習主席後，稱許中國政府在冠狀病毒一事上「透明」，並宣稱中國設立了「控制疫情的新標準」，「替全球爭取時間」。《華郵》指出，當時譚德賽的確讚許中國大陸防疫，但那段時間川普也同樣多次稱讚中國大陸，從一月二十四日到二月七日，川普至少六度公開稱讚中國大陸的防疫措施「很好」、「成功」。

美國政治的信任危機

如果理性決策是民主體制的基礎，這個事件的經過充分顯現出：當前美國式民主的衰敗。《歷史終結論》一書的作者福山最近在《大西洋月刊》上發表了一篇文章，題為〈什麼決定一個國家抗擊新冠病毒成敗〉。文章開宗明義提出，有效應對危機的主要分界線不是「專制」或「民主」，決定履行職能績效的關鍵因素不是「政權的型態」，而是「國家的能力」，以及人民對政府的信任。所有的政治制度都必須將便宜行事的權力授予行政部門，尤其是在危機時刻。居首位的人的能力和他們的判斷決定結局的好壞。

所有的現代政府都必須形成一個強健的行政部門，因為這是任何社會賴以生存的關鍵。所有的社會都需要一個強壯、有效、現代的政府，能夠在必要時集中和調度權力保護社區，維持公共秩序，並且提供必要的公共服務。民主政體授予其行政部門緊急權力，來處理快速變化的威脅。願意授權及其有效的行使，首先取決於一個因素，即信任行政部門將明智而有效地行使這些權力。信任建立在兩個基礎上。

第一，公民必須相信他們的政府具有專長和技術知識及才能，能夠公正地做出最佳的判斷。第二，必須信任居首位的領袖，在美國制度下就是總統。林肯、威爾遜和羅斯福在應對他們所面臨的危機期間都享有很高的信任。作為戰時總統，這三個人都成功地將自己融入舉國奮戰的行動，成為其象徵。今日美國面臨的就是政治信任危機。

一個失敗的國家

川普總統的基本盤只占人口的三五%至四十%，他們無論如何都支持川普。可是，川普在他任職三年半的期間裡，從來沒有想要團結沒有投票給他的另一半人口，他沒有採取任何行動，建立全國人民對他的信任。

他所任命的國家安全團隊，只會「投其所好，避其所惡」，不問是非地擬出逢迎他的行政計畫。其中最重要的人物，就是本書第二章所說的納瓦羅和龐培歐。儘管如此，川普對他們兩個人卻是言聽計從，百般維護。五月十五日深夜，川普宣布將國務院督察長林尼克革職，因為他正在調查國務卿龐培歐涉嫌公器私用的一個案件。有人指控龐培歐要一名幕僚為他處理家中雜務，包括把衣服送去乾洗、幫他將寵物狗從美容院領回、以及幫他和妻子預訂餐廳座位等等。林尼克是川普最近六週開革的第四位督察官。十六日，共和黨籍聯邦參議員羅姆尼說，川普接連無正當理由開除督察官員，已經「威脅到講究問責的民主體制」。

在此之前，已經有許多知識菁英挺身而出，公開指責川普的倒行逆施，已經造成美國民主體制的衰敗。三月十四日，美國《大西洋月刊》，刊出湯普森的專文〈美國正像是一個失敗的國家〉指出，面對疫情，許多東亞國家政府立即作出有效的回應：中國大陸採取封城、封省的措施；新加坡運用電腦資訊系統，通知民眾如何遏制病毒並避免去公共場所；南韓政府開放汽車直入的檢驗中心進行快速的檢測。

相對之下，美國卻像是一個它過去譴責的「失敗國家」，陷入怪誕的「聯邦主義」困境之中。美國社會的「私人部門承擔起準國家的功能，而政府行政部門對其科學技術任務卻是一籌莫展，對自身的道德使命根本束手無策！」美國各地都有許多個人、公司、機構和地方政府正在為國家努力不懈，「但最重要的決策者川普政府卻因為無能而一團混亂。」

美國失敗的原因

《紐約時報》四月十日，刊出專欄作家布魯尼的文章〈川普還有人性嗎？〉該文指出成千上萬的美國人正在死去，「川普卻在洋洋得意地吹噓自己有多少注視他的電視觀眾。許多美國人面臨著財務崩潰，沒有錢繼續買食物、付房租，他卻斥責州長們對他的奉承不夠！」

很多人不一定同意這樣的指責。專欄作家札卡利亞在《華盛頓郵報》著文指出，怪罪川普無能很容易，其背後卻有更深層的制度成因。幾十年來，美國政府不斷背離羅斯福總統的「新政」傳統，造成聯邦政府缺乏足夠的資金，政府的功能失調，獨立機關高度的政治化，進而削弱文官體系的功能。舉例言之，一九五〇年代聯邦政府員工占就業人數比率超過五%，七十年後的今天，儘管全美人口已增加一倍，但上述比例卻降至二%以下，足以顯示政府治理能力確實嚴重不足。

迫於繁複的法令與規範，以及層層的官僚體系，造成政府決策的遲緩和執行能力的薄弱。當前具體的例證，就是在川普任性而又狂傲的遙控之下，疫情主管機關聯邦食品藥物管理署的執行能力既低落又遲緩，成為明顯的失敗案例。

這篇文章一針見血地指出，美國式民主體制衰敗的真正原因，在於本書第八章所說的「新自由主義瘟疫」。有朝一日，人類即使發明出疫苗，克服了新冠肺炎造成的危機，美國能克服「新自由主義瘟疫」所造成的危機嗎？

第三節　「超限戰」開打

就在這個時候，曾提出「超限戰」理論的共軍少將喬良，發表〈臺灣問題攸關國運：不可輕率急進〉專文指出，臺灣目前形勢文統無望，只能武統，但不可輕率急進。因為解決臺灣問題的關鍵在於先解決中、美實力對比；中、美未分高下之前，臺灣問題不可能徹底解決。他並稱，臺灣問題並非中國復興大業的全部內容，甚至連主要內容都談不上。因為復興大業的主要內涵是十四億人過幸福生活，一切都必須給這個大業讓路：包括臺灣問題的解決。

扮「小丑」，打假球

這篇文章在臺灣內部引起了廣泛的討論。用下「圍棋」的概念來說，解放軍鷹派代表人物喬良在這個關鍵時刻的談話，是中共盱衡全局後所下的一著棋，其目的在邀請蔡政府跟他打「超限戰」，雙方比氣長。五二〇前夕，立法院長游錫堃在院會宣布：蔡易餘撤回修正案。全場立委為之錯愕，藍軍立委更是異口同聲罵他孬種、小丑、打假球！

隨後蔡易餘發表聲明指出：民進黨團召集人柯建銘跟他討論後，為了臺灣前途發展，自行撤案，明知下場就是被訕笑，但柯建銘願意當「黑暗騎士」，「那我當小丑又有何妨」！

這一來一往，已經可以看出蔡英文的心機。她的就職演說中涉及兩岸部分有三個重點，第一，除了重申「和平、對等、民主、對話」的八字箴言，她再次強調，不會接受北京以「一國兩制」矮化臺灣。

其次，她同時向對岸領導人（沒稱中國）喊話，重申持續遵循《中華民國憲法》與《兩岸人民關係條例》來處理兩岸事務，第三，她四年前曾提「尊重一九九二年兩岸兩會會談的歷史事實，與求同存異的共同認知」，這次隻字未提，表示她已經完全不想與九二共識沾上邊。

「棋手」或「棋子」

更重要的是，她提出要成立「修憲委員會」，中共一向關注臺灣修憲是否涉及國家定位，以及固有疆域修改，是否會踩到「法理臺獨」紅線。鷹系立委蔡易餘才提出「刪統案」，雖然由民進黨自己擋下，但蔡英文接著提「修憲委員會」，表示她還想在這個議題上當「棋手」。

蔡英文在臺北賓館發表就職演說時，特別秀出美國國務卿龐培歐發給她的一封推特賀電，稱她為臺灣總統（Taiwan's President），事後有媒體問龐培歐：「美國是否考慮以共享價值為由與臺灣建交？」龐培歐並未正面回應，他僅表示美國恭賀臺灣勝選的候選人，這是美國樂見的，但美國在該地區的作為符合美、中過去的協議，且是臺海穩定的正確方案。

由此可見，在龐培歐眼中，蔡英文仍然是美國的一枚「棋子」而已。蔡英文到底是「棋手」？還是「棋子」？

事後，陸委會主委陳明通說，「歷史已經翻過一頁」，九二共識不必再討論。國臺辦回應則譴責民進黨當局拒不承認體現「一個中國」原則的九二共識，片面破壞兩岸和平發展的政治基礎。研究兩岸關係的許多學者都強烈質疑，蔡總統演說中所提的修憲主張可能是將來「兩國論」的最高潮。

混合戰爭

五二〇過後，中國大陸兩會開議，中共領導人對蔡總統的談話幾乎是略而不談，在政協主席汪洋的開幕報告裡也不見九二共識，而只強調：要深化和臺灣島內黨派各界的交流、交往。國務院總理李克強的政府報告中，也首次未見「堅持九二共識」，而只強調：「堅決反對臺獨分裂行徑，完善促進兩岸交流合作。」兩天後，汪洋重提九二共識，前海基會董事長洪奇昌的解讀是，這是兩岸領導人有默契地「互拋橄欖枝」，他並呼籲兩岸要掌握歷史機遇，重啟既有的官方和準官方機制。

洪奇昌的說法完全誤解了喬良所謂「超限戰」的意義。一九九九年，解放軍少將喬良出版《超限戰》，提出「混合戰爭」（hybrid warfare）的說法，這是指戰爭界限模糊，作戰方式更趨多樣融合的一種戰爭形態。它超越了傳統戰爭的限制，這種戰爭的目的不是佔領國土，而是實現剝奪國家「主權」的要義。武裝部隊的行動受到了直接參戰的限制，但不限制直接參戰的可能。因此要判定中美是否會形成戰爭衝突，必須考察戰爭邊界的問題。

二〇一九年底，湖北武漢爆發新冠病毒疫情，中美之間接著貿易衝突之後進入了「以疫情為中心的行動戰略」，梳理中、美「疫戰」所涉及的領域，包括了「意識形態體制與制度」、「生命與人權」、「科學與情報戰」、「輿論論戰」、「國際組織與規則」、「西太軍事威懾行動」、「問責／賠償法律戰」，甚至美國想剝奪中國大陸的「主權豁免」，想在美國上演司法大戰。

非軍事戰爭行為

針對美國運用臺灣牌的挑釁，喬良認為應堅持中國崛起的戰略目標下，同時「以其人之道還諸其人之身」。對臺灣而言，由於疫情，政治已經表達中國大陸為「對手」甚至是「敵人」的關係，喬良也認為現在必須處理，其方式是「除了戰爭選項，還需要有更多選項進入我們的思路和視野。……比如說採取非戰爭軍事行動的方式」。這就是超限戰的觀點，只是他沒有用自己的名詞，而是用「非軍事戰爭行為」，這也是「混合戰爭」的思路。

乍看之下，蔡英文的就職演說及兩岸人事佈局，似乎是要為兩岸重啟對話預做準備，因為中華民國《憲法》的國家定位仍屬「一個中國」，兩岸關係條例則以「國家統一前」的原則來規範兩岸的往來，這兩點可以說是兩岸關係的「底線」。可是，當綠營翻過九二共識這一頁時，並未對兩岸關係提出任何積極的新策略。拋棄九二共識容易，但要開啟兩岸新頁卻談何容易；尤其是蔡英文執政以來，兩岸經過四年的冷戰、互鬥，雙方完全缺乏基本的互信，在彼此心存芥蒂及懷疑的狀況下，如何可能互拋橄欖枝？

第四節　通過港版《國安法》

在接續召開的「兩會」中，中共立刻以實際行動說明了「超限戰」的概念。五月二十一日，中國大陸十三屆全國人大三次會議開幕，這次會議意外加入一項議程，不再等待香港的《基本法》二十三條立法，而直接在香港實施中國大陸的國安法例。按香港《基本法》二十三條規定，香港特區要為國家安全立法，但香港回歸以來，有關二十三條立法爭議極大。二〇〇三年，首任特首董建華試圖立法，引起五十萬人大遊行，董建華隨後被北京換下。其後各位特首均以不同理由，不敢觸摸《基本法》二十三條立法。

彭定康的「聯合聲明」

二〇一九年開始，北京就催促港府立法。反送中運動爆發後，北京開始認真考慮不經由港府，直接透過《基本法》〈附件三〉的安排，將中國大陸的國家安全法例，主要是《國家安全法》和《反分裂法》，直接在香港實施。這次人大會議突然提出在香港實施中國大陸的國安法例，香港政界大多認為：和香港九月立法會選舉有關。將在香港實施的國安法例，預計最快在今年八月通過或實施，這樣在香港九月立法會選舉前，相關的中國大陸國安法例即可以在香港施行。

北京這一法律行動，對香港未來的政情將有重大影響。凡被北京定義為「顛覆」、「顏色革命」、「滲透」之行動、言論、組織或機構，都可依此法取締或治罪，亦可據此禁止外國或國際機構及組織人士入境香港，切斷香港不同組織與國際聯繫。

五月二十一日晚間，人大記者會預告，「港版《國安法》」將在二十八日表決，立即引起了國際間的震撼。末代香港總督彭定康（Chris Patten）與前英國外交大臣芮夫金（Malcolm Rifkind）發起聯合聲明：「倘若國際社會不相信中國在涉港事務上能言而有信，人民就更不願意相信中國在其他事物的承諾，有同感的各國政府必須團結，言明無法容忍此等破壞《中英聯合聲明》之舉。」該聲明獲得了一百九十一位歐美二十三個國家國會議員和政要的聯署支持。美國白宮國家安全顧問歐布萊恩（Robert O'Brien）在接受美國國家廣播公司（NBC）訪問時指出，在制定港版《國安法》之後，「龐培歐國務卿可能無法證明香港人保有高度自治」、「香港與中國就會面臨制裁。」

美國威脅「制裁香港」

針對國際社會的反彈，中國國務委員兼外交部長王毅聲稱：自二〇一九年六月香港展開「反送中」運動以來，「暴力恐怖活動」與外部勢力干預已嚴重危害中國的國家安全，故建立港版《國安法》與執行機制是「刻不容緩、勢在必行」。

香港特別行政區政府強硬回應，指「這些政客持雙重標準和偽善」，中央電視臺則在二十四日凌晨發文痛罵彭定康以「傲慢的舊主人」姿態對香港事務與中國內政「指手畫腳」。港澳辦主任夏寶龍在接見港區政協委員時表示，中共中央「已忍了很久」，預計香港會受到衝擊，甚至出現更壞情況，但這都不會動搖中共的決心。二十六日，川普在白宮對媒體談制裁方案時，表示本週結束前會提出「非常強而有力的應對方案」。

即使如此，五月二十八日中國大陸十三屆全國人大三次會議，以二八七八票贊成，一票反對，六票棄權的壓倒性票數，表決通過港版《國安法》立法決定草案，正式授權人大常委會就港版《國安法》展開具體立法工作。草案經修改後，除了將「禁止危害國安的行為」，改為「禁止危害國安的行為和活動」外，對特首的要求亦由「開展國家安全推廣教育」，改為「開展國家安全教育」，且要求香港強化「維護國家安全」的執法力量。

針對北京制定港版《國安法》，當天，英國、美國、澳大利亞、加拿大四國發表聯合聲明，強烈批評中國大陸通過港版《國安法》將威脅香港自由，也違反以一國兩制方式歸還香港的一九八四年的「中英聯合聲明」。美國國務卿龐培歐說，由於香港在中國的管制下已失去自治，「沒有再享受美國特殊待遇的理由」。消息一出，香港人如五雷轟頂，美國將有何種制裁措施，將如何重挫香港，大家議論紛紛，為什麼呢？

香港受害最大

一九九二年，美國國會通過《美國香港政策法》，規定香港一九九七年回歸中國後，美國可繼續給予特殊待遇。根據這項法案，美國認定香港回歸中國後，仍在國防、外交以外事物上享高度自治，因此將持續尊重香港獨立關稅區地位，賦予香港商品最惠國待遇，允許港幣與美元自由兌換，鼓勵美國企業在港營運。由於該法將香港定為獨立關稅區，因此美國在貿易戰中，對中國大陸商品課徵高額關稅並未影響香港。此外，還規定美國應尋求維持並擴大和香港的經貿關係，並應繼續在進口額度、原產地認證等經貿事務上，以個別領域對待香港。

「制裁香港」的消息一出，全世界都為之傻眼。香港是國際金融及貿易中心，目前有超過九千家中國大陸和海外公司在港設立地區總部，其中包括一千三百家美國機構。長久以來，香港和美國在各領域進行友好互利合作，包括貿易、商業、投資和全球關注的範疇，目前有超過八萬五千名美國公民在香港定居和工作，過去十年，美方在香港賺取的貿易順差在美國全球貿易夥伴中占第一位。二〇〇九到二〇一八年，相關貨物貿易順差累計總額達一九七〇億美元。美國如果真的如川普所說的改變香港政策，「制裁香港」，中共固然會受到傷害，美國也會受到極大傷害，但受害最大的卻是香港！香港「民主派」本來希望美國能夠派軍隊來幫助香港，沒想到居然落此下場，真是始料未及。中共外交部駐港公署隨即嚴厲批判，痛斥美方「蠻橫之極、無理之極、無恥之極」。

川普的「政治噱頭」

五月二十九日川普在白宮國家安全顧問歐布萊恩、國務卿龐培歐、與財政部長梅努欽陪同下，召開記者會表示，中國以國家安全為由，對香港採取行動，實施控制，完全違反《中英聯合聲明》與《基本法》的規定，以「一國一制」取代「一國兩制」的承諾，最近的事態發展使香港的自由度下降，清楚表明香港已不再擁有足夠自治，不足以享有美國對香港所提供的特殊待遇。因此，他決定對中國採取懲罰措施，除了取消香港享有的特殊待遇，包括關稅、引渡協議、軍民兩用的科技輸出限制外，也對中方官員祭出制裁，並宣布取消部分中國留學生的入境簽證。

不久，中共駐美大使館網站發布通知，中國大陸將安排符合川普設定條件的留學人員搭乘國航CA818華盛頓至深圳臨時航班返國。該航班將於美東時間六月四日下午四時從杜勒斯國際機場起飛。此一事實再次呼應了本書第二章的主要論點：中國知識份子普遍「底氣不足」，在涉及中、美「文明對抗」的議題上，必須以「潛龍」自命。

但川普本人的弱點也在這次記者會上展露無遺。他雖然大動作宣布「制裁中國，並取消給香港的特殊待遇」，但記者會只宣布、不問答，十分鐘就結束，從頭到尾均未提及美中第一階段貿易協議。雷聲大雨點小，擔心美、中衝突而恐慌的投資人鬆了一口氣，美股立即收復上午悲觀導致的跌幅。

雖然川普宣稱他的行動是「強烈的、有意義的」，但美國國家廣播公司財經頻道（CNBC）指出，川普並未說明對中國官員的制裁內容，也沒有說明是否要對影響香港自治的金融機構和企業進行制裁，同時也看不出是否會影響美、中第一階段貿易協議。他似乎是在為降低美、中緊張關係預留空間。不止如此，川普沒有提到本周稍早美國國會通過的《維吾爾人權法案》。智庫「美國企業研究所」（AEI）中國經濟專家史劍道（Derek Scissors）表示，連國會通過的法案川普都略而不談，對香港的政策更像是什麼也沒有發生。《路透社》引述投資顧問的意見也認為，川普所宣布的內容是「又一次的政治噱頭」，所以股市會反彈。

以「小滿」比「氣長」

五月二十一日下午，中國大陸全國政協十三屆三次會議在北京人民大會堂舉行。政協會議首場「委員通道」邀請六位政協委員以視訊接受採訪。在二月疫情最嚴峻時，曾經奔赴武漢抗疫的中國醫學科學院院士王辰稱，中國抗擊疫情取得顯著成效，是「中國文化的勝利、體制的勝利、國力的勝利」，這話可以這樣說。可是，一場戰役（疫）情的成敗並不能決定戰爭的勝負。只要川普和他的行政團隊繼續運作，他們一定想方設法，強化中、美「文明對抗」的格局。即使川普不在其位了，人類還得承受「新自由主義瘟疫」造成的禍害！這才是人類根本的問題所在。

每年五月二十日至五月二十二日間，太陽達到黃經六十度，稱作「小滿」。《曆書》記載：「斗指甲為小滿，萬物長於此少得盈滿。」夏熟作物開始灌漿飽滿但尚未成熟，故名「小滿」。小滿過後就進入梅雨季節，梅雨古稱「黃梅雨」，晉代有「夏至之雨，名曰黃梅雨」，唐有「梅實迎時雨」之說。

在二十四節氣中，許多節氣都兩兩相對，有小暑、小寒，便有大暑、大寒，唯不見大滿。道家哲學自古認為事物發展到鼎盛就開始走下坡路，所以要留一點餘地，給生命多點彈性，不論榮枯成敗，都要從容以待、冷靜應對，便能平安而又踏實地度過難關。

在中、美「文明對抗」的「大國博弈」中，中方即使有所斬獲，也必須以「小滿」的心態，用下圍棋比「氣長」的方式來應付「西洋棋」的挑戰，這樣才能確保自己立於不敗之地。

第十章　亞洲世紀的合縱連橫

五月二十七日，英國《衛報》報導歐盟首席外交官、歐盟外交和安全政策高級代表波瑞爾對一群德國外交官說：「長期以來分析家一直在討論美國主導的體系告終，以及亞洲世紀來臨，這正在我們的眼前發生。」他表示新冠病毒疫情可視作轉折點，選邊站的壓力正在增大。

第一節　歐盟國家選邊站

他的談話顯示：歐盟將加速轉變，對北京採取更獨立和強勢的態度。他說，這個擁有二十七個成員國的組織「應遵循我們自己的利益和價值觀，避免被一個或另一個當成工具。」他還說：「我們對中國需有更強力的策略，這也要求我們要與其他亞洲民主國家有更好的關係。」

英國不支持「制裁香港」

五月二十八日港版《國安法》通過那天，帶領前英國國協一起抗議的末代港督彭定康接受英國

《衛報》採訪時說：他「不支持對香港實施制裁」，英國政府應確保香港議題提交到下月舉行的七大工業國集團（G7）峰會上討論，並推動聯合國安全理事會關注此事。

所謂七大工業國集團，包括美國、德國、日本、法國、英國、加拿大和義大利，它們平常自稱「價值共同體」，以主張自由、民主、人權、法治、繁榮、及可持續發展等價值相標榜。但德國總理梅克爾聽到這個消息，立刻表示因為「疫情嚴重」所以無法參加。

五月三十日，川普在「空軍一號」專機上向記者表示：「七國集團已經過時」，他宣布將原定六月舉行的峰會延遲至九月，並邀請俄羅斯等四國領導人參加，使其成為G10或G11。

澳大利亞、韓國及印度領導人都已作出積極回應，因為加入這個「全球豪華國家俱樂部」，可以讓他們自己的聲音在全球議題上有一席之地。

俄羅斯曾經是八國集團成員之一。二〇一四年，俄羅斯從烏克蘭手中奪取克里米亞半島，因此被踢出這個組織，「八國集團」變成「七國集團」。川普上臺後，曾多次提議要恢復俄羅斯成員資格，但遭到其他國家反對，川普此次舊案重提，英國、加拿大、歐盟同樣表示反對。俄羅斯本身對川普的邀請也有保留。六月一日，克里姆林宮發言人佩斯科夫表示：「雖然普京支持對話，但對川普的提議，俄方仍要看到更多細節。」

號召包圍中國

川普新邀請的這四個國家，分別位於中國的東西南北四個方位，將中國包圍，川普邀請他們和「七國集團」一起討論「中國的未來」，用意十分明顯。六月二日，中國外交部發言人趙立堅表示：「無論是什麼國際組織或者國際會議，都應當有利於促進各國互信；有利於維護多邊主義；有利於維護世界和平與發展」、針對中國搞小圈子的做法「不得人心」，也不符合有關國家的利益。

這次峰會的議程尚未確定，中國議題在其中有多大分量，仍然是未知數，但所有參與國在面對以中國為主題的一屆峰會，他們都必須小心權衡。川普上臺之後，美國已經先後退出「跨太平洋夥伴協定」（TPP）、聯合國人權理事會等十多個國際組織與多邊協定，在內外交困的情況下，他選擇在十一月總統大選前擴大舉辦峰會，顯然是想為他低迷的選情造勢——但受邀國家會隨他的笛子起舞嗎？

德國總理梅克爾拒絕美國總統川普邀約參加七國集團峰會一週後，傳出美國將在九月前撤離近萬名駐德美軍，且事先毫無預警。媒體披露此一消息後，美方也不知會不說明。

命運掌握在自己手中

《紐約時報》報導，梅克爾上週在電話中告訴川普，因新冠病毒疫情，如果G7峰會本月底在美國舉行，她不會參加。川普隨後開始獨白抱怨，表示對G7、北約和世界衛生組織失望，疫情都是中國的錯，還說雖然各城市都有示威，美國的情況還是不錯。

兩個人只講二十分鐘就掛電話，一名知情官員說「這次通話不太順利」。一個星期後，德國聽說川普打算將駐德美軍撤離四分之一。

梅克爾和川普早就不對盤，雙方在俄羅斯、伊朗、中國大陸貿易與安全等幾乎所有重要議題上都存在利益分歧。如今連作為美德聯盟戰略基礎的互信，也正逐漸消逝。川普做重大決策時，很少諮商盟友，跟川普打交道時充滿不確定性與不可預測。本書第一章提到：不論是歐戰或是二戰，德國都是美國「禿鷹」性格的最大受害者。二戰後，在「國際佔領」的形勢下，美國變成了德國「不可或缺的盟友」，川普主政下的美國，則變成了「不可靠的盟友」。

德國馬歇爾基金會副主席克萊恩布洛克赫夫表示，美國單方面從德國撤軍是在傷害北約，直接落入俄國總統普京的圈套。他指出，現在看來，川普的戰略競爭對手既不是普京，也不是習近平，而是梅克爾：「梅克爾代表川普討厭的一切：全球主義、多邊主義和國際法。」

梅克爾所屬政黨基督教民主黨資深議員瓦德普爾說：「這又一次提醒我們，歐洲人要將命運掌握在自己手中。」

中德共同維護多邊主義

在這樣的思考邏輯下，中、德雙方有了頻繁的互動，六月三日，中共國家主席習近平參與梅克爾熱線後，換李克強與梅克爾視訊通話。李克強指出，疫情過後要實現經濟恢復發展，中德應當共同維護多邊主義，促進貿易投資自由化與便利化。中國大陸正進一步擴大開放，願為各國企業到陸投資提供良好營商環境。中、德要擴大雙向開放，用好已開通的人員往來「快捷通道」，為企業合作和復工、復產提供便利，共同維護產業鏈、供應鏈的安全穩定。

李克強指出，中、德高層溝通密切，在抗擊疫情方面展開了良好合作。德國歡迎中國大陸堅持擴大對外開放，將繼續促進中、德各領域合作，中、德都主張加強多邊主義，願密切在世界貿易組織事務中溝通協調。德國願與陸方籌備好中、歐高層交往，加快中、歐投資協定談判，推動中德、中歐關係取得更大發展。

梅克爾的「深切反思」

六月二十六日，梅克爾在接受《英國衛報》、德國《南德意志報》、法國《世界報》、西班牙《先鋒報》、義大利《新聞報》與波蘭《政治周刊》等六家歐洲媒體聯訪時很清楚地表示：「我們是在『美國想當世界大國』的認知中成長。假如美國現在想從這個角色退出，我們得深切反思。」梅克爾警告，各國不該再把美國要當全球領袖視為理所當然，必須重新調整優先順序。

《衛報》指出，梅克爾所謂「深切反思」似乎並不等於法國總統馬克宏主張的歐洲「戰略自主」，也就是歐洲不靠美國就能保護自己。梅克爾是德國首位成長於東德鐵幕下的領袖，曾多次提及她欣賞美國發揮全球影響力。梅克爾二〇〇九年對國會演說時，曾大加讚揚美國支持推倒柏林圍牆，給東德帶來「絕佳的自由大禮」。

不過，梅克爾政府屢次被美國前總統歐巴馬政府指責，對北約軍費貢獻不夠多，美國現任總統川普加重批評力道，最近證實川普打算把九千五百名美軍撤出德國。

梅克爾說，美國維持在中歐的軍力符合美國利益，「駐德美軍不只能保護德國和北約歐洲成員國，還能保護美國利益」。梅克爾說，在中國大陸及印度等國崛起時，歐美更應保持緊密跨大西洋防務合作，但她也說，「歐洲應比冷戰時期承擔更多責任」。

既合作又競爭的關係

在中國議題上，梅克爾表示德國仍有意與中國重新舉辦因新冠肺炎疫情受阻的峰會，建立歐中戰略關係；她又指出，歐洲與中國在包括經濟貿易和應對氣候變化在內的議題是夥伴，不過雙方也是競爭者，擁有截然不同的政治體制。她指出，歐盟與中國在非洲政策等議題上有分歧，認為歐盟應在磋商時提出可反映歐盟價值觀的方針。梅克爾強調：「尊重人權、法治以及我們對香港未來的關注，是我們與中國之間的分歧點，雙方已有公開表態。」

對照一九八九年柏林圍牆倒塌，梅克爾表示，當年自由民主秩序戰勝了社會主義和共產主義的獨裁，如今中國成了經濟強權。她說，中國崛起的例子顯示，非民主國家也有可能在經濟上成功，這點對自由民主國家來說是很大的挑戰。

德國七月一日將接任下半年歐盟輪值主席，為期六個月，梅克爾明確表示，自己的首要任務是推動疫情大流行的救助計畫，以防止歐洲經濟陷入一九三〇年代以來最嚴重的衰退。

梅克爾是歐盟國家政治領袖中，少數肯從價值理念觀點，深入反思中、西「文明對抗」之本質性問題的人。倘若她有機會閱讀新加坡前駐聯合國大使馬凱頓所著的《中國能挑戰美國首位》一書（見本章第十一章），她對這個問題的反思，應當可以更為深入。無論如何，我相信歐盟以及其他國家的政治領袖，終究會認識到這個問題，並調整他們在「亞洲世紀」中合縱連橫的位置。

第二節　亞洲國家的外交智慧

二〇一九年十月，新加坡總理李顯龍接受美國有線新聞網專訪時表示，亞太各國均依賴穩定的美、中關係。如果美、中之間的良性關係被破壞，對全球都不利。若要求亞太國家選邊站，會使他們處於困難的境地。六月四日李顯龍更在《外交事務》期刊上發表〈危在旦夕的亞洲世紀〉，專文指出，中國大陸改革開放之後快速崛起，讓亞太國家處於兩強對峙的局面中。李顯龍再次強調，東南亞國家不願在美、中之間選邊站，因為身處大國利益的交匯點，必須避免變成夾心餅乾或者被迫做出糟糕的選擇。

澳洲的失策

李顯龍指出「大國博弈」中小國求生的智慧。在美國提出「印太戰略」後，澳大利亞積極響應，不但參與美國在南海的聯合軍演，更排除華為參與當地5G建設，也關切港版《國安法》的實施。以上種種都被北京視為澳大利亞加入川普政府的反中運動。

二〇一九年五月，索羅門群島有意與中共建交，美國強力勸阻。澳國亦步亦趨，總理莫里森甚至親赴索國，會見總理蘇嘉瓦瑞，提出一．七四億美元的經濟援助，目的在阻止索羅門與北京建立正式外交關係。

澳大利亞的舉措引發北京不滿，陸方宣布對澳出口的大麥徵收為期五年、高達八十．五％的關稅，並暫停自澳國四間屠宰場進口牛肉，數量相當於澳國出口大陸牛肉的三五%。澳大利亞政府近日為此事持續尋求和北京磋商，但北京不為所動。

「核子大國」的「原始戰爭」

澳國親美無可厚非，但是追隨美國反中則是得不償失。相較之下，印度的策略則高明得多。今（二〇二〇）年六月十五日晚間，喜馬拉雅山區中印邊境，發生軍人衝突事件。這是一九六二年中印邊境戰爭以來，最大規模衝突事件。印方有二十人死亡，中方亦有死傷，備受各國關注。但引起最多討論的卻是，兩個核子大國的軍隊，用原始的武器，打了一場原始的戰爭；雙方從叫罵到推擠，最後用拳腳、石塊和棍棒進行決戰。

印度在一九五〇年四月一日與中共建交，是北韓、蒙古及北越之後，第四個承認中共的亞洲國家，也是亞洲第一個承認中共的民主國家。中共駐印度大使館，是印度占地面積最大的外國使館，足證兩國關係非比尋常。但雙方邊境爭端超過六十年，一九六二年更打了一場邊境戰爭。不過，自從一九七五年後，雙方再無人員因邊境衝突而犧牲。

「不結盟」政策下的印太活棋

事實上，中印一九九三年簽訂協定，在邊界問題最終解決之前，雙方承諾互不使用武力或以武力威脅；一九九六年更簽訂軍事信任措施協定，除建立外交與軍事的衝突解決機制外，也限制兵力與武器部署，設置十公里的軍機禁飛區，二公里內並禁止開槍和爆炸作業。

美國總統川普上任後提出「印太戰略」，將美國太平洋司令部改制為印太司令部，目的在將印度洋與太平洋視為一體，打造出制衡中國的海上圍堵陣線。在此戰略下，美國試圖聯合西太平洋的日本、印度洋的印度，及位居兩洋之交的澳洲，形成「四角鑽石連線」，徹底封鎖中國擴張海權的目標。美國與日、澳，原本就存在同盟關係，但能否進一步拉攏印度，則有待觀察。

作為印度洋唯一的大國，印度自冷戰時期開始，即奉行「不結盟」政策，與美國及蘇聯維持等距關係。到了後冷戰時期，印度依然維持一貫立場，因此即使與中國關係不睦，雙方仍在二〇一四年與其他「金磚國家」共同成立「新開發銀行」；二〇一五年，印度、巴基斯坦共同加入由中國及俄羅斯主導的「上海合作組織」。儘管兩國在這些組織中的競爭仍多於合作，但這至少意味，雙方願意在制度規範下進行互動，印度也不願具體回應美國的「印太戰略」。

「龍象之爭」的現實

中印在二〇一七年長達七十三天的洞朗對峙之後，二〇一八年，莫迪訪問中國武漢，二〇一九年，習近平拜訪印度清奈，從「武漢精神」到「清奈連結」，習近平高喊「龍象共舞」，但兩國卻仍須面對「龍象之爭」。

彭博社專欄作家費寇林（David Fickling）指出，中印衝突重要根源之一，在經濟面。若要緩和當前的軍事衝突，必須進一步強化經濟與社會的連結。如果衝突導致彼此的貿易與投資受損，未來幾十年雙方關係恐難改善。費寇林表示，二〇一〇年至二〇一九年，印度的經濟持續成長，出口總額增加近五成，但對中國大陸出口卻減少百分之十四。

根據印度官方的數據，印度從中國進口產品範圍主要包括手錶、電器、家具、玩具、鐘錶、音樂器材、運動物品、床墊、塑膠製品、鋼製品等。從中國進口產品比例達到整個印度進口總額的百分之十四，印度從中國進口總額就已經達到一百五十五億美元。

對中貿易逆差擴大，已助長印度民粹主義者的氣焰，加上印度國內的經濟成長放緩，反中情緒更容易被挑動。

這次衝突起自四、五月的越界爭執。雙方透過軍事和外交管道溝通，六月六日兩國邊防部隊舉行軍長級會晤達成撤軍共識，結果十五日就爆發激烈肉搏戰。顯示邊境安全管理機制的脆弱；軍事信任禁得了武器，禁不了拳腳、石頭和棍棒，更難禁絕內部民族情緒的激盪。即使這次衝突不再擴大，未來兩國關係會蒙上陰影。

「龍象共舞」的前景

美國已在二〇一九年取代中國，成為印度最大貿易夥伴，印度也決定不加入中國大陸主導的「區域全面經濟夥伴關係協定」（RCEP）。

費寇林表示，北京當局若能體認他們的「一帶一路」計畫已經使印度備感壓力，適度對印度開放科技資訊、生技等市場和相關法規，並讓中國大陸資金流往印度，不僅能協助印度提振經濟發展，也能為中國大陸帶來龐大利益。

印度政府基於政治、經濟等因素，攔阻中國大陸國營企業參與印度重大基礎建設，合理考量，但在電子商務部分，印度應調整外國投資法規，允許包括中國大陸在內的外資參與。

費寇林認為，在中印軍事敵對行動引發民粹狂潮高漲之際，雙方應冷靜思考，除了外交、軍事，也在經濟領域努力，三管齊下緩解衝突，奠定日後深度合作的基礎。

金與正的「黑臉」

在中、美「文明對抗」的過程中，亞洲國家並不是像修昔底德所描述的米洛斯那樣「俯首聽命」，而是像印度一樣，運用自己掌握的資源，謀求國家的最大利益。北韓就是一個很好的例子。

六月初，對於身在南韓的脫北者向北韓空飄傳單一事，平壤對首爾作出一連串的尖銳譴責。接著宣布切斷兩韓間一切通訊聯絡，把對南韓工作全面轉換為「對敵工作」。十四日，金與正警告：對南韓下一步行動將由軍方主導，並批評南韓總統文在寅呼籲兩韓和平的談話「噁心」；十六日，北韓炸毀位於開城工業園區，象徵兩韓和解的聯絡辦公室大樓。當時北韓《潮中社》報導，北韓人民軍已經擬定的「對敵軍事行動計畫」，包括在金剛山旅遊區和開城工業園區布屬團級部隊和必要火力、在非軍事區民警哨所重新駐軍、重啟邊界地區各種常規軍事訓練，以及向南韓散發心戰傳單等。

金正恩的「白臉」

正當全球矚目北韓下一步的動作之際，韓中社又報導：北韓勞動黨第七屆中央軍事委員會第五次會議預備會議二十三日以視訊方式舉行，由金正恩主持。會議上中央軍委評估當前形勢，決定暫緩執行人民軍總參謀部提交的針對南韓軍事行動計畫。北韓過去幾天在邊境地區架設數十具大型擴音器，似乎將重啟對南韓心戰喊話。南韓統一部副部長徐虎二十四日說，這些擴音器現已全部拆除。《紐約時報》分析，金正恩此舉讓情勢降溫，藉由壓制鷹派勢力，預留外交談判空間。

美國總統川普與金正恩去年在越南的川金二會破局後，核子協商迄今毫無進展，而南韓一直不願違抗美國的制裁措施，和北韓重啟經濟合作。

《美聯社》報導，平壤近期的各項舉措，可能都與此有關，北韓過去就曾因無法自美國取得好處，而加強施壓南韓。《紐約時報》說，文在寅主張兩韓和解，促成川金峰會，但美國卻遲遲沒有解除北韓遭受的制裁，北韓因此加強抨擊南韓和美國。不過值得注意的是，金正恩並未親自出面點名批評川普和文在寅。

兩手外交，鞏固權力

下令摧毀兩韓聯合辦事處的金與正，是北韓領導人金正恩的胞妹，目前擔任勞動黨第一副部長。她由幕後走向臺前，展示個人的領導力，已引發諸多揣測。這代表引發兩韓關係大幅倒退的責任不會由金正恩承擔，而是由金與正負責。不少分析家早已認為，北韓蓄意由金與正扮黑臉，金正恩扮白臉，保留外交彈性。這顯示北韓刻意打壓南韓的對等地位，涉及兩韓關係的談判交由金與正執行，而非最高領導人出面。

南韓國家戰略研究所外交與安全中心主任申範哲表示，金與正在金氏政權內的地位已顯著提升，成為「北韓最有權力的女性」。他說：「金正恩掌權後，賦予金與正更多權力，讓她成為第二號人物。」

專家指出，北韓的男尊女卑觀念根深蒂固，女性掌權不易獲得認可。金正恩的子女目前都未滿十歲，為了讓信任的嫡系至親接掌大權，金正恩選擇扶植胞妹。日前傳出金正恩病危的流言時，一些勞動黨高層人士均否認金與正接班的說法。年僅三十二歲的金與正若無法徹底統御勞動黨和軍隊，甚至可能激發政變。儘管北韓官媒已正式披露金與正掌管對南韓事務，她還必須透過最新行動，彰顯自己與軍方的密切關係。

美韓同盟的「保護費」

二十五日是韓戰爆發七十周年。北韓一九五〇年六月二十五日，北韓入侵美國支持的南韓，長達三年的韓戰造成數百萬人喪生。南韓國防部統計，韓戰共造成五十二萬北韓軍、十三．七萬南韓軍及三．七萬美軍陣亡。一九五三年韓戰結束時僅簽署停戰協定，未簽署和平條約，兩韓實際上仍處於戰爭狀態。

南韓總統文再寅二十五日出席韓戰爆發七十周年紀念活動，強調韓軍將嚴陣以待，堅決捍衛祖國的每一寸領土，不容外人侵占。他說，南韓渴望和平，但將不惜一切代價維護國民的生命和安全。《韓聯社》報導，文在寅表示，韓國反對戰爭，兩韓體制競爭早已結束，韓方「無意將其體制強加給朝方」，今後仍將繼續「尋找雙方合作共生之路」。他表示，和平是統一的前提，而在談統一前應先實現睦鄰友好。

文在寅說，韓國擁有全方位的強大國防力量，決不容許任何挑釁，目前正基於牢固的韓美同盟，進行「戰時作戰指揮權的移交準備」。南韓國防部長鄭景斗與美國國防部長艾思博二十五日也發表聯合聲明，稱韓美決意維護朝鮮半島得來不易的和平。

韓國人非常了解：美韓之間「堅強」的同盟關係，是用美元支撐住的。二〇一九年，韓國承擔駐韓美軍軍費九．二億美元。到了二〇二〇年，美國總統川普「獅子大開口」，要求韓國為美國駐軍出資五十億美元，引發韓國民眾多次抗議示威。經過多次協商之後，最後降為十三億美元「成交」。這樣的「交易」，讓亞洲各國更加清楚看出川普總統的「商人性格」，並學會怎麼樣跟他打交道。

在「大國對抗」間徘徊

在已經到來的亞洲世紀，日本的外交決策也相當明智。五月底中國大陸通過港版《國安法》，引發美國、英國、澳大利亞和加拿大聯名抨擊，日本政府事先曾被詢問是否願意加入美、英批中的聯合聲明，但日本政府拒絕。

中共國家主席習近平原定今年四月訪日，受新冠病毒疫情影響行程被迫推遲，有可能延到明年。分析家認為，日方仍希望習近平能夠訪日，因此避免刺激陸方。日本沒有加入聯名批中行動，但日本內閣官房長官菅義偉五月二十八日曾說對港版《國安法》通過「深表憂慮」。大陸外交部發言人趙立堅隔天回應說，為實現習近平以國賓身份訪日，「希望日方為此創造良好的環境和氛圍」，間接要求日本與歐美劃清界線。

日本的態度當然也受到川普對外政策的影響。美國白宮前國安顧問波頓在他二十三日出版的新書《白宮回憶錄》中爆料說，美國總統川普要求日方每年負擔八十億美元的駐日美軍費用，是日本原本負擔金額約十八億美元的四倍以上，否則將撤走所有駐日美軍。

波頓在書中說，去年七月他訪問日本時，向時任國家安全保障局長谷內正太郎解釋，為何川普希望日本從二〇二一年起，每年負擔八十億美元。波頓說，要求日本負擔八十億美元，是川普所謂「成本加五成利潤」的談判策略。波頓回國匯報相關情況後，川普說，讓日本、南韓等盟邦大幅提高分攤費用的最好方式，就是「威脅撤走所有美軍，這樣就能在談判中處於非常強有力的地位」。

《共同社》報導，川普還提到北韓試射飛彈，說「這是（向日韓）要錢的好時機」，認為這有利於要求盟邦提高駐當地美軍的費用負擔額。

日本內閣官房長官菅義偉被媒體問到波頓的說法時，不願發表意見，但他否認美國已經要求日本負擔更多費用，僅說談判還沒開始。

美國與日本之間為期五年的駐日美軍費用分攤協定明年到期，雙方即將就新協定展開談判。波頓說，去年就向日本提出要求的好處，是「讓日本早點準備」。

停止佈署，陸基神盾

在跟美國談判駐日美軍費用的分攤之前，六月十五日，日本防衛大臣河野太郎表示，由於技術和費用問題，日本決定停止佈署兩座陸基神盾系統雷達站。他說：「我在上周五決定暫停部署程序。目前，日本將繼續使用配備神盾系統的軍艦來應對威脅。」

二〇一七年十二月，日本政府以因應北韓威脅為由，決定部署路基神盾飛彈防衛系統。陸基神盾是一套部署在陸地上的神盾系統。當初日本政府的構想，是以海上的神盾艦作為飛彈防禦第一道防線，陸基神盾配合標準三型攔截飛彈，是第二道防線，愛國者飛彈是第三道防線，保護日本免於飛彈威脅。

陸基神盾系統採用洛克希德馬丁公司製造的雷達站。日本估計，只要兩套神盾系統，一套部署在東北地區的秋田縣，一套部署在西部山口縣，就能提供全日本保護，但遭兩地居民強烈反對。

兩地民眾對部署飛彈的安全性原本就充滿疑慮。去年防衛省提出秋田縣部署地點的評估報告，被發現鄰近山脈高度等基本數據都弄錯，更讓民眾反彈。陸基神盾使用的標準三型飛彈，可在大氣層外擊落來襲飛彈，但發射後推進器會掉落地面，帶來危險。日本測試後發現，要讓推進器掉在預定地點，必須修改飛彈硬體，修改費用幾乎和美日各出資一千一百億日圓的飛彈開發費用相當，而且要耗時十多年。

根據日本防衛省的文件，這兩套陸基神盾系統未來三十年的使用及維護費用，高達四三九〇億日圓（約新臺幣一二一六億元）。路透說，目前新冠病毒大流行嚴重削弱日本經濟，加上政府祭出空前刺激計畫救市，財政上正面臨龐大壓力，是日本決定停止陸基神盾計畫的原因之一。

第三節　釣魚臺更名事件的照妖鏡

六月二十二日，日本沖繩縣石垣市議會以多數贊成通過議案，把釣魚臺（日稱尖閣諸島、大陸稱釣魚島）所在的行政區名從「登野城」變更為「登野城尖閣」，將於今年十月一日正式生效。

釣魚臺的主權爭議

消息傳來，輿論大嘩，再度挑動臺、日雙方對釣魚臺列嶼主權爭議的敏感神經。釣魚臺列嶼主權歸屬一直是臺灣、中共、日本三方都爭論不休的問題。二戰結束後，釣魚臺實際由美國所控制，一九七二年五月十五日，美國將琉球群島管轄權移交日本時，便一併將釣魚臺列嶼的行政管轄權也交予日本，但當時兩岸政府均不承認，並爆發喧騰一時的保釣運動。其後幾十年來，各種保釣活動時隱時現，未嘗停止。

釣魚臺列嶼為五個無人小島及岩礁的總稱，位於日本沖繩本島以西約四百一十公里、石垣島以北及臺灣東北面約一百七十公里處。日本政府二〇一二年九月十一日，以二十．五億日圓收購其中三個小島，正式確立將釣魚臺「國有化」，引起大陸、臺灣強烈不滿，也立即激怒中共。當時在北京、上海、廣州、深圳等八十五個重要城市都先後發生了大規模的反日活動。中共隨即亦畫設「東海防空識別區」。其中最重要的意義不只是釣魚臺主權的歸屬，也不僅是東海中間線附近油氣田開採位置的爭議，而是要展現其海軍必須突破第一島鏈的框限，可以東出宮古海峽在太平洋海域活動，展現大國的實力。

日本的解釋

國民黨宜蘭縣議員蔡文益指出，日方行為已嚴重影響臺日雙方友好關係，除非日方有善意回應或臺灣政府有明確指示後續處理，否則他擬於下月七日赴釣魚臺宣示主權。

中國大陸外交部發言人趙立堅回應指出，釣魚臺及其附屬島嶼是中國固有領土，中方維護領土主權的決心和意志堅定不移。日方通過所謂更名案，是對中國領土主權的嚴重挑釁，是非法及無效的，不能改變釣魚臺屬於中國的事實。中方堅決反對日方的行徑，已通過外交渠道提出嚴正交涉，並保留作出進一步反應的權利。

日本政府發言人、內閣官員房長官菅義偉表示，根據地方自治法，市町村區域內更名的事務，是市町村的首長職權，「中央政府不應評論」。他說，為了防止新冠病毒疫情擴大，國際社會需要密切合作，為了不影響合作防疫，期盼中國方面、臺灣方面對此事做出正面回應。

向石垣市議會提出釣魚臺地籍更名案的石垣市長中山義隆在推特發文表示，希望各界了解，此舉是為了「讓行政事務更具效率」。

石垣市議會在討論地籍更名案的時候，其實也曾經考慮過當前日本與中國和臺灣之間的關係，表決時形成贊成與反對各三票的僵局，最後由主席裁決通過。

中共的行動

六月二十三日，中國自然資源部發布「東海部分海底地理實體標準名稱」，公布釣魚臺周邊共五十處海底地理實體的標準名稱，包括釣魚窪地、燕子海丘、觀星海丘等。此一「正名」動作被視為對日本最新的對抗行動。

當天，中國海警局發布消息稱，中國海警二五〇二艦艇編隊在釣魚島領海內巡航。海警二五〇二號是中國最大的執法主力艦，為五千噸級，長一二八米，寬十六米，航速二十二節，至少有兩個砲位可以加裝艦砲或其他武器，並裝備有軍用版的海空搜索雷達。

日本海上保安廳的巡邏船確認，中國海警局四艘船隻進入釣魚臺附近日本「領海」，其中一艘搭載疑似機關砲，抗議意圖明顯。事實上，自二〇一二年日本把釣魚臺國有化後，大陸海警傳到釣魚臺海域巡航已成常態化。這是中國大陸今年第十一次進入日本「領海」。更名案通過前，大陸公務船已連續六十九天行經釣魚周邊，刷新二〇一二年九月日本將釣島國有化以來的連續最長日數。

從這兩個事件的發展脈絡來看，中、日各有明確的國家利益，與不同層次的戰略目標。釣島不只是主權問題，也是海權爭奪，中國大陸要進出太平洋，與日方海洋衝突無法迴避。但美中日趨明顯的新冷戰，促使中方改善中日關係；日本與中國的經濟聯繫也使日本無法抽身。美中關係愈緊張，日本愈需要穩定的中日關係。

蔡英文的主權觀

但蔡政府對這件事的反應卻令人感到荒腔走板。釣魚臺列嶼是中華民國固有的領土，在行政區則隸屬於宜蘭縣頭城鎮大溪里，而且釣魚臺列嶼周邊的海域，一直是基隆、宜蘭當地漁民傳統的魚場，此集體記憶與歷史事實可以向前追溯許多世代。而且就地緣位置、歷史條件、地質因素而言，臺灣最有原始條件擁有釣魚臺列嶼的完整主權。

怪異的是：蔡政府對整個事件的來龍去脈，卻好像一無所知。六月二十一日下午，蔡英文出席「小英總統與高中生面對面論壇」。有清水高中學生問道：四年前，我國領土太平島被判定為「礁」，但日本「冲之島」方圓不足十米，卻被稱為「島」。太平島被判為「礁」會使我國經濟海域縮小，領土受到嚴重侵害，主權受到壓縮，「我們該如何宣示主權，讓其他國家知道，這裡是我們的領土？」

蔡總統回應，這是國家面臨的最重大挑戰，很多歷史因素及國際現實讓臺灣受限，「但最重要的是我們要有堅定的集體國民意志，我們知道我們是一個國家，而且是很驕傲的國家，我們有很好的民主，能夠在民主原則之下有效保護這個國家不受疫情或疫病侵害，這個全世界都看到了，這就是把集體意志展現給全世界看。」

文青語言，答非所問

蔡英文舉例提到，「只要我們是團結的，意志堅定，機會會一次一次出現，但不要浪費機會，當世界把目光放在臺灣，就要把臺灣人的堅持跟價值展現出來，這一次成功，下一次我們要更成功，作為國民，時時要注意國家面臨的挑戰。」

蔡總統也說，要把自己鍛鍊好，當國際想聽臺灣有什麼反應的時候，都能異口同聲地表達意志，「這就是最重要的地方，機會是準備給準備好的人，年輕的你們跟執政的我們，都要隨時把自己給準備好。」

這是蔡英文典型的「文青式語言」。從她的回答裡可以看出：她對臺灣的防疫成績非常引以為傲，認為：「這個全世界都看到了」、「世界把目光放在臺灣」、「這一切成功，下一次我們要更成功」。然而，對於學生所提臺灣和日本之間領土主權衝突的爭執，她卻答非所問，甚至避而不談。

看到這種蔡氏的「文青語言」，人們不禁要問：臺灣跟日本之間發生領土主權爭執時，難道不就是「國際想聽臺灣有什麼反應的時候」嗎？這時候，「臺灣人的堅持跟價值」是什麼？該如何「異口同聲的表達意志」？

「反中媚日」的邏輯

正是因為蔡英文「媚日反中」的心態，不敢面對跟日本之間領土主權的爭執，翌日，總統發言人張惇涵表示：長期以來，中國大陸公務船在相關海域的活動，「騷擾到附近漁民」，才導致此次風波。他呼籲在該區域內各方都應秉持「擱置爭議，共同開發」原則，來維護東海地區和平的穩定。他說，外交部已向日本代表達「最重的關切」，「我們會維護主權，也要維護區域和平與穩定」，「任何各方挑釁和動作都是不必要的」。

這位總統府發言人的說法，充分反映出蔡政府「媚日反中」的心態。這次風波明明是石垣市議會通過將釣島右列嶼行政區名改為「登野城尖閣」所引起，蔡政府卻一口咬定是「中國大陸公務船在相關海域活動，騷擾到附近漁民」惹出的禍！「媚日反中」到可以扭曲事實、顛倒是非的程度，蔡英文的「意識形態治國」，真是叫人嘆為觀止！

不僅如此，針對宜蘭當地民意代表號召民眾登島宣示主權，張惇涵認為：「任何各方挑釁和動作都是不必要的！」他甚至連什麼是「挑釁」，什麼叫「抗議」都搞不清楚，難怪此言一出，臺灣網民一片譁然，譏嘲、怒罵交加。第二天，中國大陸《環球時報》立刻以標題批評蔡政府的回應是「漢奸邏輯」，並在內文稱民進黨當局「軟弱媚日」，是「有史以來最舔日的政府」！

「助日代表」的「抗議」

了解蔡英文「媚日反中」的基本性格，我們便不難理解：他們所採取的「抗議行動」。針對此一事件，外交部重申「釣魚臺列嶼主權屬於我國，任何意圖改變此事實行為均屬無效」，「我國概不承認企圖影響我國對釣魚臺列嶼主權的任何言行，今後將秉持和平理性方式處理釣魚臺列嶼主權問題」，也再次剴切呼籲日方理性克制，勿以片面舉動干擾我國對釣魚臺列嶼的主權，避免影響東海穩定和平及臺日友好。

外交部的聲明可以說是不痛不癢的「官樣文章」。以之作為參照點，我們便不難了解蔡政府所謂的「抗議」，到底是指什麼。

駐日代表謝長廷透過臉書指出，雖然日方說這是「地方反制中國的自治行為」，八重山臺日親善團體也聲明反對，「但我們還是表達抗議」。臺灣內部少數人批評代表處太軟弱，誇言當年多神勇，但「很多事情禁不起歷史資料考驗的，只是現代人都太忙沒有時間查證。」

謝長廷說，一九七一年六月，美國宣布把釣魚臺列嶼和琉球交與日本管領。並於一年後執行，從此「日本有了事實管領權」。這是歷史的一頁，但有沒有人可以告訴他「當時中華民國政府做了什麼抗議」？

謝長廷將「登野城尖閣」改名定位為「地方反制中國的自治行為」。他所謂的「八重山臺日親善團體」其實就是日本用來應付臺灣的幾個右翼團體之一。對他來說，「對日本抗議」其實只是嘴巴說說、敷衍一下即可。他真正要告訴大家的是：從一九七一年六月，美國宣布把釣魚臺和琉球的行政權交予日本管理，日本就有了「事實管轄權」。他只記得歷史上的這一頁，至於臺灣、中共、日本三方面長年來對釣魚臺主權歸屬問題的爭議，他一概視而不見，「裝作沒有看到」，還希望有人告訴他「當時中華民國政府作了什麼抗議」？難怪許多人都把謝長廷叫作「助日代表」，並且質問蔡政府：有了這樣的「駐日代表」，臺灣還需要「賣國賊」嗎？

任何一個社會事件的發生，都有它的前因後果。每個人對同一事件所作的解釋，都可以反映出個人的「背景視域」。釣魚臺更名事件的整個過程就像是一具「照妖鏡」，折射出許多臺灣政治人物的真實面目。

前節所引謝長廷的臉書顯示出：當前民進黨政府的最大問題，在於對已經到來的「亞洲世紀」茫然無知，亞洲各國都忙著合縱連橫，擴大自己生存空間的時候，蔡政府的高官仍然是生活在「美國作為世界霸主」的時代，認為亞洲的重大事務，都是美國人說了算，結果是陷入「自我殖民」的困境，只會「等待機會的到來」，不會「把命運掌握在自己手裡」。

第四節 緊抱美國，進退失據

今（二〇二〇）年五月底，美國揚言制裁香港，蔡英文也立刻在臉書上表態，「因應情勢變化，可能停用《港澳條例》」。

事前支援，事後落閘

消息傳出後，國安人士立即透過媒體解釋，由於對港資與對陸資規定不同，如果港澳條例停止適用，則適用《兩岸關係條例》，港資視同陸資，港人居留規定也會停止適用。陸委會副主委邱垂正說得更白，此後，港人來臺居留、投資、旅行管制視同大陸人，將從嚴審查。

蔡政府此項構想一出，立刻引起各界質疑：反送中運動期間，蔡政府口口聲聲說要與港人站在一起，現在卻拋出停用《港澳條例》，打算讓香港適用《兩岸關係條例》，這種做法難道不是跟美國一起懲罰港人，一邊說協助港人，一邊卻斷港人來臺的後路？

在網路針對停用《港澳條例》的討論中，支持反送中的黃絲，紛紛表示失望，有人問「手足點算」，那些有被捕危險的示威者怎麼辦？也有人批評臺灣政府，說「原來出事前就支援，出事後就落閘」。各討論區支持大陸制定港版《國安法》的藍絲紛紛歡呼，有人說「竟然係藍營國民黨出口不贊成廢除港澳條例」，還有人說「臺灣開始後悔，起初叫民主鬥士，現在轉叫做黑衣魔」。

不給臺獨「留下任何空間」

今年（二〇二〇）是大陸《反分裂國家法》制定十五週年，北京於五月二十九日上午在人民大會堂舉行一場紀念座談會，邀請中共全國人大委員長栗戰書出席，並發表涉臺談話。栗戰書的談話凸顯「兩個反對」和「一個最後手段」，既是說給民進黨聽，也講給華府聽。

栗戰書講話的第一個反對是「堅決反對臺獨」，這當然與當前兩岸形勢有關。蔡總統在五二〇就職演說拋出啟動修憲，未來會涉及領土範圍和國家定位修改，是未來兩岸關係一大變數。針對這一點，栗戰書表示，臺獨分裂勢力推動和鼓譟所謂修法、立法，釋憲、憲改等，妄圖推進「漸進臺獨」，尋機謀求「法理臺獨」。他嚴詞批判臺獨分裂勢力「拼湊一些不倫不類的稱謂、概念，妄圖從地理和法理上切割臺灣與大陸的關係」，這段話很明顯是在批判蔡總統近年「中華民國臺灣」的說法。他強調，和平統一、一國兩制是實現國家統一最佳管道。「我們願為和平統一創造廣闊空間，但我們絕不為各種形式的臺獨分裂活動留下任何空間」。

栗戰書談話的第二個反對，是「反對勾連外國勢力」，他說「解決臺灣問題、實施祖國統一是中國內部事務，不受任何外國勢力干涉，無論臺獨分裂份子與外國勢力如何勾連表演，都無法改變臺灣是中國一部分的歷史和法理事實」。

「一個最後手段」則是由出席的中共中央軍委聯合參謀部參謀長李作成表示，如果和平統一的可能性完全喪失，「中共軍隊將與全國人民包括臺灣人民一道採取一切必要措施，堅決粉碎任何分裂圖謀和行徑，捍衛國家主權和領土完整」。李作成強調，全軍官兵會為民族復興而戰、為祖國統一而戰，軍隊有堅定的意志、充分的信心、足夠的能力，挫敗任何形式的臺獨分裂圖謀。

下一步：武統臺灣？

針對中共的表態，國防部長嚴德發表示，中共一直不放棄武力犯臺，使臺海形勢日趨嚴峻，根據國軍掌握的情勢，目前狀況沒有異常，但仍會做「最壞的打算和最好的準備」。行政院長蘇貞昌也補充說明，在蔡英文總統領導下，我們的態度是「備戰不懼戰，備戰不求戰」。

蘇貞昌的說法是蔡政府的「老調」。在此之前的五月二十日，外交部長吳釗燮接受美國《福斯新聞》專訪時表示，各國忙著處理疫情時，中國政府似乎在全球多處擴張勢力，並採取行動。除了在南海、東海增加軍事行動外，中國也對臺施壓，並要求多國不要與臺灣往來，特別是西半球國家。北京趁國際社會忙於抗疫時推動制定港版《國安法》，「下一步可能對臺動武」。

此話一出，立即引發輿論譁然。「武統臺灣」是非常敏感的議題，吳釗燮身為政府高層，負責攸關國安事務的外交工作，在談及這類議題時應特別謹慎，即使有十足的證據和把握，發言時也應保守，他卻一再以放話的方式，談及兩岸發生軍事衝突的可能。二〇一九年他接受《路透社》訪談時表示，因為美、中貿易造成大陸經濟衰退，為了分散其內部的壓力，對臺動武即是可能採取的動作。《紐約時報》專欄作家紀思道引用吳釗燮的話指出，臺灣軍方正針對中國大陸制定防禦和進攻計畫，另有一名蔡政府高層官員更透露，「其中還包括空襲中國福建省」。

民主國家出面相挺？

今年一月總統大選剛結束，總統蔡英文在接受英國廣播公司（BBC）專訪時也明確指出，任何時候都無法排除戰爭的可能性。當時蔡英文強調臺灣必須做好準備，發展自我防衛的能力，讓對岸了解「侵略臺灣或試圖侵略臺灣將付出很大的代價」。吳釗燮在接受外媒訪問時也說，面對武統「我方應尋求美國及全世界的外交支持，同時也強化自身防衛能力以嚇阻對岸。」

這是蔡政府一貫的思維模式。蔡總統對兩岸關係發展有「和平、對等、民主、對話」八字箴言，前面六個字可說都是「前提」或「條件」，後面的「對話」則是表達臺灣有意坐下來談，用蔡總統自己的說法是：「雙方能坐下來談未來關係的發展」，但她從不督促所屬部會盡力實踐自己定下的大政方針，在外交部長放話「中共可能武統」時，蔡英文表示「這是一個要注意的情況」，要求相關部會關注和預判。

吳釗燮對美國媒體示警，很明顯的是蔡政府希望萬一中共對臺動武，美國和其他民主國家能夠出面相挺。然而，從世界各國對中共通過港版《國安法》的反應來看，屆時美國或其他民主國家會「出面相挺」嗎？

「筆尖」的意義

白宮前國安顧問波頓在他的新書《事發之室：白宮回憶錄》中指出：川普最愛在白宮辦公室隨興比喻，先指向一枝筆的筆尖說：「這是臺灣」，然後再指向那張歷史悠久、名為「堅毅」的大型辦公桌說：「這是中國」。

以「堅毅」的辦公桌比喻「中國」，那代表「臺灣」的「筆尖」應當叫什麼？對川普而言，它具有什麼樣的象徵性意義？

川普是生意人出身，出任美國總統之後，許多人認為：他是位「看著帳本治國的總統」。他在意的「帳本」之一，是美國軍工複合體的利益。因為白宮和五角大廈高官退職後的主要出路，便是到幾家大型軍火公司去當掮客，領取鉅額薪酬，替他們推銷軍火。

美國是否要賣軍火給臺灣，取決於決策者的政治考量。例如老布希總統於一九九二年同意出售F-16戰機，距臺灣提出需求已經十餘年。事隔二十七年，川普在「印太戰略」的考量下，決定增賣第二批F-16給臺灣。

二〇一九年十月二十九日，立法院三讀通過《新式戰機採購特別條例》，編列二千五百億元特別預算，採購六十六架F-16V戰機，平均衣架要價三七．八億元。而美國最大軍火商洛克希德馬丁公司公布的最新型第五代匿蹤戰機F-36A，一架只要二十三．七億。臺灣購買舊型的F-16V，每架售價竟然比F-36A貴了十四億！

蔡英文連任發表總統就職演說當天，美國國務卿龐培歐以推特送給「臺灣總統」賀電，同時又宣布售臺十八枚新式重型魚雷，也是「一口價」，每枚一千萬美元，由美方決定，沒任何議價空間。

臺灣的「油水」

看到這些案例，大家就可以明白川普所謂的「筆尖」是什麼意思了。他拿起筆，朝擺在名為「堅毅」的大辦公桌上的文件書寫，只要可以榨取臺灣的「油水」，當他個人的治績，這支筆便可以繼續留著用。

美國一再警告臺灣：臺灣要有效抵擋中共入侵，必須將國防支出由GDP的二％提高到三％，也就是由現行的三千三百億元提高到四千五百億元。哪一天如果川普發現：他的「筆尖」再也擠不出臺灣的「油水」，那這支筆就可以丟了！

臺灣在川普心中的意義是「油水」，這一點並不難理解。但波頓在一書所述對臺軍售的經過，就十分的費人猜疑。書中說，中國大陸國家主席習近平曾明確要求川普不要軍售臺灣，且不要同意讓蔡英文總統訪美，習稱這兩件事是兩岸穩定的關鍵。但波頓認為，一九七九年的《臺灣關係法》授權美方軍售臺灣以自保，習的多數立場與此法牴觸。

「悄悄執行」軍售

波頓說，他和美國國務卿龐培歐訂出策略，聯合當時的白宮代理幕僚長穆瓦尼，要說服川普軍售臺灣。穆瓦尼曾是南卡羅來納州眾議員，美國武器大廠波音公司在南卡有幾個生產廠。

二〇一九年八月十三日，在與川普的視訊會議中，波頓等人說明，如不對臺軍售，將有重大政治後座力。臺灣將支付F-16所有費用，總售價是八十億美元，將為南卡州創造許多工作機會。

波頓在書中說，川普當時問：「你們曾想過不做這筆銷售嗎？」波頓說，他們沒想過。川普終於說：「好吧，但悄悄執行（do it quietly）。約翰（波頓的名字），你不會針對此事發表演說，對吧？」五天後，川普在媒體詢問下證實他已批准售臺F-16戰機，並表示這筆軍售案價值八十億美元，「很多錢、很多工作機會」。

這件事費人猜疑的是：如果這筆軍火交易，單純只是為了替南卡州的居民創造「很多工作機會」，賺「很多錢」，這是光明正大的事，川普何必鬼鬼祟祟地交代白宮官員「悄悄進行」，暗示他們「不要針對此事發表演說」？他們從這筆交易中，可以分到多少「封口費」？更重要的是：這筆軍火的買方可以分到多少「好處」，他們才會心甘情願地讓美國的「軍工複合體」榨取油水？

「背棄清單」名列前茅

川普同意軍售臺灣後，波頓在書中寫道：「我離開白宮後，當川普背棄敘利亞庫德族時，有人猜測他接下來可能背棄誰。臺灣在這張遭背棄清單中名列前茅，而只要川普還是總統，這種情況就可能繼續維持，這並不是一種令人高興的前景。」

波頓是共和黨中的「鷹派」。他雖然不喜歡川普的處事風格，在中、美「文明對抗」的格局下他卻是個堅定的「反中派」。所以他對川普將臺灣列在「背棄名單」的「前茅」感到不爽，然而，即使川普在今（二〇二〇）年十一月總統大選中連任失敗，民主黨總統候選人拜登繼任，臺灣的命運是否會改變？

本書第二章提到：芝加哥大學政治學教授米爾斯海默（John Mearsheimer）在他的名著《大國政治的悲劇》中，很坦率地說出了臺灣命運的必然性。他在徹底分析各種可能之後，米氏認為：中美兩國最可能的策略是「贊助盟友打代理人戰爭」（proxy war）。

米爾斯海默認為他的理論採取的立場是「攻勢現實主義」（offensive realism）。這是在西方歷史及文化條件下所建構出來的理論。依照這樣的理論，臺灣的命運幾乎已經確定。因此，他在該書二〇一四年版中，添加了一篇附錄，題為〈向臺灣說再見〉。在米氏冷酷而且客觀的分析下，作為美國「背棄清單」中「筆尖」的臺灣，該如何改變自己的命運呢？

第五節　兩岸關係的出路：「一中兩憲」

蔡英文常常講：她的兩岸政策是要「維持現狀」。臺灣歷次民調也都一再顯示：絕大數的民眾認為：目前兩岸沒有「獨立」或者「統一」的條件，大家偏好的是「維持現狀」。我在二〇〇五年便出版過一本書，題為《一中兩憲：兩岸和平的起點》，書中指出：兩岸關係的現狀，就是「一中兩憲」。

共構文化中國

更清楚地說，在傳統稱為「中國」的領土上，存有「中華民國」和「中華人民共和國」兩個不同的憲政體制，它們在其有效的統治範圍內，各實施性質迥然不同的兩部《憲法》。只要兩岸都承認這樣的客觀事實，雙方就可以對等的立場進行談判，甚至簽訂和平協議。

「一中兩憲」不是「一國兩制」。香港的「一國兩制」，是在「中華人民共和國憲法」之下，制定一個「香港特別行政區基本法」；「一中兩憲」中的「中華民國憲法」和「中華人民共和國憲法」是彼此對等的兩者之間，並沒有這樣的從屬關係。

香港的英文名字是Hong Kong, China，中間有個逗點。將來兩岸如果要簽訂和平協議，雙方使用的英文名稱分別為Taipei China和Beijin China，中間沒有逗點，表示「一中兩憲」和「一國兩制」並不相同。兩岸簽約時雙方使用的中文名稱，則分別為「臺北中國」和「北京中國」；這兩個名稱中的「臺北」和「北京」，是雙方首都的所在地，「中國」則是雙方歷史上共有的「文化中國」。

必須強調的是：「一中兩憲」是兩岸和平的起點，而不是終點。在海峽兩岸邁向和平統一的過程中，中共必須致力於重新建構「文化中國」，和綠營的「文化臺獨」對抗到底。兩岸的知識份子則必須攜手「共構文化中國」，唯有如此，才能真正做到「習五點」所說的「深化兩岸融合發展，夯實兩岸和平統一的基礎」。如果沒有了「文化中國」，兩岸人民如何可能「心靈融合」？

「修辭立其誠」

《中庸》第二十五章說：「誠者，物之始終；不誠，無物。是故君子誠之為貴」。蔡英文雖然說：她的兩岸政策是「維持現狀」，並且把「和平、對等、民主、對話」八字箴言掛在口中，大家都知道：這是「小和尚唸經，有口無心」，她的一切作為都顯示她想搞得是「兩國論」。她的外交部長也因此而一無作為，只能代替國防部長預言：「兩岸關係的下一步是武統」！

用下棋的比喻來說，蔡英文一心想當「棋手」，可是因為她在對外政策上只知道要抱緊川普政府的大腿，結果還是擺脫不了「棋子」的命運，任由美國軍火商予取予求。再用下「圍棋」的概念來說，當對岸步步緊縮，甚至已經威脅著要「叫吃」，她也是一籌莫展，毫無對策。

在這整個過程中，最令人匪夷所思的是國民黨的「兩岸論述小組」。雖然兩岸論述小組大多數成員認可九二共識是基於《憲法》而來，曾經是兩岸關係的「定海神針」，對過去兩岸和平發展確實有相當貢獻，但因體察九二共識在當前氛圍中遭不公平汙名化，因此必須「把它當歷史事實」，兩岸路線須找出新論述方式。

民進黨反對九二共識，只接受「九二歷史事實」，是因為一旦接受九二共識，就表示接受隱含在其中的「一個中國」，而追求臺獨或「兩國論」才是他們的長遠目標。國民黨把九二共識「當歷史事實」，這不是跟民進黨「拿香對拜」嗎？

更莫名其妙的是，國民黨兩岸論述的四大主軸「堅持主權、維護臺海安全和平、堅守民主價值、創造兩岸雙贏」這難道不是在闡述蔡英文的「八字箴言」：「和平、對等、民主、對話」嗎？

蔡英文提出的兩岸「對話」，是一廂情願的「空話」。國民黨提出的「創造兩岸雙贏」又何嘗不是「空話」？因為將九二共識束諸高閣等於是把「兩岸對話的政治基礎」連根斬斷，既無對話，還想「創造兩岸雙贏」，這豈不是痴人說夢？

「一中各表」與「九二共識」

國民黨主席對於「九二共識」的態度模糊，包括連戰、吳敦義、吳伯雄等擔任過主席的國民黨「大老」，都認為「不妥」，他們肯定：九二共識是兩岸關係的「定海神針」，是國民黨反對臺獨而能與民進黨區隔的關鍵。到了七月五日，前總統馬英九終於整合大家的觀點，向大陸喊話稱，完整的九二共識必須要有一中各表，「沒有各表就沒有一中，沒有一中各表就沒有九二共識」。

針對馬英九的談話，這位不願具名的大陸學者指出，九二共識最初就是臺海兩岸「求同存異」的結果。他說，透過當時兩岸兩會往來函電可以看出，兩岸有共同認知的部分是「海峽兩岸均堅持一個中國原則」，不同的部分是，兩岸對於「一個中國的意涵、認知各有不同」，也就是說，大陸方面並未否認兩岸之間存在的認知差異，而這個重要差異部分正是未來大陸和臺灣需要和平討論解決的問題。

這位大陸學者強調，如何表述兩岸這個差異是臺灣的權利，但這個認知差異不能成為原有共同認知（一個中國原則）的前提。

兩岸心靈融合

在我看來，當前藍軍的上策是清楚的表明：「一個中國原則」的「中國」，是指《禮記・中庸》所說的「是以聲名洋溢乎中國」，或《詩經・大雅・民勞》上說的「民亦勞止，汔可小休。惠此中國，以綏四方」，或是《孟子・滕文公上》的「禹疏九河，瀹濟漯，而注諸海；決汝漢，排淮泗，而注之江，然後中國可得而食也。」這也就是「文化中國」，或歷史文獻上所指的「中國」。

目前兩岸的現狀是「一中兩憲」，傳統稱為「中國」的領土上，存有「中華民國」和「中華人民共和國」兩個憲政體制，雙方對此取得共識之後，便可以「對等」的互動，展開和平談判，並建立穩定的兩岸關係，其目的則在於本書主張的「共構文化中國，兩岸心靈融合」。

誠者，天之道；誠之者，人之道。臺灣的政治領導人只要把握住「一中兩憲」的原則，「不攖中國之鋒，不做美國之卒」，修辭立其誠，在中西文明的夾縫裡，其實不難替臺灣找到生存空間。相反的，如果臺灣的知識菁英缺乏反思的能力，陷入「自我殖民」的困境而不自知，最後的結局必然是「大國政治的悲劇」，一步步實現「米洛斯對話」中的預言：「大國隨心所欲，小國任憑宰割」。在這個歷史的關鍵時刻，臺灣的知識菁英還有反思自省的能力嗎？

第十一章　「普世價值」的反思

任何一種價值理念，都是在一定的歷史和社會條件下塑造出來的。《中西文明的夾縫》一書很清楚地指出：從希臘羅馬時期以來，西方許多國家都存有奴隸制度，「貴族／平民」之間，有非常明顯的階級對立，所以會發展出「自由、民主、人權」的價值理念。非西方國家要想移植這些價值理念，也必須思考它們在本土社會中的適切性，否則便很容易陷入「自我殖民」的困境。

當敏銳的觀察家看出：到了二〇二〇年五月底，美國獨霸世界的時代已經結束，時序從此進入「亞洲的時代」，美國威斯康辛州明尼亞波利市發生的一樁偶發事件，讓世人更加清楚地認識到：美國到處推銷的「自由、民主、人權」，其實祇是他們用來搞「顏色革命」的口號。美國經常用它作藉口，顛覆其他國家的政權，他們自己根本做不到，根本不是什麼「普世價值」。

第一節　「間歇性」的人權暴動

二十五日晚間，明尼亞波利斯市的一家雜貨店報案，聲稱有人拿假鈔購物，「而且喝醉了，無法控制自己」。員工追出去，發現嫌犯坐在一輛廂型車上。警方到場，發現弗洛伊德（George Floyd）符合描述，上前盤查時，白人警察蕭文（Chuvin）以膝蓋壓住弗洛伊德頸部達八分鐘之久，弗洛伊德不斷哀叫：「我不能呼吸了！」他送醫時，已經因「窒息死亡」，但警察局所作的報告卻是：弗洛伊德「用身體抗拒」警察，並且因「醫療不適」死亡。

弗洛伊德之死

次日，憤怒的民眾開始上街抗議，即使蕭文和另三名涉案警察已被開除，示威者仍要求政府深入調查，給個交代，並要求四人負起更多責任。

抗議者原本呼籲和平理性，但場面逐漸失控。二十八日晚間十時多，暴徒衝進四人任職的第三分局，火警警鈴大作，建築物隨即陷入火海。位於分局附近的一排商店街也遭暴徒縱火、砸櫥窗及洗劫商品。當天該市消防局接獲逾三十起縱火通報。明尼蘇達州長沃爾茲隨即發布緊急狀態令，出動國民兵應對搶掠及示威行為。國民兵在第三區警局遭縱火數分鐘後發推文說，已在都會區動員逾五百名士兵。

當時明尼蘇達州刑事逮捕局和聯邦調查局已介入調查，但抗議活動愈演愈烈。全美近二十州爆發暴力示威浪潮。美國有線電視新聞網（CNN）非裔記者在暴動現場採訪中，雖已向警察表明身分，可是仍被逮捕，與他同行的一名製作人和攝影師也被警方上銬。

次日，亞特蘭大發生抗議示威，CNN總部遭到破壞，期間警方出動裝甲車，並發射催淚瓦斯驅散抗議者。有抗議者向大樓投擲鞭炮，還有人在樓外焚燒美國國旗，現場十分混亂。

「有人行搶，立刻開槍！」

根據《底特律新聞網》報導，當日凌晨的抗議活動變得更加暴力。底特律警察局長詹姆斯克雷格說，在午夜過後不久，一名抗議男子在凱迪拉克廣場附近遭到槍殺。一名坐在道奇杜蘭戈休旅汽車內的槍手向抗議人群開槍，擊中一名十九歲年輕人。槍手開槍後逃離現場，受害人被送到醫院後證實死亡。警方表示，仍在調查案發現場周圍情況。警察表示，警方逮捕了四十多人，其中百分之七十五至八十來自底特律城外。

二十九日凌晨，川普推文說：「這群暴徒毀了關於弗洛伊德的回憶，我不會坐視不管。剛和華茲州長通電話，告訴他軍方會站在他這邊。我們會克服困難，獲得控制，但是若有人行搶，就立刻開槍。謝謝！」

川普「有人行搶，立刻開槍！」的推文遭到推特公司的加重警示，使他惱羞成怒，企圖簽署行政命令，限制社群平臺業者的內容審查權，同時也火上加油，激起民眾湧入白宮對面的拉法葉公園。當時總統川普身在白宮，數十名秘勤局人員設起路障戒備，一度緊急封鎖。入夜後，示威者更與白宮外的秘勤局人員爆發肢體衝突。川普立即和國防部長艾思博和國家安全顧問歐布萊恩舉行電話會議，援引「一八〇七年反暴動法」，口頭下達憲兵待命的命令，北卡、科羅拉多等多個基地的憲兵，必須分別在四小時及二十四小時內整備完成，這是自一九九二年洛杉磯暴動後政府首度動用憲兵鎮暴。

「我無法呼吸」

「臺灣有統獨，美國有種族」。這是一個移民美國的第二代外省人的深刻感受。種族議題每隔一段時間就浮上檯面，震撼全美。問題成因來自歷史背景與社會結構，「社會對黑人的無形壓迫，使他們無法呼吸」。

一九九二年在洛杉磯發生的血腥暴動，有五十三人死亡，六百多建築被燒毀，上萬人被捕，導火線就是一名非裔男子金恩在高速公路上被四個白人警察攔下後，用警棍毆打，全程被攝影機拍下。今天明尼蘇達州非裔男子弗洛伊德遭到警察壓制脖子斷氣，畫面一傳開來，人心結痂的傷疤又再撕裂。

這次示威所引發的暴動，是近六年來最嚴重的反種族歧視行動。二〇一四年七月十七日，紐約市非裔男子加納被警察懷疑私販菸品，盤查時遭警方勒頸窒息死亡。同年八月九日，密蘇里州佛格森市十八歲非裔少年布朗遭白人警察射殺，警方宣稱布朗持械。兩起案件皆引發暴力示威，並興起「黑人的命也是命」（Black Lives Matter）人權運動。之後經過調查，涉案警察皆獲判無罪。

因此，二〇一四年興起的人權運動主題是「黑人的命也是命」；這次的主題則是「我無法呼吸」。

放置在本書的論述脈絡中來看，「我無法呼吸」人權運動的爆發，具有三層重要的含意，第一，「新自由主義瘟疫」造成的美國「間歇性暴力」；其次是歐美國家對國家安全的偽善和雙重標準；最值得華人知識份子反省的，則是他們自己對西方「民主、自由、人權」的迷信和盲目崇拜。

間歇性暴動

本書系第一冊《中西文明的夾縫》指出：從希臘、羅馬時期開始，西方國家就存有奴隸制度。到了十五世紀之後的大航海時代、殖民帝國主義興起，在十六至十九世紀之間，大西洋上最興盛的大宗貿易，就是黑奴買賣。數千萬的黑奴被人口販子用「圍獵」的方式捕捉、販售到美洲各地。美國在一八六一－一八六五年間發生的南北戰爭，目的就是要「解放黑奴」。但戰爭過後，黑人仍舊處在社會的最底層。

從一九八〇年代起，在雷根總統和柴契爾夫人的鼓吹之下，新自由主義在歐美國家中興起，貧富懸殊的社會問題也愈來愈嚴重。被川普「無預警免職」的前聯邦調查局長柯米（James Comey）在他所著的《向誰效忠》中指出：美國六十座城市中，有四十幾座城市經常發生「白人警察毆打非裔青年男子，或非裔青年襲擊白人警察」的案件。因為長期的種族隔離造成了社會結構不平等。在強調自由市場的資本主義社會裡，不同族群間的起跑點不同，使得好幾代人都無法翻身。這樣的社會背景，使美國黑人難以擺脫貧窮和犯罪的污名標籤。從警察的角度來看，他們每天面對的嫌疑犯，確實是有色人種多於白人下，他們對黑人提高警戒，變成一種職業性的本能反應。

由於黑人當年是以奴隸的方式，被販賣到各地城市，所以只能教居在各城市的貧民區。如果他們聚居在某幾州，他們也可能要求獨立。在當前的人口結構下，美國的種族問題只能表現為「間歇性的暴動」。

「新自由主義」之害

新冠疫情的發生，更加深了美國社會階級對立的尖銳性。在五月三十日那一天，美國新冠肺炎確診人數多達一七四萬，死亡人數超過十萬。受害者絕大多數都是窮人。在美國「新自由主義」的體制下，政府並不承擔國民健康的責任，而是交由私人保險公司去經營。結果美國人有三千萬人買不起任何保險，四千萬人只有部分保險。他們一旦罹患疫病，自然災情慘重。

今年五月，美國因為新冠疫情而申請失業救濟的人數已經多達三千五百萬人。他們因為需要工作，而希望政府開放封鎖，疫情嚴重的州政府又擔心：一旦開放，根本無法控制群聚感染的問題。這樣的矛盾是造成美國新冠肺炎確診人數和死亡人數不斷攀升的主要原因。

第二節　國安立法的雙重標準

正是因為美國社會蘊藏著嚴重的階級對立問題，美國也建構出世界上「最完備」的國家安全體系。日前美國至少有四十六種法令，明確政府各部門有關國家安全權責，擴大警察機關權限，甚至允許中央情報局執行暗殺行動。

既然美國認為，保障國家安全是普世價值，不允許人民叛亂或外力入侵，那為什麼美國反對中共制定港版《國家安全法》，自己要介入香港事務？這難道不是明顯的雙重標準嗎？

英國於一九九七年結束殖民時，香港主權交還中共，建立香港特別行政區。施行「一國兩制」以來，香港一直無法依《基本法》第二十三條，訂定國家安全法規。主要原因在於美、英等國仍把香港視為禁臠，為法外之地，可以從香港謀取自己的最大利益。尤其是美國，二戰結束以來，一直自詡為「世界警察」，打著守護「自由與民主」的口號，極力圍堵共產勢力擴張，以維護美國在太平洋及亞洲的利益。

鄧小平的遠見

這一點，在香港回歸之初，鄧小平已經有所警覺。五月三十日，香港特首林鄭月娥在臉書發文稱，有人認為：大陸全國人大近日決定為香港維護國家安全立法，已經違背鄧小平當年所承諾的治港方針：「保障港人的言論自由五十年不變」。持這些說法的人根本漠視「一國兩制」初心，也故意忽略鄧小平一九八七年會見「香港特別行政區基本法起草委員會」委員時的一段重要講話：「切不要以為香港的事情全由香港人來管，中央一點都不管，就萬事大吉了。這是不行的，這種想法不實際。中央確實是不干預特別行政區的具體事務的，也不需要干預。但是，特別行政區是不是也會發生危害國家根本利益的事情呢？難道就不會出現嗎？那個時候，北京過問不過問？」

林鄭月娥引述鄧小平談話稱：「一九九七年後香港有人罵中國共產黨，罵中國，我們還是允許他罵，但如果變成行動，要把香港變成一個在『民主』的幌子下，反對大陸的基地，怎麼辦？那就非干預不行。」

林鄭月娥指出，重新領會鄧小平當年的講話，再看看香港過去一年的暴力動亂，以及近日外國和境外勢力肆無忌憚地干預國家的內部事務，「我們能不佩服鄧小平先生的高瞻遠矚、洞悉世事嗎？」

說給美國朋友聽

翌日，中共駐美大使崔天凱在美國媒體《彭博社》網站發表一篇文章，題為〈保一國兩制前途，還香港穩定發展〉。文中指出，長期以來香港在國家安全上處於不設防狀態，被人利用公然鼓吹港獨，煽動暴力，多次突破北京中央政府底線，外部勢力愈來愈肆無忌憚插手搗亂，干預香港事務，令香港陷入亂局，中國國家安全受到危害。

崔天凱稱，「維護國家安全是一國兩制賴以生存的基礎」，涉港國安立法可以令長期在香港工作及生活的美國人更安全和放心，任何人只要跟分裂國家、顛覆政權、組織實施恐怖活動，以及外國和境外勢力干預等危害中國國家安全的行為無關，就大可放心在香港安居樂業和投資。

林鄭月娥同時在社交網路表示，崔天凱的文章，有段話是說給「長期在香港工作和生活的美國朋友聽的」。面對外國政府和政客的無理指控，這次立法工作事關重大，勢在必行。

第二天，獲委託為美國領事館物業獨家代理的世邦魏理仕證實，美國駐香港總領事館宿舍，已經公開招標出售，截標日期是七月三十一日正午。物業現為六幢低密度住宅，提供二十六個單位及五十二個車位，另設室外游泳池。地盤面積約九萬四千多平方呎（約二六四七坪），可重建面積約四萬七千多平方呎。

美國駐香港總領事館宿舍物業由美國政府於一九四八年以三十一萬多港元購入，一九八三年建成六幢三層高洋房，現在用作美國駐港總領事館員工宿舍。物業位在香港島南區的壽山村道，環繞壽臣山，因地處美景、環境私密，住戶都非富即貴，今天市值已上看百億港元。美國駐港澳總領事館已經承認標售有關物業，表示美政府定期檢討持有的海外物業，包括美國駐港澳總領事館辦公大樓，都是其投資計畫的一部分。

積極的「一國兩制」

鄧小平的「一國兩制」理論基礎是港人治港；江澤民的「一國兩制」，基調是「井水不犯河水」。二〇〇二年十一月，中共總理朱鎔基訪港演說。他先肯定香港具獨特優勢，信任香港「可以自己管制好自己」。接著他更強調：「我總是不相信香港搞不好，如果香港搞不好，不單你們有責任，我們也有責任，香港回歸祖國在我們的手裡搞壞了，那我們豈不成了民族罪人？」

從本書的角度來看，香港的最大問題在於知識份子缺乏一種「去殖民化」的心理調適，一直是把香港當作是高人一等的「白華」居住地，必然有外國勢力可以來保護自己。結果一場「反送中」運動，把香港與中國大陸形同「兩國論」的「一國兩制」，變成了「新一國兩制」，明確香港與北京是中央與地方的關係，由「消極的一國兩制」，成為「積極的一國兩制」。

反送中運動帶給北京和香港最大的政治成果，就是「政治攬炒」和「新一國兩制」。七月通過的港版《國安法》，遠比之前港澳辦、駐港中聯辦直接介入香港事務分量更重。它不祇是重寫中港關係，而是政治、經濟、社會各方面計算上，多個面向的大變局，這可能就是「攬炒」的結局，香港的「未來」已來，大家可以虛心以待。

兩種價值觀的對決

六月三十日，中國全國人大常委會全票通過香港《國安法》，國家主席習近平當日簽署第四十九號主席令予以公布，香港特區政府六月三十日刊憲公布，即日晚生效。七月一日，美國聯邦眾議院無異議通過《香港自治法案》，將授權總統制裁對香港施行新版《國安法》的中國大陸官員、企業與往來銀行，具體做法包括凍結個人的資產、拒發簽證等，也可禁止特定銀行在美貸款、外匯交易和股票投資。

中國大陸外交部發言人趙立堅則在例行記者會上表示，包括香港《國安法》在內的涉港事務純屬中國內政，任何外國無權干涉。無論外部勢力如何施壓，都動搖不了中方維護國家主權安全、維護香港繁榮穩定的決心和意志。趙立堅說，中方敦促美方認清形勢，恪守國際法和國際關係基本準則，停止以任何方式干涉香港事務，停止審議推進、更不得簽署實施有關涉港消極議案，否則中方必將予以堅決有力反制，一切後果完全由美方承擔。

中方通過法案後，聯合國第四四屆人權理事會會議在瑞士日內瓦舉行。包括法英國、日本、歐盟十五個成員國在內的二十七個國家立即在日內瓦發表聯合聲明，表示中國必須重新考慮香港《國安法》，該法威脅到香港自治區的各種自由。同時，古巴代表五十三個國家發表聲明，稱不干涉主權國家內部事務是《聯合國憲章》重要原則和國際關係基本準則，各國有權通過立法維護國家安全，歡迎中國立法機關通過港區《國安法》。

這兩份聲明可以看做是當前世界上兩種價值觀的對決。這二十七國大都是經濟發達的國家，也是決定今天國際秩序的主要國家。但是，這些國家並不是都要站到中國的對立面。作為香港曾經的宗主國，英國多次表明，一旦港版《國安法》實施，將加大英國國民（海外）護照（BNO）人士的簽證權利。脫歐之後的英國需要在全球找到自己的最新位置，面臨同中國就貿易進行洽談的局面，英國的反制措施力度並不及美國。歐盟有自己的價值傾向，歐盟國家則各有自身的國際定位，他們表態後的實際作為也大不相同。

第三節　「武力平亂」與「單膝下跪」

對於美國式「自由、民主、人權」存有幻想的華人知識份子，更應當密切注意這一事件的發展，了解「新自由主義瘟疫」如何造成美國的分裂，以及他們如何平息這場「間歇性的暴動」。

《華盛頓郵報》報導，五月二十九日，示威者包圍白宮，川普一度躲入白宮地堡，事後川普對於消息走漏大表不滿，認為有損其形象。當時川普致電弗洛伊德家屬表達哀悼，他認為這是「一通非常好的電話」，然而媒體的普遍反應卻是嘲諷與批評，讓他更為不悅。

「手持聖經」作秀

五月三十一日的新聞報導顯示：全美各地抗議與劫掠不斷，連白宮周遭也有警民衝突，讓川普愈看愈生氣。六月一日，他花了很多時間和幕僚討論，如何展現國家元首的威嚴，並顯示首都情勢穩定，最後敲定發表強硬談話，再走向教堂的推薦。

川普在白宮玫瑰園發表約半小時談話後，在重重警力護衛下自白宮步行至對面的聖約翰教堂，站在教堂布告欄前拿著一本《聖經》讓媒體拍照，川普說：「我們是全世界最偉大的國家，我們將會保護國家安全。」

為了讓川普順利完成這一段秀味十足的步行，華府當局臨時宣布：宵禁由十一時提前至七時。在川普出發前，警力大批動用催淚瓦斯、閃光彈及橡皮子彈驅離和平示威民眾，幫川普清場，不少人和警察肢體衝突。批評者大罵川普濫用武力對付民眾，只為了自己作秀。華府主教巴德得知此事後極為憤怒。巴德表示，「總統來教堂時沒有禱告，也沒有提到美國和有色人種的痛苦」。他說：「我們要遠離這位總統煽動性的言論。」

「法律與秩序」的總統

當天傍晚，川普在白宮玫瑰園對全國發表正式談話。他語氣強硬的自稱是「法律與秩序的總統」、「我的第一要務與最高職責，就是捍衛我們偉大的國家及美國人民。」除了嚴詞批評抗議群眾，還宣布如果各州州長不妥善處理紛擾狀況並保護民眾。他將援引一八〇七年「暴亂法案」賦予總統的權力，他說，如果各州和各城市無法控制示威，「我會動用成千上萬重武裝部隊」，「迅速幫他們解決問題」。

該法允許總統在美國境內部署軍隊以應對內亂。川普在談話中說，弗洛伊德遭虐死，所有美國人都厭惡反感，但對他的追思，不能被一批憤怒的暴民淹沒。川普說，華府的劫掠和暴力非常「丟臉」，是「本土恐怖主義行為」，「我已動用成千上萬重武裝軍隊及執法人員，阻止暴動和劫掠」。

當天稍早，川普與全國州長舉行視訊會議，討論全美各地的示威騷亂時，他強硬要求各州州長面對暴力抗爭的群眾應「積極處理」。他對州長們說：「你們要能掌控全局，不然你們看起來就會像一群蠢蛋。你們要把人給抓起來，送交審判。」

他還表示，對持續動盪嚴厲鎮壓，是州長的責任，而不是他的責任。在通話中，川普還提及電視上出現的暴力和搶劫的畫面，稱這些人是「敗類」，他敦促州長：「為什麼不起訴他們？」他並稱，明尼蘇達州的警察局被縱火，已成為「世界的笑柄」。

國防部長反對用兵

對於川普宣稱將派軍隊平亂，華盛頓州州長英斯利說，川普「不斷證明自己是不適格的總統」。這次動亂期間「除了虛張聲勢外，什麼都不會」。俄勒岡州州長布朗也說不會派國民兵去波特蘭平亂，因為根本不需要。伊利諾州州長普里茨克要川普收斂，別再煽風點火。

曾任國會助理目前擔任共和黨黨工的巴克說，川普為了作秀，「動用武力對付美國民眾，只為了減輕他的不安。這是徹底的濫權，是不道德的行為」。

那時候，全美抗議浪潮進入第七天，已遍及一百四十個城市，國民兵在至少在二十六個州及華府特區部署戒備；紐約、華府和洛杉磯等四十個城市陸續宣布宵禁。總統川普聲言出動軍隊止亂，六月三日，國防部發言人宣稱：在國防部長艾恩博的命令下，北卡羅萊納州的布拉格堡和紐約州的德拉姆堡已分別派兵前往華盛頓特區。發言人並稱，目前在華盛頓特區周邊地區，約有一千六百名士兵佈署，這些士兵暫時未有入城，如果兩千名國民兵未能應付亂局，士兵將會出動，入城支援平亂。

雖然川普威脅動用軍隊，但國防部長艾思博公開表示，他反對派美軍鎮壓示威，「我不支持援引暴亂法案」。華府市長鮑瑟也說，反對美軍在街頭對付美國人民。

前總統小布希發表聲明稱，現在不是說教的時候，而是應該聆聽。美國應反思自己「悲劇性的失敗」。眾議院議長斐洛西批評川普「正在分裂國家」，他指出：川普在教堂外拿著《聖經》擺拍，是「污辱信仰和價值觀」。參議院少數黨領袖舒默也表示，川普政府拿軍隊恐嚇美國公民，要求川普立即停止這樣的行為。

「單膝下跪」的救贖儀式

根據《美聯社》報導，當局已派遣逾兩萬國民兵在二十九州應付暴力事件。過去一周以來，約十多人因為暴亂死亡，至少六名執法人員中彈；全國超過五千六百人因為偷竊、阻礙交通、違反宵禁等原因被捕。

《紐約時報》說，雖然川普不斷施壓各州州長，並點名紐約市出動國民兵，以阻止「惡棍與魯蛇」劫掠，「以武力平亂」，但各州州長多半不理會，而是加派警力實施宵禁防止劫掠。

面對和平抗議警察暴力的示威活動中，警察常常以更多的暴力來應對抗議者、記者和旁觀者。在少數幾個城市，地方領導人意識到了危險所在。在休士頓，警察局長阿塞維多對抗議者說：「我們將與這個社區中的每個人一起前進。我會前進直到我受不了為止。但我不允許任何人拆毀這座城市。」

六月一日，洛杉磯市警局（LAPD）警官帕爾卡（Cory Palka）在好萊塢日落大道，站在抗議群眾當中，脫下頭盔、拿起擴音器，請求群眾保持和平，並承諾願以單膝下跪回應。

美國廣播公司（ABC）洛杉磯臺的鏡頭拍到，群眾「跪下來，跪下來」的呼聲中，帕爾卡跪了下來，獲得群眾歡呼聲。他向眾人說：「我們站在同一陣線。」

捨棄川普的領導

從紐約、洛杉磯到休士頓，不斷有警察和國民兵以單膝跪下，表達與示威群眾站在一起的態度。這個動作源自二〇一六年，美式足球（NFL）舊金山職業四十九人隊四分衛卡柏尼克在賽前唱國歌時，單膝跪地，表達爭取社會正義，抗議種族歧視。愛阿華州首府德梅因的警局局長溫格特與其他員警也加入群眾單膝下跪，解釋說：「這是我們能聊表心意的方式」。

「單膝下跪」變成這次人權運動中美國統治階層求取救贖的一種儀式。根據《路透社》在六月一、二日進行的調查發現，六成四美國成年人「同情現在走上街頭示威的人」，二成七不同情，百分之九不確定。

民調顯示，超過五成五美國人不認同川普對示威的處理方式，其中四成「強烈」反對，僅三分之一認同。

另一份路透民調發現，在註冊選民中，拜登支持度為百分之四十七，領先川普十個百分點，是拜登四月初成為民主黨候選人以來，對川普最大的領先幅度。

三月二日，拜登在費城發表演說，他批評川普無視《憲法》核心價值，重權力，輕原則。「川普認為分裂有利自己，他的自戀已經變得比國家福祉更重要」。拜登說，他不會煽動仇恨，也將設法治癒美國長期存在的種族主義傷口，更不會將其政治化，「我會承擔責任，不會怪罪他人」。

每天上演的悲劇

三月四日，非裔男子佛洛德追悼會在明尼蘇達州中北大學舉行。當天在華府國會山莊，在參院牧師布萊克帶領下，參院民主黨議員為佛洛德和其他手無寸鐵卻遭殺害的非裔，默哀八分四十六秒。這是佛洛德從遭壓頸到最後死亡的時間。部分民主黨議員在國會的解放大廳單膝或雙膝下跪。

在明州的追悼會上，明尼亞波利斯市市長傅萊單膝跪在佛洛伊德靈柩前悲泣。黑人牧師夏普頓在追悼會上說：「佛洛伊德身上發生的事每天在這個國家上演。……現在我們該為佛洛伊德站出來並喊出，『把你們的膝蓋從我們的頸子拿開。』」

夏普頓也抨擊川普在華府外的教堂拿著《聖經》拍照之舉。「我們不能把《聖經》當成道具，對於那些在乎正義的人來說，家屬不會允許你把佛洛伊德當成道具。」

根據明州警方紀錄，自二〇一五年來，明尼亞波利斯市警察逮捕時，至少使用兩百三十七次壓頸手段，造成四十四人昏迷。我們該問的問題是：不管是政治人物的「單膝下跪」，或是「拿著《聖經》拍照」，能夠阻止這種「每天發生的悲劇」在美國不再發生嗎？

第四節　「民主」與「人權」的反思

美國的種族歧視根深柢固，從一七七六年獨立成功以來，已經跟著美國歷史糾纏兩百多年。白人讓非裔美國人「不能呼吸」也已經兩百多年。美國是所謂「人權立國」的國家，根據美國《憲法》，法律之前，人人平等，每一個人都有同要獲得法律保護的權利。但這只是法律條文，本書第八章的析論指出：貧富懸殊和種族歧視讓所謂「人權」只是限縮在白人世界，法律保護不及有色人種，所以才會有「黑人的命也是命」的人權運動。

川普是個「白人至上」的種族主義者。他從就任總統以來，毫不諱言地展開種族分化，表面上反對移民，其實是劍指有色人種。在許多白人心裡，早期被販賣來的黑奴，或騙來修鐵路的華工，都是劣等民族，他們對開發美國的貢獻，已經被美國白人踢出史頁。

白人沙文主義到川普發展成為「白人至上主義」。由於白人在美國的人口比率仍佔六成多，其他四成為有色人種及西班牙語系的墨西哥後裔，在可預見的百年之內，美國有色人種仍然會遭到歧視，不可能獲得解決。當美國一天無法解決國內種族歧視的問題，美國就跟沒有資格以人權批評他國的，這樣做只會凸顯美國的民主是雙重標準的偽善，是「假民主」。

「種族」與「統獨」

「美國有種族，臺灣有統獨」，美國的川普利用「民主」搞「民粹」，臺灣的民進黨政府也是如出一轍。從一九九四年李登輝在國民黨內掌握實權，開始利用一票「自由派」知識份子，推動「教改」以來，獨派人士便以「去中國化」作為教育改革的重點。中研究院院士杜正勝推動的「同心圓史觀」，將臺灣歷史在時間上限縮在明鄭之後的五百年，在空間上跟大陸切割開。同時又將蔣經國時代的「四條小龍經濟奇蹟」歸功於日據時期的殖民地建設，很成功地塑造出蔡英文口中的「天然獨」世代。

領導國民黨的知識菁英，許多人以留學美國為榮，很少有人敢質疑「自由、民主、人權」的「普世價值」。香港「反送中」的風潮一起，藍軍便只剩下被獨派牽著鼻子走的份。今（二〇二〇）

年的總統大選失敗，國民黨更是失魂落魄，欲振乏力。

蔡英文一向認為：臺灣是民進黨私有財產，不容「外來政權」染指，正如川普把美國當作是白人的美國。因此當韓國瑜當選高市長，民進黨立刻叫出「光復高雄」的口號，認為他「竊佔」了民進黨的「民主聖地」，「讓民進黨顏面無光」。韓國瑜總統大選落敗之後，民進黨便千方百計要把他的市長職位一併罷掉。

無罪殺士

六月六日，韓國瑜罷免案通過，我立刻在《聯合報》「民意論壇」上發表了一篇〈無罪殺士，後患無窮〉：

韓國瑜罷免案開票，結果有將近九十四萬張的同意票，超過了門檻的五十七萬票，通過罷免案，使韓國瑜成為臺灣地方自治史上第一位被罷免的縣市長。

坦白講，當時韓國瑜出來競選總統，我是非常反對的。反對的理由之一就是因為他剛當選高雄市長不久，就想出來選總統，「吃碗內，看碗外」，犯了政治人物的大忌。

但是這次的罷韓案，就叫人感到十分奇怪。韓國瑜請假去競選總統，是法律所允許的。他競選期間，市府仍然照常運作，並沒有失職的問題。選完之後，他處理高雄市政，也是可圈可點。那麼為什麼非得要把他罷免掉不可呢？想來想去，理由只有一個，就是民進黨看他不爽！

自從蔡英文高票當選總統後，黨政軍大權一把抓，在罷韓案投票前兩天，蔡主席在民進黨中常會上親自「督軍」，通過罷韓聲明，民進黨長期培養的各路網軍，精銳盡出，韓國瑜當然會被他們動員出來的「投票部隊」壓制得「無法呼吸」！這難道不是先秦儒家最為忌憚的「無罪而殺士」嗎？

今天蔡英文不知道是否會感到「稱心如意」？別忘了，上次總統大選中，韓國瑜犯了許多戰略上的錯誤，但是仍然得到五百五十二萬張票。那些「韓粉」對於民進黨的「橫柴入灶」會有什麼樣的感覺？

民進黨的「綠衛兵」

今天民進黨的「罷韓」發起人自稱「四君子」。「無罪而殺士」的「劊子手」居然敢自稱「君子」，真是曠古奇聞！在我看來，他們的形象，看起來其實更像最近美國「霸凌」少數族群的那四個警官！

亢龍有悔。蔡英文在她的權力達到最高峰的時候，輕而易舉地用她的「綠衛兵」，拔掉了一個民選首長的職位。她在稱心得意之餘，是否有聽到那些支持過韓國瑜的「韓粉」正在哭泣著呼喊：「把你們壓在我們頸上的膝蓋拿開！」

在九合一選舉民進黨大敗之後，蔡英文很快發現，「網軍」是她鞏固政權的最佳利器。然而，民進黨的「網軍」跟大陸的「五毛黨」卻有有很大的不同。大陸的「五毛黨」是拿錢替政府說好話，民進黨的「一四五〇」是拿錢替執政者霸凌和汙衊別人。在民進黨總統候選人黨內初選時，他們幫蔡英文打賴清德，導致他公開喊話「請網軍住手」。日本關西機場事件發生，綠色網軍為掩護謝長廷過關，霸凌大阪辦事處長蘇啟誠，迫使他自殺。在高雄市長罷免案上，更是經年累月，長期霸凌韓國瑜，到處放毒針，造假照片，汙衊市政，群起圍剿，不達目的，絕不放手。

「國家將亡，必有妖孽」

這些假民意的言論，用語尖酸刻薄，故意栽贓造謠，充滿惡意而且冷血。罷韓成功後，高雄市議長許崑源墜樓身亡，留下了一句話：「臺灣社會這麼沒是非，我活著有什麼意思？」

民進黨網軍對他的評語是：「雙喜臨門」、「買一送二」、「弄髒人行道」、「如果義憤填膺就要跳樓，那不是跳不完嗎？」、「以死明志是好事嗎？那韓粉應該準備一下，別讓臺灣人失望了」；請問，這是何等的邪惡心態！

《中庸》第二十四章說：「國家將興，必有禎祥；國家將亡，必有妖孽」，以這種惡毒的語言，攻擊因感嘆臺灣「沒有是非」而墜樓身亡的政治對手，這是「禎祥」呢？還是「妖孽」？《中庸》接著說：「見乎蓍龜，動乎四體。禍福將至，善必先知之，不善，必先知之」，民進黨豢養這樣的「網軍」當「綠衛兵」，蔡英文甚至以他們作自己的「御林軍」，這是「善」呢？還是「不善」？二〇一九上半年有一項民調問「你最不喜歡的候選人」，結果是韓國瑜第一，蔡英文第二。民進黨主導罷韓，韓國瑜下臺了，臺灣的「民粹」政治發展到最高峰，蔡英文也站上了風頭浪尖的第一線。在這個態勢下，大家不妨冷眼觀察：「自由、民主、人權」真的是她的「鐵布衫」、「金鐘罩」？還是百毒不侵的「護身符」？

第五節　中國文明黨

從二〇一九年四月二十九日，美國國務院政策計畫室主任史金納宣布「圍堵中國」的「X計畫」，到今（二〇二〇）年六月六日，潛龍與禿鷹的「對抗」已經進行一年有餘。這場勢必改變人類歷史的「文明對抗」，仍然正在進行，但本書卻必須停筆付梓。此一停筆付梓正是儒家「生生」哲學所謂「開展」之意。

今年四月，紐約出版了一本新書，題目是《中國贏了嗎？：中國挑戰美國首位》（*Has China Won – The Chinese Challenges to American Primacy*），作者馬凱碩（Kishore Mahbubani），是出生在新加坡的印度信德族人，目前為新加坡的外交官和學者，曾經擔任新加坡國立大學李光耀公共政策學院院長，新加坡常駐聯合國代表，並曾輪值擔任聯合國安全理事會主席。他身為印度人，是這場文明對抗的「第三者」，又長期在中、西文化交會之處的新加坡工作，所謂「旁觀者明」，他在書中提出的幾個重要論點，正可以補本書之不足：

美方獲勝的假設

馬凱碩在書中指出：對大多數美國人而言，像美國這樣一個自由開放的社會，全世界最強大的民主國家，跟中國這樣封閉的共產主義社會競爭，竟然會輸掉是不能想像之事。大多數的美國人認為：基於以下五個關鍵假定，美國理所當然一定會獲勝：

1. 美國一定會贏得與中國的地緣戰略競爭。就好像他在世界第二次大戰擊敗德國和日本，在冷戰中擊敗蘇聯那樣。
2. 中國的政治和經濟制度是不可持續並且就會崩潰的。因為所有共產主義政府最終都會失敗，而所有的民主體制最終都會成功。
3. 美國資源豐富，在與中國競爭時不需要作出任何的基本戰略調整或犧牲。
4. 美國是建立在明智的美國《憲法》和法治之上。基本上是公正而秩序良好的社會，因此在與中國競爭時無須進行基本的結構調整。
5. 世界多數人會選擇美國。在選擇與「自由的燈塔和山巔上的閃亮之城」（這就是美國）或與「獨裁的共產黨」結伴方面，大多數人自然會傾向與美國為伍。

強大而堅韌的文明

針對這五項假定，馬凱碩對美國提出了十個問題，希望美國人能夠反躬自省，然後提出五個重要的論點：

1. 中國不是德國、日本、前蘇聯。美國自信他們將輕易擊敗共產主義中國，就像他們擊敗德國、日本和蘇聯那樣，挑戰是同一等級的。這個假定是錯誤的。美國的人口和資源確實優於它以前的對手。中國的人口是美國的四倍，更重要的，中華文明是世界上最古老的連續不斷的文明。美國不是在與不合時宜的共產黨競爭，而是在與一個世界上最古老、最強大的文明競爭。當一個強大而堅韌的文明恢復了元氣，它具有巨大無比的能量。

西方人的心裡長期潛藏著對「黃禍」的深沉恐懼而不自覺。對中國的競爭很容易引起與「非高加索人」（not Caucasian）鬥爭的情緒性反應。在華盛頓政治正確的環境下，任何戰略思想家都不可能說出政治不正確的實話。

在任何重大的地緣政治競爭中，理性和清醒的一方總會勝過自覺或不自覺地受情緒驅使的一方。美國對中國的反應已經受潛意識情緒的驅使。川普總統的國家安全顧問麥可馬斯特將軍（H. R. McMaster）說，美國與中國之間的鬥爭歸根究柢是「自由開放的社會對封閉獨裁制度」的鬥爭。此說如果屬實，那麼所有「自由開放的社會」都應該同樣感覺到中國共產黨的威脅。全球最大的三個民主國家，有兩個在亞洲即印度和印尼，但他們都沒有感受到中國意識形態的任何威脅。中國不像前蘇聯，要挑戰或威脅美國的意識形態。把新中國的挑戰視同舊的蘇聯，美國犯了「以昨日戰略打明日戰爭」的典型錯誤。美國的戰略思想家必須找到新的分析框架，來了解他們跟中國競爭的本質。

「智慧」與「知識」

2. 中國的目標在振興中華文明。當美國把CCP（Chinese Communist Party）看做是中國共產黨時，它就犯了基本的認識錯誤。這就是說CCP的核心價值是根源於共產主義。但是，在許多客觀的亞洲觀察者看來，它實際上是作為「中國文明黨」（Chinese Civilization Party）在運作。中國領導人的目標不是在全球推動共產主義，而是集中精力振興中華文明。為了達到這個目標，領導人徵集了中國最優秀的人才，加入共產黨。

馬凱碩在他的書中提出一個比喻：美國與蘇聯競爭，就好像哈佛大學（美國）與一個資金不足的社區大學（蘇聯）競爭。而美國與中國的競爭，就好比哈佛大學（中國）與中等的州立大學（美國）競爭。

馬凱碩用這個比喻，來說明中國決策者的「智慧」十分出色。但用「自我的曼陀羅模型」（見本書第一章圖1）來看，中國知識份子必須時刻警覺自己在客觀「知識」方面的「底氣」不足。唯有覺察到這一點，才能了解馬凱碩所提第三點的重要性：

3. 中美研究／發展預算交叉。在人均收入方面，美國遠超過中國。但是不像過去的地緣政治競爭那樣，將來的地緣政治競爭，將不是取決於物資資源，而是取決於知識資源，尤其是對研究和發展的投資。美國的研究和發展預算已經到頂並且正在下降；而中國的研究和發展預算持續上升，早已超過美國。

精神和物質雙失的「富豪統治」

4. 美國已經從民主體制蛻變成富豪體制。正如本書第八章「新自由主義瘟疫」所說，美國已經不再是可作為楷模的「公正而秩序井然」的社會。今日的美國，實際上已經變成階級分明的社會，而不是美國開國者離棄歐洲封建社會時努力創建的中產階級社會。如果美國建國者再生，他們對今日美國統治菁英掌握了極大的政治和經濟權力，而其餘的人對政治和經濟幾乎無法置喙，一定會感到震驚。美國已經從民主體制蛻變成富豪統治。

5. 美國喪失物質和道德。從一九五〇年代到一九八〇年代，美國社會似乎勝過地球上任何其他社會，當時美國確實是「山巔上的閃亮之城」。但在冷戰結束之後，美國已經喪失了戰略紀律，也沒有激發其餘人類的物質和道德能力。

從一九六〇年代至一九八〇年代，美國一向以所謂的「軟實力」自傲。自九一一事件後，美國一再違反國際法和國際人權公約，並成為重新使用酷刑的第一個西方國家。以「顏色革命」為藉口，公然使用中央情報局和特種部隊，干預他國內政，刺殺敵國政要。

根據瑞典斯德哥爾摩國際和平研究所（SIPRI）的報告，去年全球軍事支出增幅十年來新高，美國是帶動全球軍費增加的最大支出國，去年軍費七三二〇億美元，增幅百分之五・三，佔全球軍費支出總額三成八，比位居第二的大陸高出甚多。排名第二的中國大陸，去年軍費支出二六一〇億美元，增幅百分之五・一，第三名印度估計七一一億美元，成長百分之六・八。

在冷戰期間，美國有龐大的軍費開支是有道理的，因為它迫使蘇聯與美國進行軍備競賽，從而導致蘇聯破產。中國汲取了蘇聯崩潰的教訓，限制軍費而集中精力發展經濟。美國持續增大其國防開支是否明智？它是否應該裁減其軍費，並停止耗費鉅大的對外戰爭，而在改善社會服務並振興國家基礎設施方面增加投資？

疏離盟友

美國並不是單獨贏得冷戰。它與北約組織的西方夥伴結成堅實的聯盟，並結交第三世界的朋友和盟友。為了維持這些親密的盟友，美國對他們開放經濟並慷慨提供援助。川普政府「美國第一」的政策，只考慮自身的利益，而疏離了它的關鍵盟友。在這種情況下，美國是否還能建立抗衡中國的堅實聯盟？

中國人的戰略像是下圍棋，而不是下西洋棋。西洋棋看中的是以最快的方法擒王，而圍棋講究的是以耐心累積優勢，扭轉棋局，使其對己有利。美國曾經兩次大力阻撓中國的長期計畫，但都失敗了。第一次是在二〇一四—二〇一五年，歐巴馬政府企圖阻止盟友加入中國倡議的「亞洲基礎建設投資銀行」（亞投行）；第二次是川普政府企圖阻止盟友加入中國倡議的一帶一路。美國決定退出「跨太平洋夥伴關係協議」（TPP），是送給中國的一個地緣政治禮物。中國通過一帶一路倡議與其鄰國結成新的經濟夥伴關係，預先打破了美國的圍堵政策。美國是否留出足夠的資源進行長期的競爭？美國社會是否具有內在的力量和耐心與中國進行長期的較量？

國家的「阿基里腱」

最後，馬凱碩指出：美國使其盟友和對手言聽計從的最有利武器，不是軍事而是美元。美元已經成為全球貿易和金融交易實際上不可或缺的貨幣。它已經成為全球經濟相互依存的一個公共產品，外國銀行和金融機構都必須使用它。因此，美國可以用美元作為武器來懲罰其對手。一旦美國無法維持美元霸權，這將是美國經濟的阿基里腱（Achilles tendon）。

「旁觀者清」。我希望馬凱碩指出的這幾點，有助於海內外的中國知識份子看清楚自己的處境，並在「文明對抗」的世界格局中找到自己的定位。針對馬凱碩所說的第二點，我一向認為：臺灣是中華文化現代化最好的實驗室。中華民國在臺灣繼續存在的最重要意義，就是協助「中國共產黨」轉化成為「中國文明黨」。蔣經國時代推動的各項改革，使臺灣成為當年東亞「四條小龍」的經濟奇蹟之首，對於鄧小平決定走「改革開放」的道路，確實起到一定的作用。一九九四年，李登輝在國民黨內掌握實權，開始推動「教改」，臺灣從此由盛轉衰。翌年，我出版《民粹亡臺論》，只衷心希望不要「一語成讖」。現在蔡英文深信：只要緊抱美國大腿，就可以度過一切難關，我已無話可說，只能希望她能注意華盛頓的名言：「一個國家深情地依附在另一個之上，必然導致無窮的禍患！」（A passionate attachment of one nation for another produce a variety of evils.）

歷史與現場 286

潛龍與禿鷹的文明對抗：共構文化中國，兩岸和平的解方

作者　黃光國
特約編輯　葉惟禎
副主編　謝翠鈺
美術編輯　趙小芳
封面設計　斐類設計

董事長　趙政岷
出版者　時報文化出版企業股份有限公司
108019 臺北市和平西路三段240號七樓
發行專線｜02-2306-6842
讀者服務專線｜0800-231-705｜02-2304-7103
讀者服務傳真｜02-2304-6858
郵撥｜19344724 時報文化出版公司
信箱｜10899臺北華江橋郵局第九九信箱
時報悅讀網　http://www.readingtimes.com.tw
法律顧問　理律法律事務所｜陳長文律師、李念祖律師
印刷　紘億印刷有限公司
初版一刷　2020年8月28日
定價　新台幣380元

ISBN 978-957-13-8337-8｜Printed in Taiwan

潛龍與禿鷹的文明對抗：共構文化中國,兩岸和平的解方／黃光國著. – 初版. -- 臺北市：時報文化, 2019.08｜304面；14.8x21公分. --（歷史與現場；286）｜ISBN 978-957-13-8337-8（平裝）｜1.國際關係 2.國際政治 3.未來社會｜578｜109011927

時報文化出版公司成立於一九七五年，並於一九九九年股票上櫃公開發行，
於二〇〇八年脫離中時集團非屬旺中，以「尊重智慧與創意的文化事業」為信念。